Adam Campbell

[美] 亚当·坎贝尔 | 著
章晋唯 | 译

四周练出一身肌肉

619种绝对有效的练肌肉方法

THE Men's Health
BIG BOOK
OF EXERCISES

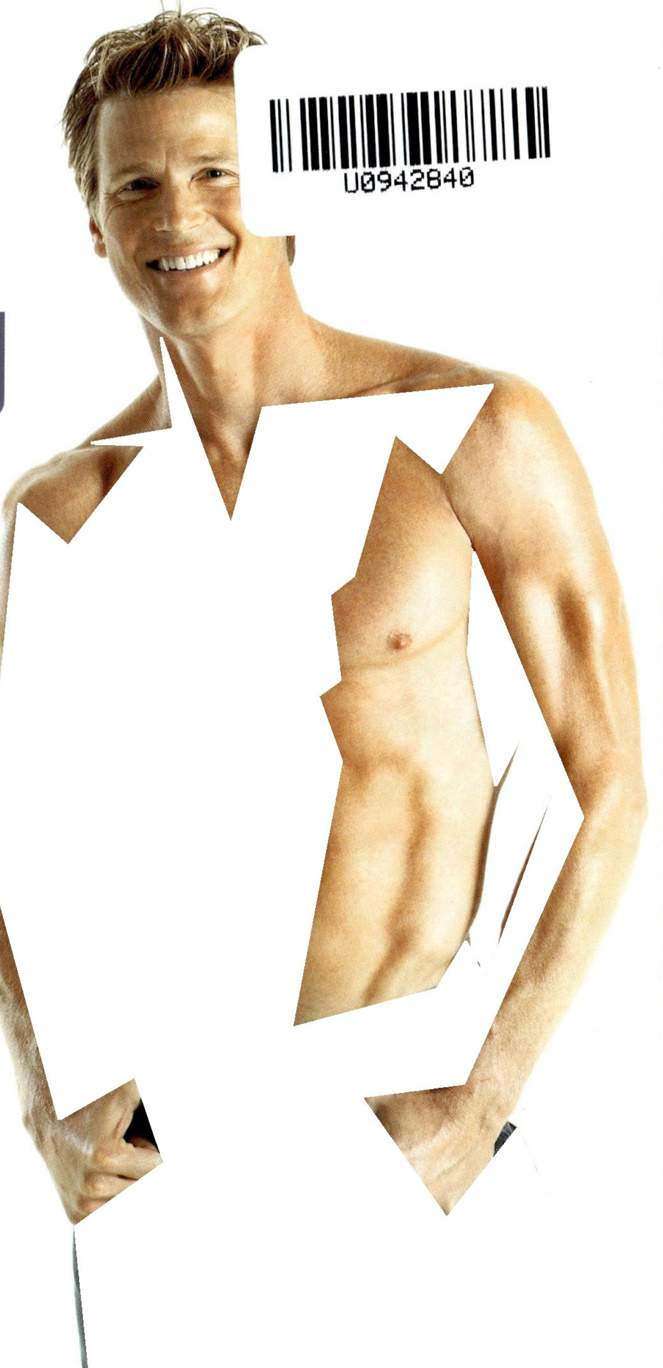

男人，没有你练不到的肌肉

U0942840

浙江科学技术出版社

图书在版编目（CIP）数据

四周练出一身肌肉 / （美）坎贝尔著；章晋唯译. — 杭州 : 浙江科学技术出版社，2012.8
ISBN 978-7-5341-4848-4

Ⅰ. ①四… Ⅱ. ①坎… ②章… Ⅲ. ①肌肉一健美运动一运动训练法 Ⅳ. ①G883.19

中国版本图书馆CIP数据核字(2012)第194149号

著作权合同登记号　图字：11-2012-71号

书名原文：The Men's Health Big Book of Exercises
本简体字版翻译和封面设计由台湾木马文化事业股份有限公司授权。

书　名　四周练出一身肌肉
著　者　【美】亚当·坎贝尔
译　者　章晋唯

出版发行　浙江科学技术出版社
网　址　www.zkpress.com
杭州市体育场路347号　邮政编码：310006
办公室电话：0571-85062601
E-mail：zkpress@zkpress.com
排　版　烟雨
印　刷　北京和谐彩色印刷有限公司
经　销　全国各地新华书店

开　本　889×640　1/24　　印　张　18
字　数　200千
版　次　2012年10月第1版　2012年10月第1版
书　号　ISBN 978-7-5341-4848-4　　定　价　68.00元

版权所有　翻印必究
（图书出现倒装、缺页等印装质量问题，本社负责调换）

责任编辑　宋　东　李骁睿　　责任美编　金　晖
责任校对　张　宁　　责任印务　徐忠雷

目录

序言

崭新肌肉从这里开始

这本书不只关于重训。

而是关于成果。
迅速的成果。
就像你的新年愿望所渴望的成果。
或结婚前所渴望的成果。
尤其是再过两周就要迎来炎热的夏天的时候，
你想要有的成果。

序言

每个人都知道不可能一夕之间改造你的肉体，但如果你确实履行本书中的原则和计划，你就可以改造你的下半辈子。而且你不需要花一辈子的时间，或甚至不用1个月的时间，就可以轻易看到成果。你所需的知识尽在本书中，包括能达成的目标、最适合你的训练方式以及今天就能开始的简易饮食计划。

瞧，你想要的成果已经唾手可得。例如，你想要瘦肚子，那就参考“世界最佳四周饮食和训练计划”，1周预期能抛开0.9～1.3公斤的纯脂肪。这代表每14天会消掉1寸腹部脂肪。38码牛仔裤？1个月之后你就要穿36码了。

听我说，这些数据可不是随便乱说的。美国康乃狄克大学科学研究数据指出，人每个月可以减下4.5公斤的脂肪，而且无需感到饥饿或刻意克制自己。科学家在研究中更发现，正确的饮食配上正确的训练能达到理想的功效。其实，本书中所有饮食和训练计划所根据的原则，和他们研究出来的一模一样。

何况，好处可不只是抛开脂肪。研究者发现实践该计划的人也会得到肌肉——1周可以长出500克肌肉。当然，成果因人而异，但我们可以知道，本书中的饮食和训练计划是相当强大的工具。两相配合之下，你每一秒钟的训练都能比之前更有效率一些。积累出来的成果之迅速，你一定不曾见过。

虽然，也许这还不足以说服你；也许你只是没时间。毕竟，我们大部分的人都过着没日没夜的忙碌生活，没有时间进行长时间的训练。本书也考虑到这点。本书每一个训练都可以在1个小时之内完成，大部分只需要30～40分钟。你也能在书中发现10组训练项目，每一天只需花15分钟就能完成，一周做3次。这些15分钟训练的效果不代表就只是30分钟训练的一半，而是经由科学分析后，设计出的最有效率的训练方式。因此，采取这种方式，在最短的时间内，你就能得到最好的成果。练得勤不如练得巧。

你可能会怀疑花15分钟能达到什么境界。美国堪萨斯大学的研究者发现这些短时间的动作能提升入门者的力量。对你的心灵可能也有益处：大部分的人可能会在1个月之内放弃重训计划，但96%的受试者在6个月的研究中，从头到尾都依计划进行训练。而且，就因为这些训练，他们努力以最快的速度消除松弛的肚腩，得到事半功倍的效果。因为他们的身体在1天中剩下的23小时45分钟期间，燃烧更多的脂肪，就连他们睡觉时也是如此。

但这些15分钟的训练只是个开始。本书的效用不仅在于此，它还包含世界顶尖的训练师提供的最新潮的重训计划，适用于各种训练目标、各种生活方式及重训程度。所有计划都保证量身打造、成效迅速。

例如，如果你从来没有重训过，你可能会想试试看肌力与体能训练师乔·杜戴尔提出的“重返猛男身重训计划”。乔的工作就是训练名流、平面模特儿和职业运动员，诸如NBA明星球员墨菲和邓利维。他替那些名人设计重训的策略，和本书中采用燃烧脂肪、增强肌肉和改善身材的运动策略一模一样。

如果你的目标是要有6块腹肌，“终极甩掉肥肉重训计划”会帮你甩开最后一丝肥肉，撑出你的腹肌。此重训计划由比尔·哈特曼设计，他是物理治疗师和肌力与体能训练师，也是印第安纳波里的物理治疗师和健身教练，更是《男人健康》杂志首屈一指的健身顾问。重训计划完全是依据最新减肥科学研究打造。从组数、反复次数到休息，这套重训的每一个环节都能充分利用身体机能，燃烧腹部脂肪。当你准备好要换些新花招时，你也可以依照美国加利福尼亚州圣塔克拉利塔健护教练和肌力与体能训练师罗斯曼的指示“创造自己的减重计划”。你可以自己选择各式减肥运动，依照他的设计量身打造个人重训计划。

想要看起来像运动员一样吗？你可以翻到肌力与体能训练师波以尔设计的“激赏运动重训计划”，他是一名健身教练，训练了好几位NBA、NFL和NHL的运动员。他的重训计划不只帮助你移动更快、跳更高、受伤更少，更能帮助你雕塑出精实、肌肉分明的身体。

“卧推最大重训计划”中，世界级举重选手大卫·泰特会告诉你如何在短短8周内，增加25公斤的肌肉负重力。此策略，曾替他创下个人最佳成绩：305公斤。

别急着走，还有更多信息在后头！你还会看到“瘦皮猴变大金刚重训计划”、“垂直弹跳重训计划”、“婚礼大作战重训计划”、“海滩等着你重训计划”、“小两口很忙重训计划”、“三大动作重训计划”、“健身房客满重训计划”和“身体万能重训计划”。如此一来，你随时随地都能燃烧脂肪、练出肌肉。

第一章
重训的智慧

重训的20种好处，不仅能使你看起来更帅、

身体更强健，还能使你长命百岁。

你看起来不像在做重训

我这一生中不知道听到过这句话多少次，每次都是从某位身穿无袖上衣、身材魁梧、看起来一定有“重训”过的人的口中听到。而他说这句话肯定是根据典型肌肉男的标准判断的。

不过，事情其实是这样的：因为我从来就不渴望成为肌肉男，或是举重选手，或是去参加大力士竞赛，（当然，虽然这些都是很好的目标，）所以，我会看起来像他们一样吗？当然不会。

但我看起来像是在做重训吗？一定是啊！我身材精实，而且体态匀称，纵使我的肌肉没有撑爆上衣，也是条条分明。

你了解了吗？重训不仅是训练出20寸的肱二头肌。其实对多数人来说，跟那绝对没有关系。因为阻力训练的好处绝不光是臂围变粗而已，而几乎是关乎全面的身心健康。将近十二年来，我投入健康和健身领域研究，得到一个不容置疑的结论：就算你不在乎什么“鬼肱二头肌”，但你不重训就真的是疯了！

注：重训，即重量训练，又称阻力训练，是以外加的重量，如健身器材或个人体重为主要重量负荷工具，用以增强肌肉力量为主要训练目标的体能训练方式。

重训让你消除腹部脂肪，战胜压力、心脏病、糖尿病和癌症，重训甚至让你更聪明、更快乐

不过就是把重物拿起来、放下，反复做几次而已，如此简单的动作怎么会有那么大的效果？这就必须从微小的肌肉纤维开始说起。

简易基础入门：重训时会破坏肌纤维，加速肌肉的蛋白合成，以氨基酸修复并增加肌纤维耐力，如此一来，肌纤维就更能抵抗未来的伤害。所以当你有规律地进行重训，肌纤维频繁受到挑战，肌纤维结构就会开始变化，以适应挑战。譬如说，你的肌肉就会变得更大、更强壮，或是变得更不容易疲倦。

肌纤维适应后，能减少身体的负担，因此，日常生活的动作会变得毫不费力，像是上楼梯，或拿起一般物品等。而且，如果继续规律重训便会发现，即使是最困难的体能工作也会变得更加轻松。科学界称之为训练效果。结果证实，训练不只能加强你的体力，也能改善整体生活。其实，这也就为你带来更多优势。

要证据吗？以下的20个原因，都可以告诉你明天再不开始重训就白活了。

一、抛开40%以上的脂肪

这也许是减肥最大的秘密。肯定曾有人跟你说过，有氧运动是减肥的关键，但其实重训更加重要。

美国宾夕法尼亚州州立大学研究者招集一群体重过重的人，降低饮食中的卡路里，并将他们分成三组。其中一组不运动，另一组每周3天进行有氧运动，第三组也是每周运动3天，但他们不仅做有氧运动，也做重训。每一组减下差不多的重量，大概是10.5公斤。事实证明有重训的人比没有重训的人平均多摆脱了3公斤多的脂肪。为什么？因为重训者减重大多是减纯脂，而另外两组减下的只是7.5公斤的油脂和好几公斤的肌肉。精密计算后，你将会发现重训者相当于额外减少了40%的脂肪。

这不是特例。研究指出，只遵行饮食计划而不做重训的人，减去的重量平均75%是脂肪，25%是肌肉。这25%可能会修饰磅秤上的数字，但对你在镜子中的身形没什么帮助。而且你可能还会因此长回你减去的肥肉。然而，如果你一边进行饮食计划，一边重训，你就能保住你辛苦得到的肌肉，并燃烧更多脂肪。

以抽脂手术的角度来想：重点只是要移去难看的肥肉，对吧？重训正能满足你的要求。

二、燃烧更多卡路里

做重训的话，在家中舒服坐在沙发上时就能燃烧更多卡路里。理由很简单：每一次阻力训练后，肌肉需要能量修复、增强肌纤维。例如，美国威斯康星大学研究发现，一般人进行全身三大肌群的重训后，新陈代谢在未来39小时会加速。这段时间中，和没有重训的人相比，还会燃烧掉一大部分来自脂肪的卡路里。

但重训的时候呢？毕竟，许多专家说慢跑比重训能燃烧更多卡路里。结果，当美国南缅因大学的科学家以先进的技术计算能量消耗时，他们发现重训比原先所想的多燃烧了71%的卡路里。研究者计算得到，以8项运动为1次循环，约

花费8分钟的时间，就可以消耗159～231的卡路里。这数字相当于在8分钟内跑2千米所能燃烧的热量。

三、衣服更合身

如果不重训，就准备向你的肱二头肌说再见吧！研究指出，30~50岁之间，可能会失去全身10%的肌肉。60岁之后，衰退速度会变成原先的2倍。

更糟的还不仅如此，根据《美国临床营养学》杂志研究显示，随着岁月流逝，失去的肌肉将会被脂肪所取代。科学家发现即使是保持均衡体重38年的人，每10年也会减少1.5公斤的肌肉，并增加1.5公斤的脂肪。这样你不只是看起来松松垮垮的，你的腰围也会增加，因为0.5公斤的脂肪比0.5公斤的肌肉多占80%的身体空间。幸好，有规律的阻力训练可以让你避免如此的命运。

四、保持身体年轻

失去多少重量的肌肉这事固然重要，但肌肉的质量也很重要。研究指出快缩肌纤维随年龄增加，最多会失去50%，而慢缩肌的损失则低于25%。这个数据非常重要，因为快缩肌是主要负责产生体能的肌肉，包括产生力量和速度。快缩肌不但是出运动成绩的关键，更是你能从客厅的椅子中站起来的原因。你曾注意到老人家站起来常会有些困难吗？那是因为快缩肌使用不足而萎缩。

让身体回春的诀窍？自然就是重训！重力训练或是快速抬举轻量训练都特别有效。（小记：本书中介绍的动作，名字中如果有“爆发力”或“跳跃”都很适合锻炼你的快缩肌纤维。）

五、更强健的骨骼

随年龄增长骨质会逐渐流失，增加臀部和脊椎衰弱性骨折的风险。情况会比你想象的还糟，因为美国梅约医学中心研究者发现，一年内有30%臀部骨折的人因此死亡。而且大量脊椎骨质流失会造成严重驼背。好消息是：《应用生理学》杂志研究发现16周的阻力训练能增加臀骨密度，提高血液中90%的骨钙素（骨骼成长的指标）。

六、更加柔软

人随着年龄的增长，柔软度会消失多达50%。蹲下、弯腰或向后伸手都会变得更加困难。但是《国际运动医学》杂志出版的一篇研究中，科学家发现一周做3次全身重训，维持16周，臀部和肩膀的柔软度都有显著提升，坐姿体前弯成绩增加了11%。不相信重训能令你身体柔软吗？研究指出，奥林匹克运动会的举重选手在整体柔软度上仅次于体操选手。

七、心脏更健康

重训肯定会加速血液循环。美国密西根大学研究者发现一周做3次全身重训的人，坚持2个月后，舒张压（低压）平均降低8点。中风的几率因此降低40%，心脏病的风险也降低5%。

八、告别糖尿病

这就叫肌肉万灵丹。一项为期4个月的研究中，澳大利亚科学家发现罹患2型糖尿病的人在开始进行肌肉训练后，血糖指数大大降低，病情获得很大改善。而且，重训可能是事先预防糖尿病的最好方法。因为重训不只能对抗肥胖，降低慢性病的风险，另外也能改善胰岛素敏感性，帮助你控制血糖，降低罹患糖尿病的几率。

九、癌症低风险

别急着花重金预防癌症；低成本的重训就能搞定。美国佛罗里达大学研究发现，一周做3次阻力训练，坚持6个月的人，细胞氧化伤害比起没做重训的人大量减少。此事不容忽视，因为受伤的细胞会导致癌症和其他疾病。《运动医学与科学》杂志的一篇研究指出，阻力训练能使食物通过大肠的速率增加56%，这能降低罹患大肠癌的风险。

十、更能贯彻饮食计划

重训一石二鸟：重训一方面能燃烧卡路里，一方面能帮助你贯彻饮食计划。英国匹兹堡大学研究者花2年的时间研究了169位过重的成年人，发现没有参加一周3小时重训计划的人，一天会吃超过原本计划的1500卡路里热量的食物。反之亦然，一天吃超量的人，也不会参加重训计划。这是因为偷吃零嘴腐化了重训的决心。此项研究报告的作者指出，重训和节食可能都是提醒自己循序渐进做运动，增强减肥效果的目标和动力。

十一、更能处理压力

重训时挥洒热汗，面对压力时更能泰然自若。德州A&M大学科学家发现，体态好的人比起体态差的人分泌的“压力激素”少。美国乔治亚医学院研究发现，健壮的人和瘦弱的人相比，前者在面对压力之后血压能更快恢复正常。

十二、摆脱时差困扰

你下一次出国，到宾馆时别急着整理行李，先去宾馆重训室一趟。美国旧金山西北大学和加利福尼亚州大学研究者研究肌肉组织切片，发现做阻力训练的人，“负责昼夜节律的蛋白质”有所变化。研究结论是什么呢？肌力训练能帮助你的身体迅速调整，以适应不同时区或经常夜班等情况。

十三、人生更快乐

瑜伽可不是唯一缓解心情的运动。美国伯明翰阿拉巴马大学研究者发现一周做3次重训，坚持6个月的话，可大大降低一般人的“情绪和愤怒计量分数”。

十四、睡得更好

努力重训能帮助你更快入睡。澳大利亚研究者发现一周做3次全身重训，坚持8周的病人，睡眠质量改善了23%。而且，研究发现，受试者比还未开始重训时更容易入睡，也能睡得更久、更安稳。

十五、锻炼成效更快

“心肺”这个词不只出现在有氧运动中。美国夏威夷大学研究发现，跑步时心率会到达最大心率的60%~70%，而重训循环训练时，心跳每分钟会比之高出15下之多，高于跑步所能带来的效果。根据研究者指出，重训不仅加强肌力，更能和有氧运动一样有益于心血管。所以重训能省下更多时间，却获得同样的效果。

十六、对抗抑郁

“萝卜蹲”可能是新一代的“百忧解”。美国雪梨大学科学家发现规律重训能大量减轻重度抑郁症的症状。研究者报告指出，重训对于60%的临床确诊患者都有重大的改善效果，和抗抑郁症药物效用近似，而且没有副作用。

十七、提高生产力

将时间“投资”在哑铃上，就有机会加薪。英国研究者发现，上班族如果做重训，工作效率会比没重训的那几天高出50%。现在思考一下这些数据代表的意义：你去运动的那几天，至少理论上来说，原本要花9小时12分钟做好的事，可以在8小时内做好。或者，你仍然选择工作9小时，超出进度，压力因此减轻不少，你也会觉得工作更快乐了。这就是上班族重训的好处。

十八、长命百岁

锻炼出强健的身心能使你长命百岁。美国南加利福尼亚州大学研究者发现全身的肌肉力量和心血管疾病、癌症以及其他原因导致的死亡有关。同样地，美国夏威夷大学科学家定义：活到85岁，身体没有重大疾病的称作“特活”，他们研究发现“中年拥有强壮身体”和“特活”有一定的关系。

十九、保持机能

永远不要忘记重训的重要性。美国弗吉尼亚大学科学家发现，一周重训3次，坚持6个月的男女，血液中的同型半胱胺酸大量减少。同型半胱胺酸是1种氨基酸，与阿尔茨海默病有关。

二十、还会变得更聪明

说到精神和肌肉之间的连接，巴西研究者发现6个月的阻力训练可增强训练者的心智功能。而且，重训还能促进短期和长期记忆能力，改善口语论证能力，注意力维持时间更能因此延长。

第二章
所有重训的问题

打造梦幻体格所需的专业知识

对健身有一定了解之后，你可能会发现每个有关重训的问题都必须先以同样的3个字回答：看情况。毕竟每个人的身体状况都是独一无二的，要达成大部分目标，方法也不止一种。这就是为什么这一章会提供你基本原则和建议，而不是不可违反的戒条。书中所列出的是我最常被问到的问题和我给出的解答，我以多年来积累的知识，提供建议给你们参考。就当做是我重训课本中的个人笔记。最好是："警告"二字我只在这里用1次而已。

癌症低风险，动作应该做几下才好?

说到重训，这是你第一个应该问的问题。为什么？因为这决定了你的主要目标为何。例如说，你是想快速减肥，或是长更多肌肉？答案会决定你动作的反复次数。下定决心，然后参考以下建议，找出最适合你的次数范围。

想要快速减重

这很简单：我认识所有顶尖的重训专家都发现做8~15下减肥效果最好。答案也许不意外，因为研究指出若以同样的次数范围进行各组重训时，会有最好的刺激效果，并能增加燃烧脂肪的激素，反复次数做多或做少都不及这个范围有效。当然，8~15下是相当宽的范围。所以你必须再把这范围区分。有一个好方法：分成三个较小的范围，区别你的重训类别，并都维持在8~15下之间。例如：

12~15下
10~12下
8~10下

这些反复次数范围对减肥都十分有效。所以你就选一个吧！12~15下是一开始的好选择，尤其是重训新手，然后每2~4周后换到其他次数。

想要长更多肌肉

大家都听说过一个热门的健身概念，就是做8~12下是培养肌肉最好的方法。但是，这项建议是从哪里来的，你听了可能会吓一跳：英国外科医师兼健美选手艾恩·麦昆发表过1篇论文，建议采用反复次数的运动来促进肌肉增长。哪个年代的事？公元1954年。好，这方法大部分时候的确有效。但我们这半个世纪以来学到了更多有关肌肉的知识。其实比较合理的情况是，重训时要采用低、中、高不同的反复次数，如此一来肌肉会长得更好。（想要了解为什么，请参考12页的“反复次数只有多少而无好坏”）要得到最好的效果，你最好每隔两2~4周改变你的反复次数，或甚至每一次重训都改变。

我特别喜欢《男性健康》的长期健身顾问，也是健身教练和肌力与体能训练师的艾文·葛斯罗夫设计的“一周三天全身训练计划”：

星期一：5下
星期三：15下
星期五：10下

这简单的方法是21世纪科学的印证。美国亚利桑那州立大学研究者发现，每周3次的训练计划中，每次都改变反复次数的人（波动周期训练），比起每次重训都做同样次数的人，力量会增加2倍。

重量要选多重才好?

我收到的电子邮件中老是出现这样的问题。我一般会回答：“我怎么会知道？我在网络上又看不到你有多健壮！”不过我现在已经有了比较好的答案：在计划完成的反复次数中，选择身体能负荷的最大重量。也就是说，如果反复次数越少，你用的重量就要越重。反过来说，反复次数越多则重量越轻。例如，如果你可以举一个重量15次，只举5次对你的肌肉就没什么帮助。如果你选一个举5次就很辛苦的重量，你也不可能硬举15次。

所以你要怎么找到对的重量？反复试验。首先你要凭经验猜猜看，然后试试看。对老练的举重选手来说这是第二天性，但你才入门，别给自己太大压力；你会迅速上轨道的。关键就是要踏入重训室，开始举重。如果你选的重量太轻或太重，那就在下一组动作调整。

当然，如果你选的重量太重，你很快就会发现做不到你要的反复次数。毕竟，你不可能做完一整组动作。但判断是否太轻就没那么容易。有一个简易的方法：记住你开始感到吃力的时间点。

比如说，你要做10下。如果10下做完很轻松，那你选的重量就太轻了。但是如果第十下开始感到吃力，那就代表你选了正确的磅数。“感到吃力”是什么意思？就是当你举重的速度大幅下滑的那一刻。虽然你可以再多做一两下，但是你肌肉感到吃力，就表示差不多够了。这也就是一般人开始“作弊”的时候，他们会调整自己身体的姿势，想办法再多举几下。

记住，目标是要完成所有反复次数，而且每一组都要保持标准姿势，尽可能挑战肌肉所能负荷的重量。采用“感到吃力”的方法就能帮助你了解自己的极限。尽力去做，当你感到吃力时，你就完成了一组动作。进行以自体重量为阻力的训练，例如伏地挺身、仰卧起坐、抬臂等动作时，这也是一个相当适合的策略指标，尽可能达到身体所能负荷的最高反复次数。（在第十三章中，你会在许多重训计划的指示中看到这项策略。）

每一个动作要做几组才好？

首要原则：不论做几组，相同的肌群至少累积反复做到25下。如果你计划一组做5下，就必须至少做5组动作。如果你一组做15下，那你只要做两组动作就可以。一组动作的反复次数越多，你要做的组数就越少。反过来也是如此。不论你采用哪一段次数范围，这都能帮助你的肌肉在适当的时间中保持紧绷。

如果你的体格已经够好，当然每一个肌群可以做超过25下，但不要做超过50下。例如，一般健身建议是同一肌群做3~4种不同的动作，每一种动作做3组，每组10下。就肌肉来说，总反复次数加起来相当于120下。因此产生了一个盲点：如果任何一个肌群可以做到接近100下，那就代表做的强度不够。换个角度想：做的强度越强，在那种激烈程度下就更无法持久。例如很多人如果慢慢跑可以跑上1个小时，但很难找到一个人可以持续狂奔1个小时，且速度不会大幅减缓。而一旦速度开始下滑，就代表已经达到对目标肌群最有益的训练量。那你为什么还要浪费时间呢？

重训要多久才好？

需要多久就多久！最好测量的方式是算总共做了多少组动作。我几年前才从一位知名澳大利亚健身教练艾恩·金那里学到一件事，现在我仍然觉得十分受用。他的建议是：每一次重训做12~25组动作。也就是说，所有动作加起来的组数应该在这个范围之中（不包括热身动作）。所以如果休息的时间越长，重训时间就会拉长，如果休息时间越短，就能较快结束。新手可能会觉得12组就很多了，而经验丰富的重训者也许可以应付25组。当然，总组数的规定也不是死的，但不论是为了长肌肉还是为了减肥都十分有效。对大部分的人来说，一次重训量如果超过这个范围，他们投入的时间成本收益量就会大幅锐减。两次重训之间肌肉复原所需要的时间也会增加。如果你忽视这项重要的要素，可能最终会使身体过度运动，欲速则不达。

反复次数只有多少而无好坏

重训专家不会像一般人随便选一个反复次数。嗯，至少好的重训专家不是如此。因为反复次数的范围决定肌肉如何适应你的训练程序。其实，了解三种主要次数范围的益处，你就能选择最符合你需求的反复次数。但要记得，这些反复次数不是像电灯开关；比较像是亮暗调节开关。你上下更改反复次数时，其实不但能维持原本的效果，也能加强另外一种所能带来的效果。

一、低反复次数（一到五下）： 低反复次数可以选择肌肉所能负荷最重的重量，使肌肉紧绷程度到最大。如此一来能增加肌纤维中的肌原纤维数。肌原纤维又是什么鬼东西呢？那是肌纤维中包含收缩蛋白的部分。换个方式想：收缩蛋白增多时，肌肉就更能收缩，产生更大的力量。这就是为什么1~5下是增加力量

每一组动作之间要休息多久才好？

休息的时间可能还不够在饮水机旁聊天。你知道吗，重训时每组动作间的休息量是相当关键的要素，但往往被忽略。要了解为什么，就必须来个运动科学速成课程：反复次数越少，重量越重，而所需要休息的时间也越长；反复次数越多，重量越轻，休息时间越短。为什么？当举起较重的重量时，快缩肌纤维便在重组，并产生主要的力量，但快缩肌纤维也最容易疲倦，而且属于最需要长时间休息的肌纤维。所以，如果提供足够的时间让肌肉休息，就更能充分利用每一组动作锻炼到自己的肌肉。而当使用较轻的重量、做较多下的时候，你主要是在训练慢缩肌纤维。这些肌肉不只比快缩肌更不容易疲倦，而且他们的恢复速度也更快。因此，即使刚才才挑战高反复次数的动作，但慢缩肌纤维短时间内就能恢复，可以准备好再挑战一次。

这对你要休息多久又有什么意义呢？我采用以下基本原则：

1~3下：休息3~5分钟
4~7下：休息2~3分钟
8~12下：休息1~2分钟
13下以上：休息1分钟

但真正的诀窍在这里：这些数字只是代表练同一块肌肉中间所需要的休息时间。也就是说，脑筋动得快的话，你就不用等时间一分一秒过去，可以先训练其他肌群。我最喜欢的两个方法就是轮流交替和循环训练。这两种方法大量缩减你重训的时间，而不会牺牲成果。因为一部分肌群休息的时候，你在训练其他肌群。以下是这两种方式的介绍，你会发现在第十三章中的计划广泛采用这些策略。

轮流交替训练： 先做一组训练，休息一下，再做一组相反肌群的训练。（你也可以用上半身的动作搭配下半身重训的动作）再休息一次，然后重复训练，完成指定的组数。例如，如果你做6下仰卧推举，可以不必休息2分钟，你只需休息1分钟。接着你做一组哑铃划船，做完之后休息1分钟。包含你完成哑铃划船的时间，你现在已经休息超过2分钟的时间，可以再回到仰卧推举。要点：休息间隔可以轻易缩减一半。

循环训练： 做3种或更多（可以是4种、5种，甚至10种）动作，连续进行，各组中间不需休息。最常见的方式是上半身和下半身的动作交替进行。例如，你可以依序进行以下动作：蹲举、仰卧推举、抬臀、哑铃划船等。这样的话，你上半身在休息的时候，下半身就可以进行训练。你也可以在每组之间加入休息时间。

准备好要试试这些技巧了吗？参考后面这个表。

选择	搭配
股四头肌	大腿后侧肌与臀肌
胸肌	上背肌
肩膀	背阔肌
肱二头肌	肱三头肌
上半身	下半身
上半身	核心肌群
下半身	核心肌群

一周要重训几次才好?

至少2次。一周做2次的话，就能展现阻力训练所带来的健康效益。所以视2次为最低底限。但一周最好重训3~4天，可以是全身重训，也可以是上、下半身分次重训。

全身重训正如其名。每次重训都会练到全身的肌肉。接着休息1天，隔天再重复。其中是有科学原理的。美国德克萨斯州大学医学院盖文斯顿分校研究者在多项研究中指出，肌肉蛋白质合成是肌肉修复的指标，阻力训练之后的48小时肌肉蛋白质合成会有所提升。所以如果你星期一晚上7时重训，你的身体会一直维持在肌肉生长模式直到星期三的晚上7时。不过，48小时后，身体生长新肌肉的生物学刺激就会回归正常，那就代表着该是再去重训的时候了。

而且，重训之后，新陈代谢加速的时间也同样是48小时。因此，全身重训不论是对于长肌肉或是对于减肥都相当有效。其实，我个人认为，这是燃烧脂肪的最好运动方式。因为你运动到越多肌肉，你就燃烧越多脂肪。重训时或重训后都是如此。

另一项很有效的策略是上下半身分次重训。这主要是用来增加肌肉大小和肌力。以此方式，上半身和下半身需要在不同时间锻炼。原因是这样你就能更激烈地训练上半身或下半身肌群，而全身重训就无法如此。不过，也表示你必须给肌肉多一些时间完全复原。例如，你选择一周4次的重训计划，星期一锻炼下半身，星期二锻炼上半身，然后休息1~2天的时间（也许等到星期四或星期五），再重复重训。如此的话，上下半身的重训之间都间隔2~3天。或者你可以上下半身轮流重训，中间隔1天，一周重训3次。

记住，如果你全身重训就长肌肉，力量也有增加，你就没有理由上下半身分次重训。但如果你到某个关键时刻，无法完成你全身重训的组数，你很可能需要改变时间点。你也许只是想试试看不同的方式，决定什么样的重训方法适合自己的肌肉和生活方式。本书中有许多重训方法供你选择，天天都有新花样。

同一个肌群要做多少种动作才好?

1种。这是最简单、最有效率的方式。其实肌肉还没运动时，做第一个重训动作身体就获

最合适的范围。当然，肌原纤维增加肌纤维的大小，肌肉也因此而更大块。（肌肉小常识一：这种肌肉增长方式称肌原纤维肥大。）

二、高反复次数（11下以上）：采用高反复次数时，肌肉必须收缩很长一段时间。如此一来会增加肌纤维中的粒线体。粒线体主要功能为产生能量，不只能燃烧脂肪（燃烧越多越好），更能增加肌耐力和促进心血管健康。这些结构改变增加肌纤维中的肌浆量，肌肉因此变大。（肌肉小常识二：这种肌肉增长方式称肌浆肥大。）

三、中反复次数（6~10下）：依此方式，肌肉适中紧绷，维持时间不长也不短。以此类推，类似高低反复次数的综合重训方式。所以能同时加强肌力和肌耐力。你也可以说是兼具两者之间的平衡。但是，若一直维持中反复次数，就可能错失以高低反复次数追求更强、持久肌力和肌耐力的机会。所以，建议你轮流采用全部的次数。

得了大部分的好处，例如，假设你各做3组仰卧哑铃推举、上斜杠铃卧推和哑铃飞鸟。到最后一组训练时，你能支撑的重量已经比一开始轻得多了。自己试试看把顺序倒过来：你会发现你能支持的仰卧哑铃推举的重量比一开始小了不少，而且只能举得动你平常觉得很轻的重量，这样推举对你肌肉的刺激就消失了。因此，大部分的时候，同一个肌群用一种运动最合理，尤其是你没有多少时间重训的时候。

不过，如果有好理由的话，规定是可以改变的。例如，如果某个肌群进度有点落后，4周的训练计划中，你可以调整总重训组量，加倍某部分肌群的训练。此则称为优先肌群。所以同一肌群不会只用同一种动作，而是可以选择2~3种动作，就像可以采用先前例子中出现的仰卧哑铃推举、上斜杠铃卧推和哑铃飞鸟。（参考第四章“完美胸肌大作战”现成的重训计划。）后两组的重量可能不比平常肌肉有力时能完成的重量，但你仍会增加肌群运动总量。如此一来，能帮助你突破瓶颈，刺激肌肉新生。

警告：如果你尝试这个方法，却发现自己越来越虚弱，那就表示运动量对你来说太大了。回到原本的运动量，让肌肉在重训之间好好休息。而且，优先肌群训练也表示其他肌群必须少练一些。因为重训建议总量在此仍然适用。（参考11页“重训要多久才好？”）

要举多快才好?

简单来说就是慢慢放下，快速举起。研究指出慢慢放下重量能帮助你更快提升肌力，快速举起重量则促进肌纤维数增长。大部分的运动，试着花2~3秒钟慢慢放下重量，在“重量低点”处维持姿势停留1秒。然后尽可能快速举起，并随时控制好动作。唯一的例外是，如果动作是要锻炼爆发力，动作从头到尾都必须维持最快的速度。

记住，有些动作像滑轮下拉，虽然姿势是下拉，但似乎像是举起重量的动作，因为肌肉会收缩。但其实仔细想，杠杆下拉时，杠片是上升的。

需要有人在旁边看吗?

标准答案是需要。毕竟，杠铃随时有可能卡在你的脖子上。这可不是开玩笑的，因为这种意外年年都在发生。会死人的。但这也教导我们一个更重要的课题：不要试图举起对你来说太重的重量，尤其如果重量是压在杠铃上的时候。尽管我和许多人一样，在家自己重训，没有人会在旁边看着。但是，我完全可以避免被无助地卡在杠铃底下，因为我卧推都用哑铃，如果必要时，我可以放手让哑铃掉到地上。

我每一组训练都会先采用“感到吃力”方法评估（参考10页“重量要选多重才好？”）如果我选的重量做六次太过吃力，彻底失败前就会感觉得到，我就会在出现问题前，简单结束这组动作。但如果这样，我怎么知道我力量的极限？我不想知道。对我来说那并不重要。但如果对你来说很重要的话，我的建议很简单：你如果想测试自己的极限，确定身边有人看着。

我需要哪些器材呢?

你已经与生俱备足以开始的条件：你的身体。其实，参考第十三章“一无所有重训计划”，你今天就能开始。但如果你想要打造自己的健身房，以下就为你细数值得拥有的器材，从基本器材到进阶器材。

基本器材

哑铃

如果你只能有一种重训工具，哑铃是首选。哑铃简单、变化多样，而且耐用。如果你有一些空间，任何一种哑铃都可以。最便宜的是基本款铁制六角哑铃。货比三家，你也许可以找到一整组特价哑铃。哑铃能让你迅速改变你需要的重量，也不需要太大的储藏空间。

重训椅

基本的扁平椅不会太贵，但如果你要在器材上投资，可以考虑可调式哑铃椅，如此一来上斜椅和下斜椅的动作也都可以做了。一张重训椅能马上增加好几种训练动作。

单杠

如果方便的话，你可以自己DIY，用一根直径2.5厘米的钢管打造自己的单杠。或购买现成的单杠，依需求选择装在梁上、墙上或天花板的样式。你也可以买那种挂在门上的。我很喜欢一个叫作Perfect Pullup的商品，因为它能调整单杠的高度，进行悬垂臂划船。这是很特别的设计，大大增进了实用性。缺点：你必须用螺丝钉将单杠锁入门框，而且比较昂贵。

瑞士球

它也称为平衡球、治疗球、健身球。（我为什么要称它叫瑞士球？习惯而已。）瑞士球很适合做核心训练，并且好处不仅如此，它还能当做便宜版的重训椅。其实，一组哑铃、一个瑞士球，再加上单杠，就是相当完整的家庭健身房了。基本款的瑞士球在随便哪家健身器材大卖场都能买到。

杠铃和杠片

杠铃有标准杠铃或奥林匹克杠铃。标准杠铃重10公斤，比较便宜，而奥林匹克杠铃，重22.5公斤，你在大部分健身房里都能看到。奥林匹克杠铃也比较耐用。我的建议是：如果你已经有标准杠铃，那就够了。反正你的肌肉也分不出两种杠铃的差别。但如果你的家庭健身房“新开张”，或是想重新升级，那就选择7寸的奥林匹克杠铃。货比三家后，你就能买到奥林匹克杠铃和136公斤的奥林匹克杠片组。

杠铃架

如果你要做杠铃蹲举，你一定会需要四方架或挂片式蹲举架。而且，一座好的四方架也可以大大扩充你的家庭健身房。因为你可以买一个设有单杠和高低滑轮系统的四方架，如此一来就可以做滑轮下拉、滑轮划船及几乎所有的滑轮训练。

进阶器材

滑轮机

滑轮机能提供上百种训练的变化方式。最实惠的方式（包括金钱和时间），就是买一组附有滑轮系统的四方架。但如果你有钱又有空间，Free Motion EXT复合式飞鸟机真是架艺术品。臂架有108种旋转角度，从你可想象出的各种角度训练每一条肌肉。

曲杆杠铃

你做弯举的时候，对手腕来说，握住这类杠铃会比直杆杠铃来得自然。它比一般杠铃要短，要移动到空间大一点的地方会因此方便不少。

壶铃

这是俄罗斯进口的，看起来就像是有把手的保龄球，已经出现好几年了，不过近年才开始在美国健身房重训计划中风行。你可以将壶铃当做哑铃用，但会发现相同的动作变得更加困难。因为重量不在中心，强迫你的稳定肌更用力。参考264页的单手壶铃挥举，并可将本书中几乎所有需要哑铃的动作换成壶铃动作。

药球

有些器材永远不会落伍。用药球来做核心训练、特殊运动训练，甚至可以用来做高难度的伏地挺身（双手各放在一颗药球上）。求新求变化的话，买一颗会弹的药球，如此一来你就能在墙上反复丢接。

Valslides滑垫

Valslides是一种塑料制的设备，垫着泡绵，能让硬地板和地毯变成溜冰场一样，减低稳定性，加强如弓步等预备动作时的难度，使肌肉在整组动作中一直保持紧绷。而且，Valslides也许是核心训练最实用的工具，因为Valslides可以提供训练腹肌的全新方式，第十章有详细的介绍。

TRX悬吊式阻力训练器

这种尼龙制的吊带让你在各处都能重训。你可以把这些轻便的吊带锁在任何坚固的高点，例如：门或树枝上，你马上就能做上百种下半身、上半身和核心的训练，并可适度调整，配合不同健身程度的人使用。因此非常适合四处旅行的人使用，想增添新重训法宝的人也可考虑。健身工业充斥许多华而不实的商品，但TRX却是名副其实的。

爆炸吊带

将吊带挂上任何稳固的杠杆，不论在健身房、家中，还是在公园里，调整好吊带长度，你都能做悬吊式伏地挺身、单杠和悬垂臂划船。因为吊带并不是固定的，所以可以挑战身体在空间中3个方面的动作：前后、上下和左右。为重训增加了全新的训练方式，帮助消除肌肉薄弱的部分，矫正肌肉不平衡的情况。

台阶或脚凳箱

你可以在重训椅上做提步向上的动作，但脚凳箱和台阶会更适合，因为你可以调整高度。Reebok台阶或动力有氧台阶拥有可调高的设计。它不但稳固，而且附防滑设计，你还可以快速调整它的高低，不论是提步向上、单脚蹲举、弓步前蹲、分腿前蹲、深跳和抬高式伏地挺身，都能提供绝佳的帮助。

大型皮带

你能利用大尺寸的橡胶皮带来进行协助型引体向上，而不需要特别的机器。（想详细了解如何进行协助吊带引体向上，请参考第五章。）皮带越宽，越能协助你完成引体向上的动作。

小型皮带

小型皮带又称为弹力带，这些具有弹性的小松紧带在做臀部和大腿内侧运动时，特别有帮助。你会发现本书中从头到尾都有弹力带的运用，例如：弹力带侧走、弹力带腿外展运动、自体重量推膝蹲举等。

博苏球

博苏代表“两面都有用”的意思。博苏球能让伏地挺身和抬臀运动变得更加困难。你在任何一家健身购物中心都能找到，或者你可以在任何健身网络商店订购。

沙袋

你举起沙袋时，沙会流动，因此容易改变你的重心。这会加强你核心肌群的力量，以免身体倒下去。这些袋子令人感觉很笨拙，但对你身体十分有帮助。而且，沙袋大小比起杠铃或哑铃大上许多，因此更能模拟日常生活中的物品，像是婴儿车、电视、行李箱等在现实生活中要拿上拿下的东西。

Airex平衡软垫

进行下半身动作时站在这种海绵垫上，会使你的肌肉紧绷，平衡脚踝、膝盖和臀关节。这是其中一种方式。但你在本书中也会看到，我以另一种方式利用平衡软垫，例如，将软垫夹于双膝间，进行夹膝抬臀运动（参考第九章）。你可以买一块来试试看。

第三章

全球最棒的
4周饮食和重训计划

通往健硕身材的快捷方式

如果你想要快速的成果，而且你想要从今天开始，没有比“四周饮食和重训计划”更简单的方法了。这是根据世界上首屈一指的专业营养师福洛克博士的研究成果所设计的计划。

在美国康乃狄克大学的研究中，福洛克和他的同事发现低碳水化合物饮食、重训前后营养补充和重量训练能够有效地减肥、增进健康。受试者1个月就抛掉了5公斤的纯脂肪，同时他们也长了不少肌肉。其实，每个人除了消除肥肚腩之外，平均每周还增加了0.5公斤的肌肉。更重要的是，这大大降低了受试者患心血管疾疾和糖尿病的风险。这些受试者甚至比遵守低脂饮食的人还要健康。他们身体中的总胆固醇减少了12%，甘油三酯下降了32%，胰岛素也减少了32%，而且C反应蛋白（身体发炎的指标）也降低了21%。所有受试者唯一做的，就是遵照本章所介绍的饮食和重训计划。

饮食计划

这项饮食计划很简单：少吃碳水化合物，减少热能摄取，达到减肥效果。另外也迫使你的身体不只消耗糖分，也消耗储存的脂肪来作为主要能量来源。研究指出，如此一来能帮助一般人控制血糖，抵制饥饿和欲望。因此，你就能吃得更少，但又不会感到备受节制。结果就是你能更快减肥，并体验前所未有的轻松感受。

吃什么好呢?

吃21页表格中所列出的食物，从中选出任何组合，一直吃到你感到满足，但不是吃到撑。如此简单的方式可能会使你的饮食更为规律。结果是你会自动吃得更少，降低体脂，完全不需要计算卡路里。

中心指示

每餐都吃优质蛋白

摄取蛋白并维持身体基本的营养，确保你减肥时，肌肉也能持续生长，同时能帮助你感到饱足，更快达成目标。

放手吃脂肪

膳食脂肪是帮助身体控制总热能需求的关键。因为吃了之后，你会很容易感到饱足。所以要知道，只要脂肪有减，你就不算吃太多。

多蔬多健康

美国纽约市的纽约州立大学下州分校医学中心研究者测试超过2000位采用低碳水化合物饮食的饮食计划受试者。他们发现，平均来说，最成功的受试者每天至少吃4种低淀粉的蔬菜。

避开含糖和淀粉的食物

有些食物富含大量的碳水化合物，包括面包、意大利面、马铃薯、米饭、豆子、糖果、一般的碳酸饮料以及其他一些谷物、用面粉或糖做的食物。有一个简单的方式可以判断：阅读产品的成分标签。如果食物1份含有超过5克的碳水化合物，那就别吃了。但也别过度在意。在餐厅点餐时，注意餐点主要的食材就好了。当然，一盘菜里面可能藏有糖或淀粉，但如果上桌的食物是我们建议的食物，就不会有问题了。自己判断就好。

限制水果和牛奶的摄取

研究中，受试者也被告诫要避开这两种食

物，这样他们便可以将每天碳水化合物的摄取量降低50～75克，而且不需要算卡路里。但是，其实你还是可以喝牛奶，吃低卡路里水果（尤其是莓和瓜类），只要不过量，并注意控制总碳水化合物摄取量，就没有问题。

总而言之，水果和牛奶加起来的量限制在2份以内。1份水果是1/2杯；1份牛奶则是1杯（约240克）。每一份约含有10克的碳水化合物。所以一天中，你可以享用约120克的草莓和1杯牛奶，或吃1份240克的草莓。

餐餐都帮你想好

不要把饮食计划弄得太复杂，就把它想成是肉类和蔬菜饮食计划。以下范例就是一天饮食的参考。

早餐：蛋，烹调方法任意，不论是炒的、煎的、煮的、炖的，还是做成蛋卷（包括内馅）。当然，你可以加奶酪，加上任何一种肉，甚至是培根和香肠。

小点心：奶酪是个好选择，坚果和核果也可以，像是杏仁、花生、葵花子、南瓜子等样样都是理想的选择。新鲜蔬菜搭配一些作料也不错。而高蛋白奶昔在一天中随时都可以饮用。

中餐：最佳选择是一盘大沙拉，里面有鸡肉、火鸡肉或鲔鱼。例如：鸡肉沙拉或蟹肉沙拉。你也可以吃个汉堡（去掉面包），或者吃前一天晚餐留下来的剩菜（不推荐）。

晚餐：这应该是一天中最简单的一餐。只要从菜单中选任何肉类，配上任何指定的蔬菜，就算依计划用餐。最完美的一餐可以是一块牛腩肉，新鲜番茄，加上奶酪组成的沙拉，或是烤鸡配蒸花椰菜。

专家简介

福洛克博士是一位专业营养师，也是美国康乃狄克大学的副教授，发表了超过185篇和饮食及运动相关的科学研究论文。2007年，福洛克博士和我合作写了《男人！没有吃不下的食物！》，书中抽丝剥茧地解说了饮食计划后的科学原理，并提供建议、菜单，甚至还有更多的训练方式。

优质蛋白	低淀粉蔬菜*		天然脂肪
牛肉	朝鲜蓟	蘑菇***	牛油果
奶酪	芦笋	洋葱	奶油
蛋	花椰菜	胡椒	椰子
鱼	球芽甘蓝	菠菜	鲜奶油
猪肉	西蓝花	番茄	坚果和核果**
鸡鸭肉	芹菜	芜菁	橄榄、橄榄油和芥花油
乳清蛋白和酪蛋白	小黄瓜	西葫芦	全脂酸奶和沙拉酱

* 这些是常见的一些低淀粉蔬菜，你可以考虑各式蔬菜，只要不是土豆、豆类和玉米就不算犯规。

** 一天以2份为限（1份大约是一手可抓起的量）。

*** 蘑菇本书中也作为蔬菜的一种。

喝什么好呢?

你可以喝任何每份低于5卡路里的饮料。有哪些选择呢？首先就是水。另外还有无糖咖啡和茶（你可以加些鲜奶油）以及无糖饮料（诸如健怡可乐等）。

至于酒，喝适量的话也无妨。一天不超过2杯红酒、淡啤酒、白酒或其他烈酒。而且要确定你倒的酒中没有额外地增加热能的东西，像是果汁或碳酸饮料。

重训前后营养摄取

每一次重训时，要像受试者一般将这些建议谨记在心，照着做准没错：重训前1个小时到重训后30分钟之间，摄取至少20克的蛋白。高蛋白奶昔这时候就可派上用场。尽量选用成分大部分是蛋白的产品，碳水化合物和脂肪能少则少。当然，你也可以吃正常的食物。以下就是一些简单的选择：

. **罐头鲔鱼（约100克）**。

. **90～120克的熟肉（3~4片），如火鸡肉或鸡肉**。

. **1份瘦肉，差不多是1盒扑克牌的大小**。

. **3个鸡蛋：全熟水煮蛋、炒蛋、煎蛋**。

疑难排解

（1）如果你没有得到你想要的结果，那就开始监控热能摄取量。把你希望的目标体重乘上10或20，得出的数字就是每天的卡路里额定摄取量。

（2）前三四天如果你心情有些恼怒或疲倦别太惊讶。你的身体和一般人一样，需要几天时间适应。如果5天之后，你仍然感到疲倦，先确定自己有摄取足够的盐和水分。基本原则：起床之后，每隔2小时喝250～350毫升的水。然后不要避开脂肪。饮食计划就是增加身体脂肪消耗，所以你一定要吃些脂肪以获得能量。

（3）如果你感到肠胃不适，每天记得补充纤维食品。

重训计划

现在你可以照自己想要的方式进行减肥了，感谢“肌力与体能训练师”克雷格·罗斯曼，他设计的最新减肥重训计划可以让你选择自己的重训动作，打造自己的重训计划。心动不如马上行动，开始按照下列方法进行训练吧，然后你就能看到自己的肥肉在逐渐消失。

要如何进行此重训计划

- 依照参考指示选择自己的重训动作，然后参考24页和25页的表格建议的组数、反复次数和休息时间。
- 一周3天，轮流进行A和B计划，每次重训完至少休息1天。所以如果你计划在一、三、五重训，星期一做重训A，星期三就做重训B，星期五再回到重训A。下一周，星期一、五则做重训B，星期三做重训A。
- 依照表格上的动作顺序重训。每一次练习，选择能完成计划的身体最大负荷量（详细信息和指示请参考第二章的“重量要选多重才好”）。
- 训练1请一次性做完。也就是说，完成所有组数，接下来再换下一组动作。每一组中间休息1分钟。
- 训练2A和2B这两种动作为1组。做1组训练2A，休息1分钟，然后做1组训练2B。再休息1分钟，然后从头再做1次，直到你各完成3组。接着再进行训练3A。
- 训练3A和3B这两种动作为1组。做1组训练3A，休息1分钟，然后做1组训练3B。再休息1分钟，然后从头再做1次，直到你各完成3组。接着再进行有氧训练。
- 每次重训后马上做有氧训练。
- 每次重训前，完成5~10分钟的热身运动。参考第十二章的“打造自己的热身运动”指示，设计一套自己喜爱的动作。

专家简介

克雷格·罗斯曼是肌力与体能训练师，也是美国加利福尼亚州圣塔克拉利塔的健护教练。他从事教练工作超过8年，其工作主要是协助客户减肥并增进运动表现。

重训计划A

训练	组数	反复次数	休息时间
1. 核心肌群（第十章）	3	12	1 分钟
2A. 腿后肌群与臀肌群（第九章）	3	12	1 分钟
2B. 上背肌群（第五章）	3	12	1 分钟
3A. 股四头肌（第八章）	3	12	1 分钟
3B. 胸肌群（第四章）	3	12	1 分钟

- **训练1：核心肌群**

  从标为“稳定度训练”的部分，选择任何一种核心训练动作（第十章）。可以选择前平板式（274页）、侧平板式（280页）、爬山式（284页）、瑞士球屈腿（286页）等动作。

- **训练2A：腿后肌群与臀肌群**

  选择任何一种腿后肌或臀肌的训练动作（第九章），左右腿分次训练。可以选择单脚杠铃直膝硬举（250页）、单脚抬臀（236页）或哑铃登阶（258页）等动作。

- **训练2B：上背肌群**

  从标为“上背肌群”的部分，选择任何背肌训练动作（第五章）。可以选择哑铃划船（74～78页）、杠铃划船（72～73页）或滑轮划船（88～91页）等动作及各式变化动作。

- **训练3A：股四头肌**

  选择任何股四头肌训练动作（第八章），双腿同时训练。可以选择各式蹲举动作，例如哑铃深蹲（199页）、高脚杯深蹲（200页）、杠铃前深蹲（195页）等。

- **训练3B：胸肌群**

  选择任何一种胸肌训练动作（第四章）。可以选择伏地挺身（30～39页）、哑铃仰卧推举（48～49页）、瑞士球哑铃胸部推举（52～53页）等动作及各式变化动作。

心肺训练

- 从“经典飙速心肺训练”中选择任何“完结动作”（第十四章），或选择第十三章的心肺训练计划。

重训计划B

训练	组数	反复次数	休息时间
1. 核心肌群（第十章）	3	12	1 分钟
2A. 股四头肌（第八章）	3	12	1 分钟
2B. 背阔肌（第五章）	3	12	1 分钟
3A. 腿后肌群与臀肌群（第九章）	3	12	1 分钟
3B. 肩膀（第六章）	3	12	1 分钟

- **训练1：核心肌群**

  从标为平衡训练的部分，选择任何一种核心训练动作（第十章）。可以选择前平板式（274页）、侧平板式（280页）、爬山式（284页）、瑞士球屈腿（286页）等动作。

- **训练2A：股四头肌**

  选择任何一种股四头肌的训练动作（第八章），左右腿分次训练。可以选择杠铃或哑铃弓步（208页或212页）、杠铃或哑铃分腿深蹲（202页或205页）、单脚深蹲（192页）等动作。

- **训练2B：背阔肌**

  从标为“背阔肌”的部分，选择任何背肌训练动作（第五章）。可以选择引体向上（92～97页）、滑轮下拉（98～101页）、直臂下拉（102～103页）等动作及各式变化动作。

- **训练3A：腿后肌群与臀肌群**

  选择任何一种腿后肌群或臀肌群的训练动作（第九章），双腿同时训练。可以选择杠铃硬举（244页）、哑铃直膝硬举（252页）、瑞士球抬臀弯腿（239页）等动作。

- **训练3B：肩膀**

  选择任何一种肩膀训练动作（第六章）。可以选择哑铃肩上推举（116页）、侧平举（122页）、30度肩平举和耸肩（138页）等动作。

心肺训练

- 从“经典飙速心肺训练”中选择任何“完结动作”（第十四章），或选择第十三章的心肺训练计划。

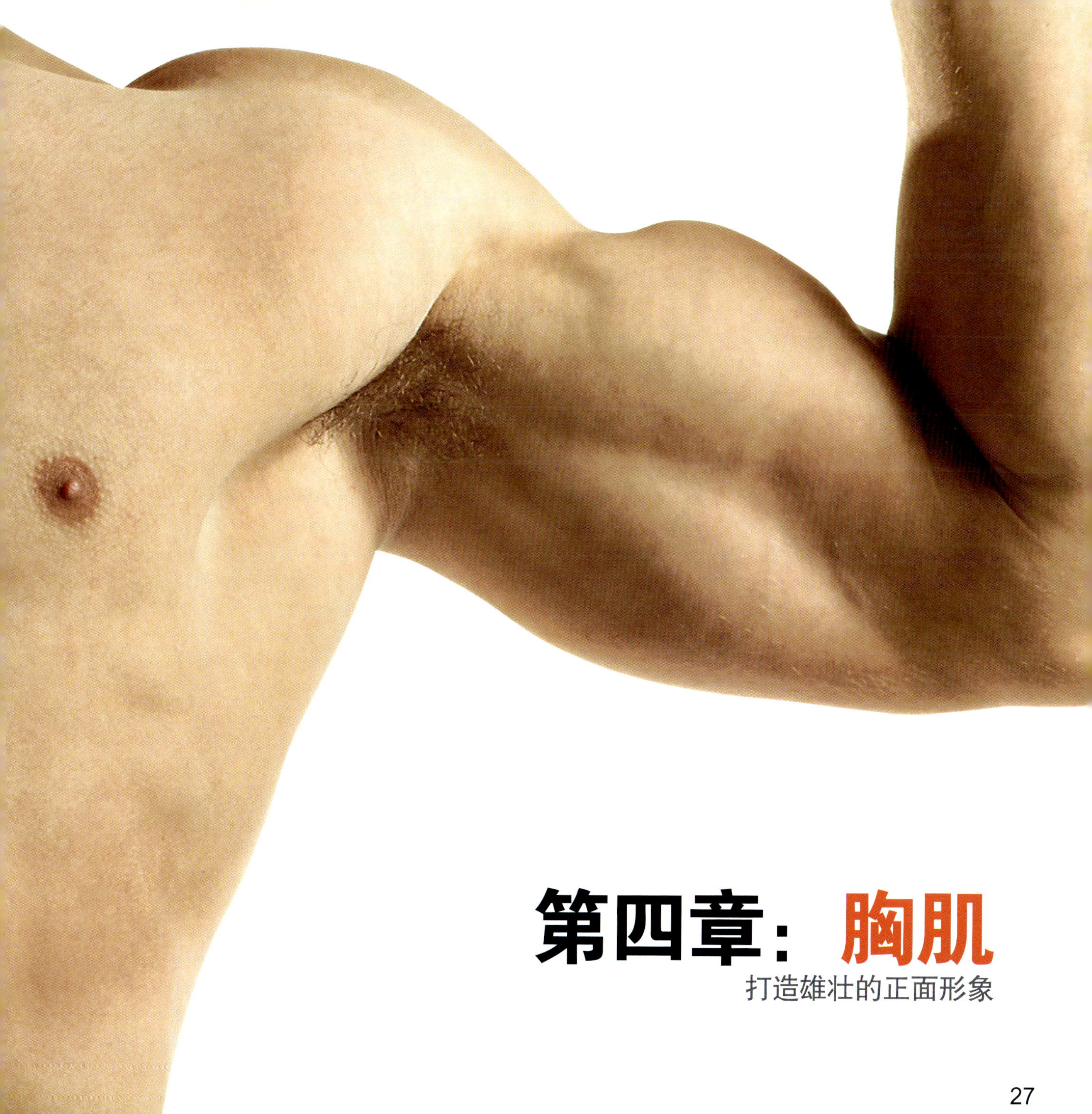

第四章：胸肌

打造雄壮的正面形象

CHAPTER 4

胸肌

强壮的胸肌威力十足。胸肌不但能使你在会议室中脱颖而出，还能在闺房中赢得佳人芳心，更能在运动场上展现凌人气势。难怪男人总是喜爱锻炼胸肌的运动。毕竟，你的胸大肌是在浴室镜子中最显眼的肌肉。谁不想改善这个形象呢？

而且，如果停止重训，胸肌属于最容易萎缩的肌群。这是因为你在日常活动中很少有机会用到这些肌肉。想想看，你在现实生活中有过经常将重物从胸前推开吗？记住，失去肌肉会减缓新陈代谢，因此，锻炼胸肌也能帮助你对抗腹部脂肪。

胸肌大的额外好处

力量更大：强壮的胸肌能让你在任何运动中更能轻易推开对手，如美式足球、篮球、武术或是冰上曲棍球。

挥击更强：除了“核心肌群”之外，网球中的正手击球和棒球中的侧投的球速都要依赖强而有力的胸肌。

一击必杀：胸肌主要的目的是移动手臂向前，所以培养胸大肌的力量会帮助你灌注更多力量到目标身上。

看看你的肌肉

胸大肌

胸大肌[1]是最主要的胸肌。胸大肌负责将上臂拉向身体中间。以卧推为例，长杠推离身体时，胸肌绷紧，上臂靠近胸部。这是因为胸大肌附着在上臂骨的内侧。所以当胸肌收缩，肌纤维缩短，便会将上臂拉向肌肉起点，也就是胸部中间。

这就是为什么伏地挺身和卧推是锻炼胸肌的最好方法。例如：卧推时因为手握住重物，增加了上臂的重量，迫使胸肌收缩更用力。最后结果是得到更大、更健壮的胸肌。

锁骨部位的肌纤维构成上胸。

胸大肌纤维的起点在胸部3个地方：锁骨[2]、胸骨[3]和胸骨下的肋骨[4]。

下胸包括胸骨部位全部的肌肉。

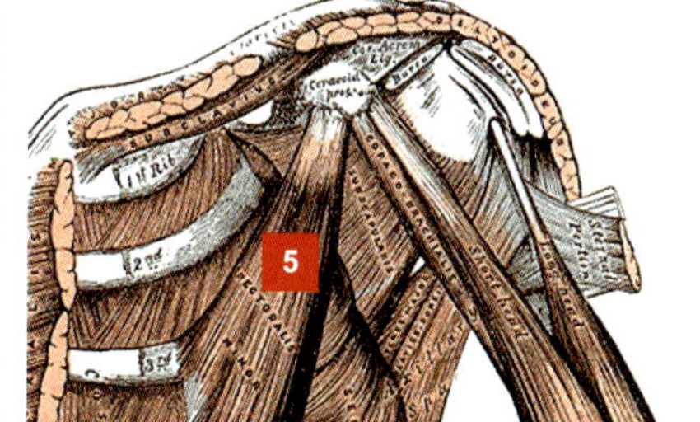

胸小肌

胸小肌[5]是细薄、三角形的肌肉，位于胸大肌下面。胸小肌从第三、四、五根肋骨开始，附着在接近肩关节的部位。虽然严格说来这块肌肉也算“胸肌”，但主要的功能是协助将肩膀拉扯向前。那是背部运动会出现的动作，如哑铃过头拉举。

胸肌

在这个章节里，你会发现64种专门锻炼胸部肌肉的训练，有几种训练是主要动作。熟悉这类基本动作，你就能以完美的姿势完成所有变化。

伏地挺身和双杠撑体

这些动作的目的是锻炼胸大肌。但是，多数动作也会锻炼到前三角肌和肱三头肌，因为这些肌肉几乎在每一种动作中，都属于辅助肌群。而且，在做这些动作时，旋转肌、斜方肌、前锯肌和腹肌也都会紧缩，协助维持肩膀、上身和臀部的稳定。

主要动作

伏地挺身

- 四肢着地，双手放地上，距离微比肩宽。

根据美国肌力和体能训练协会研究指出，做标准的伏地挺身时，相当于举起自己75%的体重。

注意手腕

如果直接把手放在地上手腕会痛。在手的位置放上一组六角哑铃，然后握住哑铃握把，练习时手腕绷直，这样会好很多。

B

- 身体下沉，直到胸部几乎碰到地板。
- 在底部稍停，然后用最快的速度推回起始姿势。
- 如果臀部在练习中任何时候都下垂，姿势就会松垮掉。若是如此，就把那次当做最后一次动作，结束整组练习。

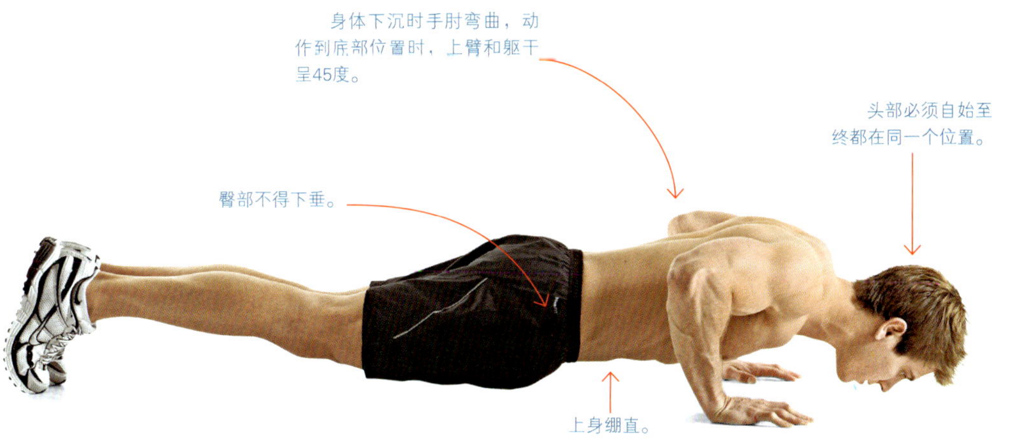

错误的肌肉训练

如果你过度锻炼胸肌，或更准确地说，你花大量的时间训练胸肌，而没有顾及上背肌群，这将造成肌肉和关节不平衡，最后导致姿势不良，增加受伤的风险。经验方法：锻炼上背肌群时，做和锻炼胸肌同样多组的练习。如果你姿势已经不良，那在重训时就要投入更多时间来锻炼上背肌。

变化1

上斜式伏地挺身

- 双手置于箱子、椅子或台阶上。此动作可减轻自身举起的体重，动作更为容易。

你可以在台阶前做此训练，随着力量增加，便可一级一级移到更低的台阶。

变化2

简易版伏地挺身

- 伏地挺身的姿势原是双脚着地，现在改为双膝弯曲着地，脚踝交叉。这是将原本伏地挺身变得更容易的另一种方式。

65

做简易版伏地挺身时，相当于举起自己65%的体重。

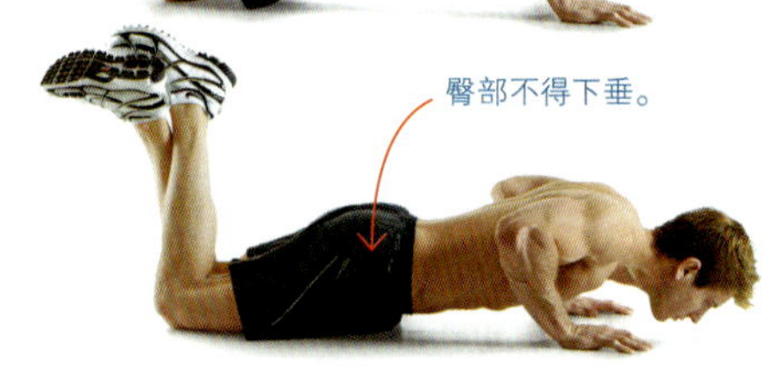

变化3

下斜式伏地挺身

- 双脚置于箱或椅子上，进行伏地挺身。由此增加个人举起的体重重量，使动作更加困难。

增强肩膀

美国德克萨斯州研究者发现，下斜式伏地挺身比起正常伏地挺身更能增强平衡肩膀的肌肉。

变化4

单脚下斜式伏地挺身

- 单脚置于箱子或椅子上，另一脚悬空。

甩掉肥肉

伏地挺身是测量现在你运动量够不够，能否在未来少长些肥肉的指标，根据加拿大的科学家的一项研究，研究者发现伏地挺身测验表现不佳的人，在未来20年间可能会长出10公斤的肥肉，而且几率高达78%。

变化5

双脚放瑞士球上伏地挺身

A

- 双脚置于瑞士球上做伏地挺身。

B

- 身体尽量下沉，臀部不得下垂。

球面不稳，迫使核心肌肉更加用力，增加动作难度。

变化6

双脚相叠伏地挺身

- 一只脚置于另一只脚上，靠下面那只脚支撑身体。

变化7

负重伏地挺身

- 请重训伙伴放一块杠片在背上，约位于肩胛骨的部位。

也可穿上加重背心或放上重链，增加重量。

伏地挺身难度一览表

难

9. 瑞士球伏地挺身
8. 博苏球伏地挺身
7. 单脚下斜式伏地挺身
6. 双脚放在瑞士球上伏地挺身
5. 下斜式伏地挺身
4. 双脚相叠伏地挺身
3. 伏地挺身
2. 上斜式伏地挺身
1. 简易版伏地挺身

易

变化8

三停伏地挺身

A

· 做标准伏地挺身，先在预备动作上停顿2秒。

B

C

D

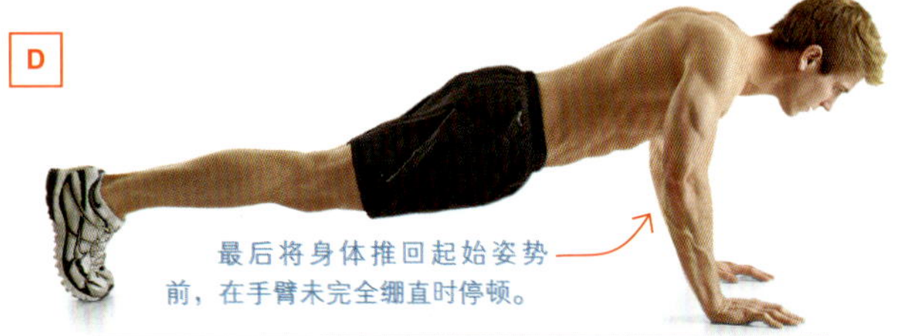

花时间做训练

每个点短暂停顿能加强关节在该角度和上下10度范围内的力量。因此，此动作能帮助消除任何随意肌较为薄弱的地方。并能增加肌肉紧绷时间，促进肌肉生长。

变化9

远手伏地挺身

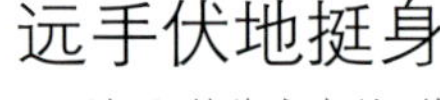

· 手间距约为肩宽的2倍。

变化10

近手伏地挺身

· 手间距和肩膀同宽。

变化11

心形伏地挺身

- 双手靠近，以两手大拇指和食指围成1个心形。

双手越靠近，肱三头肌练得越多。

变化12

偏手伏地挺身

- 一只手放在标准伏地挺身的位置，另一只手的位置则向前上移几十厘米。

变化13

蜘蛛人伏地挺身

A

- 先呈标准伏地挺身预备动作。

B

- 身体靠向地板时，抬起右脚，弯向右侧，膝盖好像要碰触手肘一般。
- 动作反复，身体回到起始姿势。重复同样的动作，但此时，以左膝接近左手肘。以此类推，来回持续交换训练。

变化14

瑞士球伏地挺身

- 手置于瑞士球上，而不是在地板上。

针对肱三头肌的动作

此动作比标准伏地挺身更侧重于肱三头肌的训练，增加30%的运动量。原因：瑞士球迫使肱三头肌出力，稳定手肘和肩膀关节，最后长出更粗的肌纤维。

变化15

药球伏地挺身

- 双手置于药球上。

雕塑腹肌

新西兰研究者指出，双手置于瑞士球或药球上做伏地挺身时，“核心肌群”会比平常增加20%的运动量。

变化16

单手药球伏地挺身

- 一手置于药球之上。

变化17

双手药球伏地挺身

- 双手底下各放1个药球。

变化18

T字形伏地挺身

A

- 将一对六角哑铃放在手的位置。
- 用手抓住手把，呈伏地挺身预备姿势。

B

- 身体下沉靠近地面。

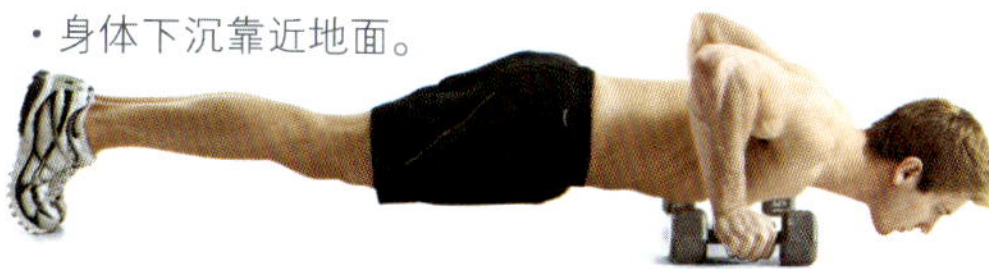

C

- 撑起身体时，右半身向上转，右臂弯曲将哑铃提起接近身体。右臂伸直，将哑铃举到右肩上方。
- 放下哑铃，重复动作。这次换左半边。

变化19

柔道伏地挺身

A

- 一开始姿势和标准伏地挺身无异，不过请将脚移向前，抬起臀部，身体呈倒V形。

B

- 保持臀部高抬，身体下沉直到下巴快接触地面。

C

- 臀部几乎下沉至地面，同时抬起头和肩膀。动作回转，回到起始姿势，然后反复训练。

伏地挺身大跃进

想增加伏地挺身的次数，试试看简单的阶段式训练。算算看你最多能做几下伏地挺身（任何一种都可以），并花费多少时间。休息一样多的时间，并再做2～3组。也就是说，如果你25秒做了20下伏地挺身，你就休息25秒，再开始做。假设你第二组在16秒钟内只能做12下，那你休息16秒，再开始下一组。以此方式，一周2次，将能快速提高你的成绩。

变化20

爆发力伏地挺身

A

· 呈伏地挺身姿势。

B

· 弯曲手肘，身体下沉。

胸部几乎快碰到地板。

C

· 用力将身体撑起，双手跃离地面。

变化21

静体爆发力伏地挺身

· 动作一开始和爆发力伏地挺身一样，但在身体下沉到底时停留5秒钟。暂停能消除肌肉的弹性，因此便能活化更多快缩肌纤维。快缩肌纤维是增加力量和肌肉大小的肌纤维。

变化22

爆发力交叉伏地挺身

A

· 左手置于地板上，右手置于杠片平滑面。

B

· 身体下沉，接近地面。

C

· 向右进行爆发力伏地挺身，双手离开地面。

D

· 落地时，左手落于杠片上，右手落于地板。

E

· 接着下沉身体，重复动作，每次来回换手。

换手动作过程中，迫使前臂朝身体中心用力，此动作主要是锻炼胸部主要肌肉——胸大肌。

变化23

博苏球伏地挺身

- 将博苏球翻面，半球面朝地板，双手置于平面两侧。

核心肌群和臀肌群绷紧。

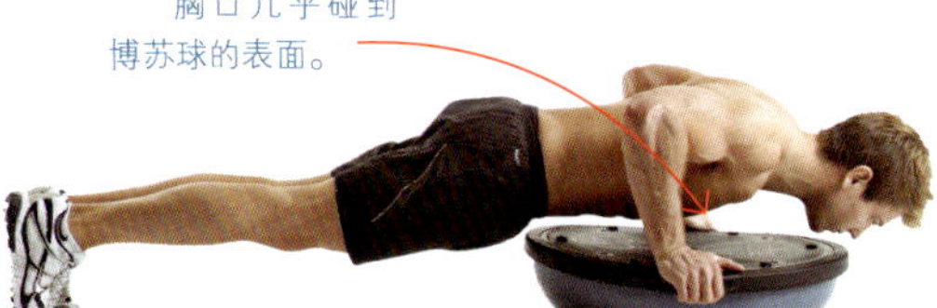

变化24

悬吊式伏地挺身

- 将一组有握把的吊带挂在固定的横杠上，手把距离地面约30厘米。
- 身体下沉，直到上臂低于手肘。

身体从头到脚踝维持一直线。

悬吊式伏地挺身的选择工具：爆炸吊带。

变化25

伏地挺身和划船

A

- 手放在一对六角哑铃上。
- 握住哑铃手把，呈伏地挺身预备动作。

B

- 身体下沉接近地面，停顿一下，接着推回起始姿势。

C

- 推回到起始姿势时，右手弯曲抬起哑铃至胸侧，进行划船动作。
- 停顿一下，然后放下哑铃，左手重复同样的动作。此为一组动作。

二合一上身训练

伏地挺身和划船能同时训练胸肌、中背肌和上背肌，强度也相同。

悬挂练出更多肌肉

根据加拿大研究者研究的结果，悬挂在吊带上做伏地挺身能增加腹肌和上背肌的肌肉活性。注意：此动作也会增加下背压力。为了保护脊椎，要确定核心肌群和臀肌群维持紧绷，和做任何伏地挺身变化动作时一样。只要简单地绷紧腹肌，夹紧臀肌，身体上升和下沉时，保持这两处肌肉收缩就能避免受伤。

主要动作
双杠撑体

A

- 手握住双杠练习器的手把，撑起身体，双手完全绷直。

B

- 慢慢将身体下沉，弯曲手肘直至上臂低于手肘。
- 停顿一下，然后推回起始姿势。

变化1

倾斜式双杠撑体

保护肩膀

此变化重新分配身体负荷的重量，因此身体下沉时，身体会前倾，将更多压力放在胸部，减少肩膀压力。如果你发现标准双杠撑体造成肩膀疼痛的话，即可采用这种方法。因为这种方式能减少肩膀负担，许多人都建议直接以这种方式进行训练。

变化2

负重双杠撑体

- 做这项训练时，腰际挂上双杠撑体加重吊带。

A

- 抬高臀部和大腿，动作中保持这个姿势。

B

- 身体下沉直至上臂和地板不再平行。

胸肌

这些训练的目的是锻炼胸大肌。多数的动作也会训练到前三角肌和肱三头肌，因为这些肌肉在几乎每一种训练中，都属于辅助肌群。做这些动作时，肌腱袖和斜方肌也会收缩，协助肩膀保持稳定。

训练小秘诀

想象自己是在把身体推离杠铃，而不是将杠铃推离身体。这个简单的想法会自动说服身体保持正确姿势。

主要动作

杠铃仰卧推举

A

・于胸骨上方握住杠铃，双手间距比肩膀微宽，手臂伸直。

将杠铃推离胸部时，手向外挤压杠铃，仿佛要将杠铃撕成两半。如此一来能刺激更多肌纤维。

为什么姿势很重要

仔细感受训练的过程，你可能会注意到一些事情：美国贝瑞大学研究者指出，仰卧推举前，会检查姿势是否正确的人，杠铃推举速率能增加到183%。好处：杠铃推举速率越快，越能突破瓶颈，也能推举更重的重量。

B

- 直直放下杠铃，停顿，然后再直线将杠铃推回起始位置。
- 手肘靠近身体，杠铃放下时，上臂和身体呈45度。这个姿势能减少肩关节压力。

变化1

近握杠铃仰卧推举

- 正手握住杠铃，双手距离约与肩同宽。

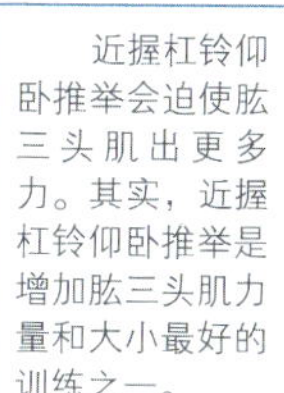
近握杠铃仰卧推举会迫使肱三头肌出更多力。其实，近握杠铃仰卧推举是增加肱三头肌力量和大小最好的训练之一。

变化2

反手杠铃仰卧推举

- 反手握住杠铃，双手约与肩同宽。

训练上胸肌

加拿大研究者发现，反手杠铃仰卧推举比其他平椅推举更能活化胸部肌肉。

变化3

毛巾杠铃仰卧推举

- 将毛巾卷起直放在胸口中心。然后进行仰卧推举，将杠铃放下到毛巾处，而非胸骨。

杠铃放下到毛巾高度时增加推举中间部分肌肉的负担，多数人会在此位置遇到瓶颈。因此，这项训练可帮助你克服常见的肌肉薄弱处，增加标准仰卧推举能举的次数。

变化4
三停杠铃仰卧推举

A

- 做标准仰卧推举，但在3个点各停顿10秒钟。

B

- 第一点：低于起始位置几厘米的地方。

C

- 第二点：一半的地方。

D

- 第三点：胸部上方。
- 接着将杠铃推回起始位置。如此便是1组动作。

变化5
肌张力杠铃仰卧推举

- 杠铃慢慢放下至离胸部10厘米处，维持此位置40秒，可增加肌肉；维持6～8秒，可锻炼肌力。此为1组动作。
- 警告：如果身旁没有一位专业教练，绝不能进行肌张力仰卧推举。

多少重量？

尽可能选择身体能负荷，且能在目标时间内完成最重的重量。所以如果你要增加力量，你就选择重一些，如果你要快速增加肌肉，则选轻一些的重量。

变化6
架上杠铃仰卧推举

- 将重训椅放在杠铃架下。然后将安全架调整至瓶颈处下方的高度。将杠铃放于架上。躺在重训椅上，推举杠铃，然后慢慢将杠铃放下回到架上。停1秒钟，再重复同样的动作。

变化7
板式杠铃仰卧推举

- 和毛巾杠铃仰卧推举动作一样，但胸部放的不是毛巾，而是将2块长30厘米、宽10厘米、高5厘米的木条叠加在一起，放在胸前。确定他们以螺丝钉或带子紧紧绑在一起。

找出自己的瓶颈

瓶颈就是你的肌肉无力，无法完成动作时，杠铃所在的位置。要找到那个位置，也不需要等到动作完全失败。只要肌肉开始疲累，你第一个感到吃力之处，就是你的瓶颈之处。

强壮的胸肌等于健康的双眼？

美国密西西比州立大学研究者指出，仰卧推举能减低罹患青光眼的危险。科学家研究指出，做3组仰卧推举的30位受测者平均眼压降低了15%。因此减少了视神经的压力，进而降低视神经损害和罹患青光眼的危险。大量肌肉的训练，如仰卧推举、蹲举等，最能提供此益处。

胸肌 | 杠铃仰卧推举

上斜式杠铃仰卧推举

A

- 将可调式哑铃椅调整上斜至30度。
- 面朝上躺在椅子上，双手握住杠铃，双手间距微比肩宽。

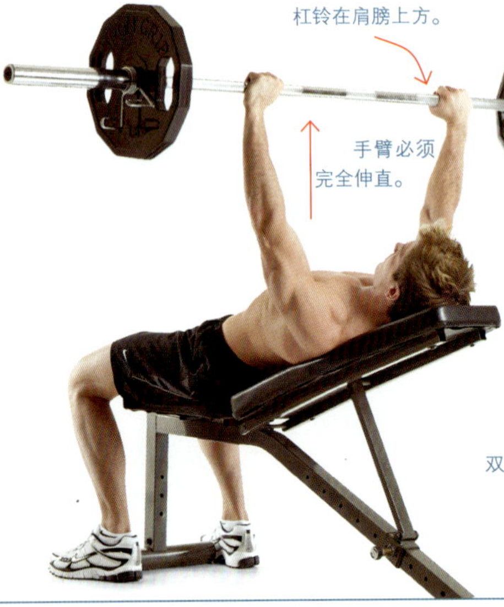
杠铃在肩膀上方。
手臂必须完全伸直。

B

- 放下杠铃至上胸部。
- 停顿一下，接着将杠铃推回起始位置。

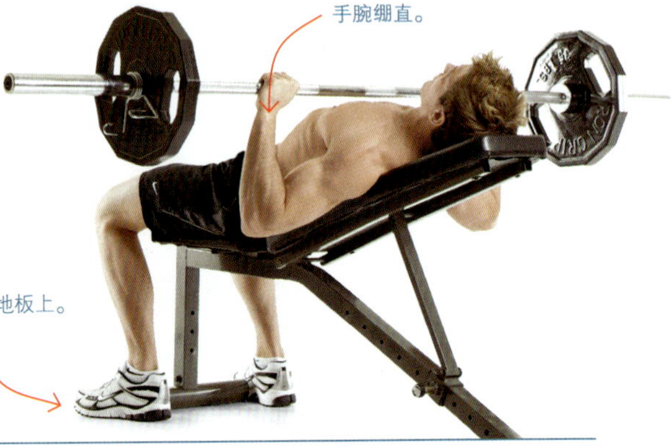
手腕绷直。
双脚平放在地板上。

下斜式杠铃仰卧推举

A

- 面朝上躺在下斜式推举椅上，双手握住杠铃，双手间距微比肩宽。
- 手臂伸直，将杠铃举在胸部上方。

掌心朝前。
腿稳稳卡在支撑柱上。

B

- 杠铃放到下胸部。
- 停顿一下，然后推回起始位置。

杠铃要几乎碰到下胸部。

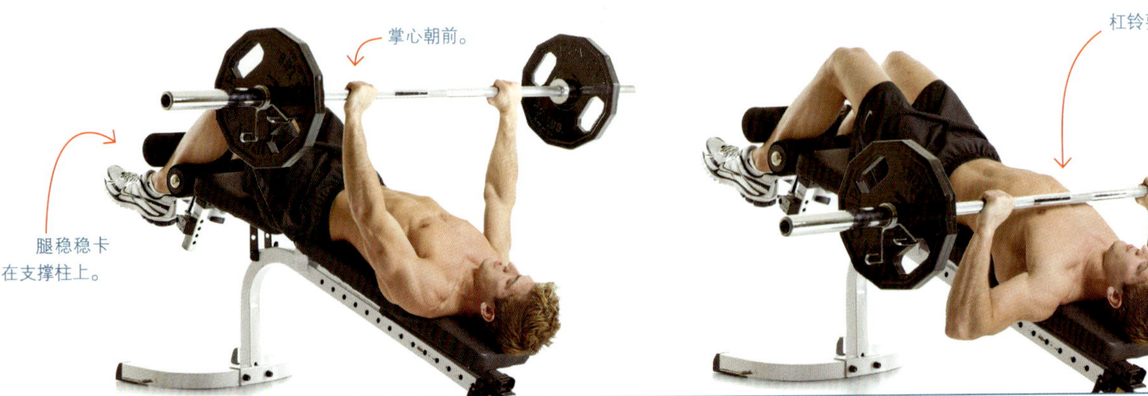

杠铃地板仰卧推举

A

- 躺在地板上，而不是在重训椅上，双手握住杠铃。

B

- 放下杠铃，直到上臂接触地面。
- 手肘弯曲，放下杠铃时尽量收于身侧。
- 停顿一下，接着将杠铃推回起始位置。

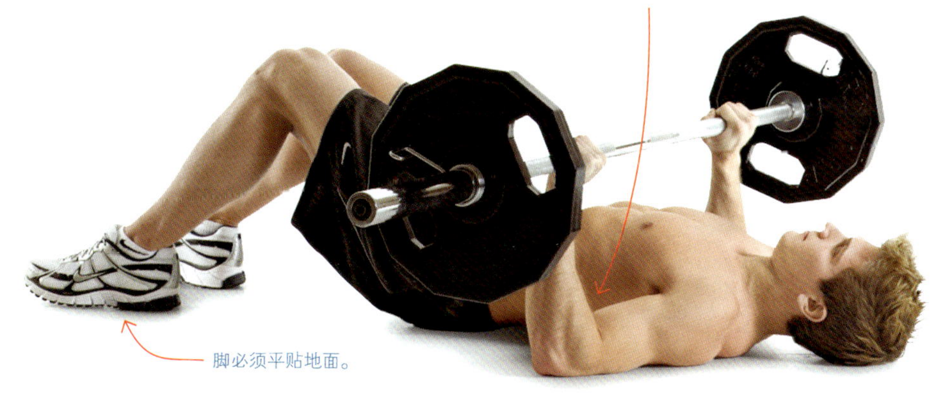

脚必须平贴地面。

地板会限制上臂动作的幅度，最多只能和地面平行，因此能集中锻炼仰卧推举最后（最困难）部分的肌肉。

酸痛的秘密

本章所有胸部训练动作都是锻炼整个胸大肌。但你会注意到，当你在做上斜式仰卧推举时，隔天最酸痛的地方是上胸部。下斜式仰卧推举时，酸痛的是下胸部。因为改变身体的角度会对胸肌特定的部位增加更多压力。如此一来对该部位的肌纤维就会造成更多的破坏，因此也会感到更多酸痛。

主要动作

哑铃仰卧推举

A

- 手握住一对哑铃，躺在扁平椅上，举在胸部上方，哑铃几乎碰在一起。
- 掌心朝外，但微微转向内。
- 开始前，肩胛骨向后夹紧，整组动作中尽可能绷紧。

B

- 手的角度不变，将哑铃放下至胸部两侧。
- 停顿一下，接着以最快的速度，推回起始位置。
- 哑铃推至最高点时手臂完全伸直。

今天我要举更重的重量

英国研究者发现，一般人在仰卧推举前如果做好心理准备，能比分心时多举起12%的重量。研究中，科学家给经验丰富的举重选手20秒的时间做心理准备。注意：躺上重训椅前别闲聊了，专心致力于眼前的训练吧！

脚踏实地

加拿大研究者发现，推举间脚离地的话，约有30%的重量会从上半身移动到强壮的核心肌，大量降低推举的功效。

变化1

交互哑铃仰卧推举

- 单手推举哑铃，1次推1个，左右交互进行。

放下其中一个哑铃时，将另一个哑铃推起。

变化2

交互直握哑铃仰卧推举

- 单手推举哑铃，一次推一个，左右交互进行。放下其中一个哑铃时，将另一个哑铃推起。

哑铃要几乎相碰。

双手掌心朝内相对。

交互仰卧推举能活化核心肌群，因为你不断改变分配在你身体两边的重量。

变化3

直握哑铃仰卧推举

- 双手掌心朝内相对握住哑铃。

强化胸肌

直握哑铃仰卧推举和上斜式仰卧推举一样，都能加强上胸肌。所以如果你没有可调式哑铃椅，可采用此方法训练胸大肌。

哑铃放下时手肘尽量收于身侧。

变化4

单手哑铃仰卧推举

- 这项训练动作纯粹和哑铃仰卧推举的姿势一样，但先单手完成一整组计划的反复次数，之后再马上进行另一只手的动作。

没有在动作的手放在腹肌上。

推举生腹肌

任何哑铃重训动作若一次只做一侧可迫使核心肌群出力。

主要动作
上斜式哑铃仰卧推举

A

- 调整可调式哑铃椅，微幅调整至15～30度之间。
- 面朝上躺在椅上，双手伸直，将哑铃举在肩膀上方。

B

- 将哑铃放下到胸部。
- 停顿一下，将哑铃推回起始位置。

变化1
直握上斜式哑铃仰卧推举

- 双手掌心朝内相对握住哑铃。

变化2
交互上斜式哑铃仰卧推举

- 单手推举哑铃，1次推1个，左右交互进行。

下斜式哑铃仰卧推举

A

- 握住一对哑铃，面朝上躺在下斜式推举椅上。
- 哑铃举在胸部上方。

B

- 哑铃放下到下胸两侧。
- 停顿一下，接着将哑铃推回起始位置。

哑铃地板仰卧推举

A

- 握住一对哑铃，面朝上躺在地板上。
- 将哑铃举在胸部上方，手臂伸直。

B

- 放下哑铃，直到上臂碰到地板。
- 停顿一下，接着将哑铃推回起始位置。

主要动作
瑞士球哑铃胸部推举

A

- 握住一对哑铃，背躺在瑞士球上。
- 抬起臀部，身体从肩膀到膝盖呈一直线。
- 掌心朝外，但微微转向内。

B

- 手角度不变，将哑铃放下至胸侧。
- 停顿一下，接着以最快的速度将哑铃推回起始位置。
- 手举到最高点时手臂完全伸直。

硬核心胸肌训练

澳大利亚学者研究指出，在瑞士球上进行仰卧推举时，核心肌比起标准仰卧推举时多出了14%的力量。不过，以此方式，推举的重量也相对减少，降低了胸肌的负担。

变化
交互瑞士球哑铃胸部推举

A

- 握住一对哑铃，背躺在瑞士球上。

B

- 单手推举哑铃，1次推1个，左右交互进行。

主要动作

上斜式瑞士球哑铃胸部推举

A

- 背靠在瑞士球上，身体和地板呈45度。
- 哑铃举在下巴上方，手臂伸直。

B

- 放下哑铃，停在上胸部两侧。
- 停顿一下，接着将哑铃推回起始位置。

单手滑轮胸部推举

A

- 右手握住滑轮机的高滑轮握把，背对磅片。
- 双脚前后错开，手把举起与肩同高，右手臂弯曲和地面平行。

B

- 将手把推向前，右手臂伸直。
- 接着慢慢弯曲右手肘回到起始姿势。
- 完成右手臂计划的反复次数，接着换左手，完成相同的次数。

药球胸前传球

A

- 手握住药球，约站在水泥墙前1米处。
- 双手在胸前握住球。
- 双脚张开与肩同宽。

B

- 以双手将球推向墙，和篮球传球一样。
- 球从墙弹回时接住球，重复动作。

玩球生肌肉

与其一个人对墙训练，你不如找人一起进行药球胸前传球训练。简单进行传接球就行了。如果你找不到墙，也找不到人，你可以身体前倾，上身弯到几乎和地面平行，接着朝地板用力传球就可以了。

这些训练的目的是锻炼胸大肌。前三角肌在这些动作中属于辅助肌群。

主要动作

哑铃飞鸟

A

- 握住一对哑铃，面朝上躺在扁平椅上。
- 哑铃举在胸部上方，手肘稍微弯曲，掌心朝外。

B

- 手肘弯曲角度不变，慢慢放下哑铃，稍微向后，直到上臂和地面平行。
- 停顿一下，接着将哑铃举回起始位置。

哑铃放下时，双手的哑铃会和耳朵连成一直线。

哑铃飞鸟最好在重训的后半段进行。美国楚门州立大学研究者发现，做哑铃飞鸟时，比起做仰卧推举，胸肌活化的时间足足短了23%。因此，科学家指出哑铃和杠铃仰卧推举可以互相调换，但不要把哑铃飞鸟当成主要的锻炼胸肌的动作。

变化1

上斜式哑铃飞鸟

- 面朝上躺在微上斜的椅子上。

变化2

上斜式哑铃飞鸟推举

- 这项训练结合了上斜式哑铃飞鸟和上斜式哑铃仰卧推举。一开始先做上斜式哑铃飞鸟，尽力反复，直到感到吃力。接着马上换到上斜式哑铃仰卧推举，以正确姿势，尽力完成越多组数越好。

变化3

下斜式哑铃飞鸟

- 面朝上躺在下斜式推举椅上。

变化4

瑞士球哑铃飞鸟

- 上背和中背稳稳靠在瑞士球上躺着。

错误的肌肉训练

你还在用蝴蝶式扩胸机吗？

蝴蝶式扩胸机，又称为“蝴蝶机”，可能会过度拉扯肩膀，造成肩膀后方肌肉僵硬。最后导致肩膀受伤和疼痛，增加罹患肩关节夹挤综合征的风险。因此不要再使用蝴蝶机了，请采用本章介绍的动作。另外，做任何训练动作时，必须顾及身体所能负荷的强度，并在整组动作的完成过程中都保证不出现痛楚，唯有如此才是正确的训练方式。

立姿滑轮飞鸟

A

- 将交叉滑轮机的高滑轮装上2个手把。
- 双手各握住1个手把，双脚前后错开站在滑轮机中间。

B

- 手肘角度不变，同时将手把向下拉，直到手把在身前交叉。
- 停顿一下，接着回到起始姿势。

61

英国研究指出，如果跳过1次重训，下一周跳过1组训练的几率可能为61%，下次考虑放弃上健身房时，请记得这件事。

请翻页
欣赏史上最佳胸肌训练动作

史上最佳的胸肌训练动作
增强版伏地挺身

这些动作不仅能锻炼你的胸肌，对前锯肌更是大有帮助。前锯肌是小而重要的肌肉，负责移动你的肩胛骨。如果你像一般人一样忽略前锯肌，肌肉会变得虚弱。如此一来就会提高罹患肩关节夹挤综合征的危险。肩关节夹挤综合征是相当疼痛的肌肉伤害，主因是其中一条肌腱卡入肩关节中。而且，前锯肌虚弱通常会造成肩胛骨前倾或下垂，导致圆肩，身型永远委靡。

典型的伏地挺身也有练到前锯肌。但加上“增强版”动作，也就是在动作最后，将上背推向天花板，会使训练更加有效。事实上，美国明尼苏达大学研究者发现，增强版伏地挺身更能活化前锯肌，比标准伏地挺身增加了38%的功效。

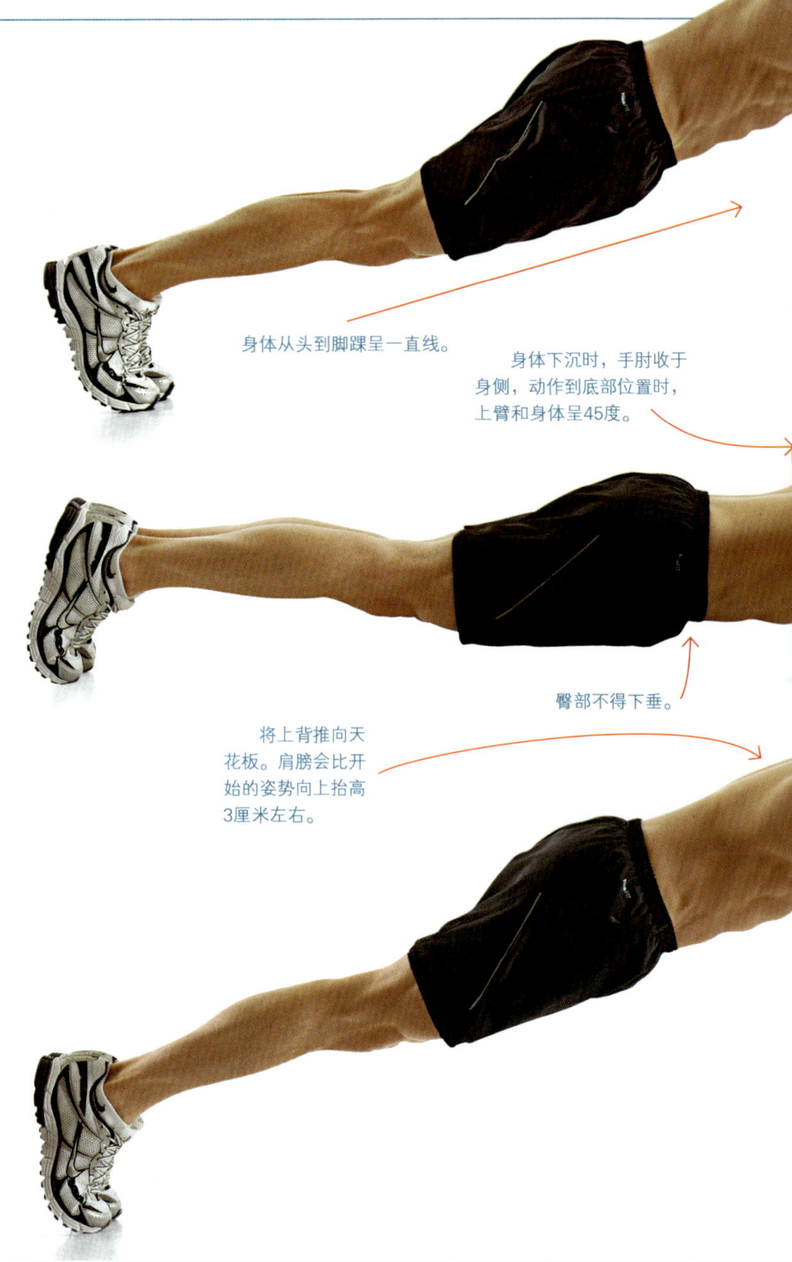

A

- 四肢着地，双手放地上，间距稍微比肩膀宽，和肩膀呈一直线。
- 绷紧腹肌，好像肚子准备挨一拳一样，做此练习时，保持腹部紧绷。

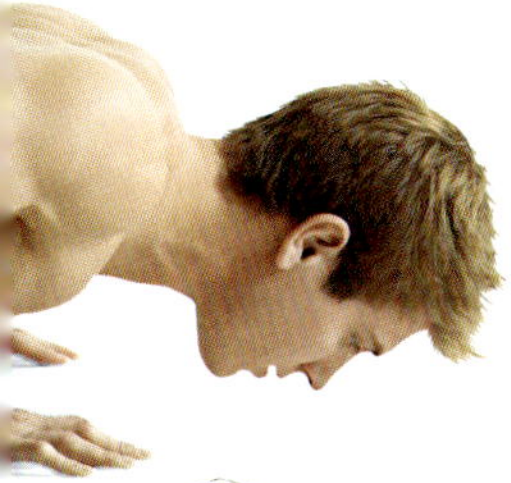

B

- 身体下沉，直至胸部几乎碰到地板。

C

- 停顿一下，接着以最快的速度将身体推回起始姿势。
- 手臂绷直，上背向后上推向天花板。此动作相当细微；外观看不出，但能感受到其中的不同。
- 停顿1秒，接着再做伏地挺身，重复动作。

额外训练！

瑞士球增强版伏地挺身

A

- 双手放在肩膀正下方，置于瑞士球两侧。

B

- 保持核心肌紧绷，身体下沉直至胸部轻触球面，接着将身体推回。

C

- 做"增强"动作，将上背向瑞士球反方向推挤。

最佳胸部伸展运动
门口伸展

为什么那么好?

因为此伸展动作能放松胸小肌。多数坐在办公桌前工作的人，都会有胸小肌僵硬的毛病，如果胸小肌僵硬，会使肩胛骨靠向前，造成驼背，高大挺拔等形容词再也不会降临在你身上。

尽全力去做!

双手各伸展30秒钟，接着再重复2次，总共做3组。每天规律进行，如果真的很僵硬，一天最多可以做3次。

手臂呈90度。

A

- 右手臂弯成90度（击掌姿势），前臂抵在门框上。
- 双脚前后错开，左脚在前，右脚在后。

B

- 胸部旋转向左，直到感受到胸肌和肩膀前肌肉舒服地伸展。换另一只手臂，并换脚，进行同样的动作。

在伸展时，可以将同侧脚向后蹬，如此一来会为肌肉增加压力。

打造完美胸肌

选好自己的重训计划。以下是3种针对不同目标的胸肌重训计划。

塑造胸型复合计划

此重训计划的前提相当简单：不要给肌肉时间完全复原，肌肉适应之后将更能抵抗疲倦。如此假以时日，你就能增强力量，任何胸肌运动都能做更多下。也就代表胸肌越来越健壮。

如何进行：做8下双杠撑体和8下伏地挺身，中间不停歇。不断在动作间交替，每一次做的次数都慢慢减少。也就是说，你下一轮只会做7下双杠撑体和7下伏地挺身，接着各做6下，以此类推，一直做到各做1下为止。休息90秒，接着重复同样的复合动作。力量增强后，起始反复次数则可以再加一。此重训计划最多五天能做一次。

超强能力重训计划

研究指出，以波动的方式改变反复次数的人（科学家称之为波动周期训练）比起每次重训都做同样次数的人，力量可以增加2倍。

如何进行：一周做3次重训，每次间隔至少1天。

星期一（重训一），做4组杠铃仰卧推举，接着再做4组上斜式杠铃仰卧推举。每一组动作做4～6下，各组间隔休息90秒。

星期三（重训二），做3组单手滑轮推举，接着再做3组上斜式哑铃仰卧推举；每一组动作做10～12下，各组间隔休息60秒。

星期五（重训三），做2组双杠撑体，接着再做两组伏地挺身。每一组动作做15～20下，各组间隔休息45秒。

省时三连战计划

当然，连续做3组胸肌训练，中间不休息很省时。而且，重训设计成这种方式也会使肌肉紧绷更久，刺激肌肉生长更有效。.

如何进行：3种不同的训练连续各做1组，中间不休息，此训练方式称为“三组式训练法”，也有人称为“三合一训练法”。混合、搭配自己喜欢的动作，从每一种分类各选出1种动作（A、B和C）。训练A做4～6下，训练B做10～12下，然后训练C做15～20下。休息60秒，接着再重复3次，总共做4轮。此重训计划一周做2次，每次中间至少间隔3天。

训练A

哑铃仰卧推举（48页）

交互哑铃仰卧推举（49页）

直握哑铃仰卧推举（49页）

交互直握哑铃仰卧推举（49页）

瑞士球哑铃胸部推举（52页）

交互瑞士球哑铃胸部推举（52页）

杠铃仰卧推举（42页）

训练B

上斜式哑铃仰卧推举（50页）

交互上斜式哑铃仰卧推举（50页）

直握上斜式哑铃仰卧推举（50页）

上斜式瑞士球哑铃胸部推举（53页）

反手杠铃仰卧推举（44页）

上斜式杠铃仰卧推举（46页）

训练C

伏地挺身或双杠撑体的任意一种（30～41页）

第五章：背肌

男人健美身材的秘密

CHAPTER 5

背肌

很少听到有人说："哇！那家伙背肌练得真好！"毕竟，大多数男人会花较多时间训练身体正面的肌肉，背肌花的时间自然就少了许多。因此，就算一个男人拥有好看的胸肌，相对来说，他很可能仍忽略了背肌。而这最后会导致严重的问题：姿势不正确。当胸肌比背肌强壮时，肌肉不平衡会使肩膀向前弓，最后造成驼背。

好消息：只要你专注练习背肌，就能矫正你的姿势，使你转身离去的背影和迎面而来一样帅气。

额外的好处

仰卧推举更威！上背和中背肌肉是稳定肩关节的关键。强壮、稳定的肩膀能让你在几乎每一种上半身训练中举起更重的东西，从仰卧推举到手臂弯举都不成问题。

肱二头肌高耸！训练背肌的动作也对锻炼手臂肌肉很有帮助。因为弯曲手肘举起重量时，就是在训练肱二头肌。不论是手臂弯举，或是典型的"背肌"训练，像是划船或引体向上。你想想看，你的手臂怎么"分辨"得出来你是在练哪里呢?

腹腰精实！训练背肌能燃烧腹部脂肪。训练越多肌肉，燃烧越多脂肪。

看看你的肌肉

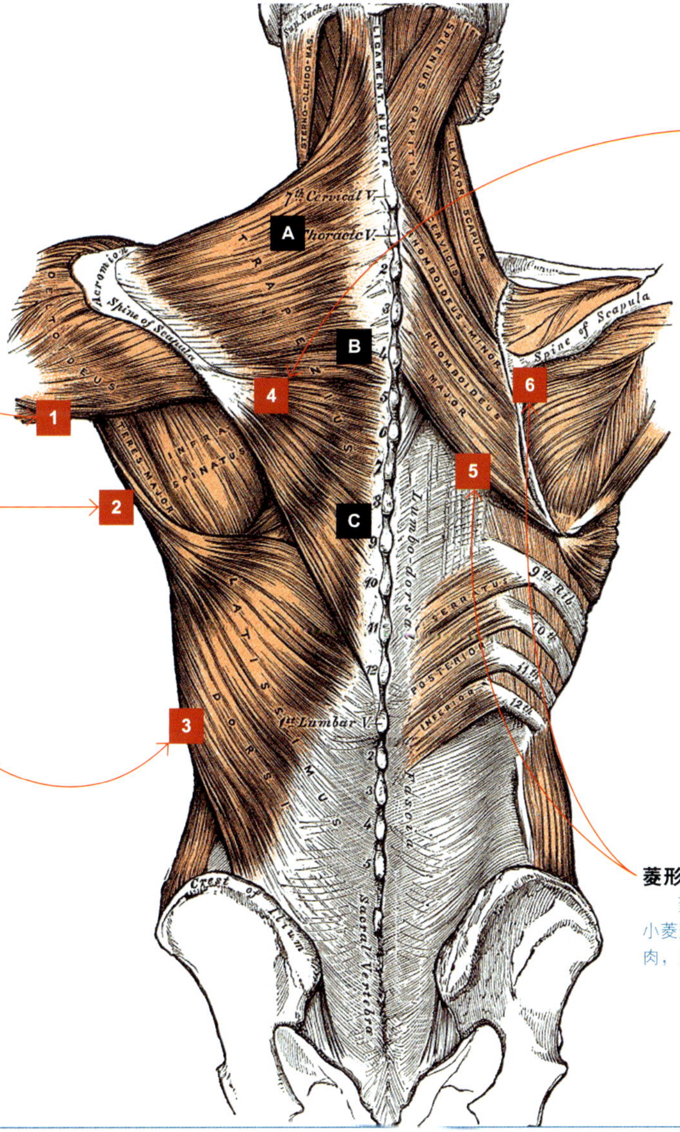

后三角肌

后三角肌[1]通常被认为是肩膀肌肉（你会从第六章了解更多），其实许多训练上背肌的动作都会锻炼到这块肌肉。因为后三角肌负责将上臂向后拉，只要你做划船动作，就会牵动到后三角肌。

大圆肌

大圆肌[2]从肩胛骨外侧边缘，就像背阔肌一样，连接到上臂内侧。因此大圆肌负责协助背阔肌将上臂拉到身体侧边。

背阔肌

背阔肌[3]起于背的下半部，沿着脊椎和髋骨，连接到上臂内侧。背阔肌主要负责将上臂从抬起的动作拉向身体两侧，就像从高架子上抓下一件东西的动作。这就是为什么包含此动作的训练，像是引体向上、滑轮下拉、直臂下拉等，都是锻炼背肌的热门方式。

斜方肌

斜方肌[4]是三角形的肌肉，位于上背部。因为肌肉纤维分布的方式，斜方肌有好几种功能。

上斜方肌[A]负责抬起肩胛骨。耸肩就是负责的动作之一。值得注意的是最适合训练这些肌纤维的运动，像是侧平举和耸肩，都归类为肩膀训练动作，可以参考第六章。

中斜方肌[B]垂直连接脊椎，负责将肩胛骨向背中间拉近。划船动作能锻炼这些肌纤维。

下斜方肌[C]肌纤维向上连接到肩胛骨，负责将肩胛骨向下拉。划船动作也会锻炼到这部分的肌纤维。

菱形肌

菱形肌位于斜方肌下方，包含大菱形肌[5]和小菱形肌[6]，菱形肌是连接脊椎和肩胛骨的小肌肉，负责协助斜方肌将肩胛骨拉近。

上背肌

在这个章节里，你会发现103种专门锻炼背部肌肉的训练。这些训练分为2个主要类别：上背训练和背阔肌训练。你会发现有几种训练被归类为主要动作。熟习基本动作，你就能以完美的姿势完成所有变化。

划船和平举

这些训练的目的是锻炼中、下斜方肌和大小菱形肌。多数动作也会锻炼到上斜方肌、后三角肌和肌腱袖，因为这些肌肉在各式划船动作中，都属于辅助肌群，并能协助维持身体稳定。

主要动作

悬垂臂划船

反向伏地挺身?

悬垂臂划船对背肌的帮助，就和伏地挺身对胸肌的帮助一样。不仅能锻炼上背和中背肌肉，也挑战核心肌群的力量。

如果做动作时，手腕开始弯曲，也就是说，如果你的手腕无法绷直，就代表你的上背肌和/或你的肱二头肌较为虚弱。

手腕绷直。

动作中身体保持紧绷。

B

- 动作一开始先将肩胛骨向后拉紧，接着以手臂继续将胸部拉近单杠。
- 停顿一下，接着慢慢将身体放下回到起始姿势。

为什么划船动作很重要

划船动作训练斜方肌和菱形肌，这些肌肉在举重物时，起稳定肩胛骨的作用。别小看这个动作，因为肩膀不稳定的话，可能会限制住手臂和胸肌的力量。例如：你的胸肌原本可以仰卧推举112.5公斤，但如果肩膀无法支撑这个重量，你就连一下也无法完成。所以，努力加强划船的力量，进而增强全身的力量，是发挥胸肌原本力量的关键。

变化1

屈膝悬垂臂划船

- 平常悬垂臂划船双腿一般会伸直，但现在膝盖弯曲呈90度。

膝盖弯曲会减少手臂所负担的身体重量。

变化2

反手悬垂臂划船

- 双手间距与肩同宽，反手握住单杠。

变化3

高脚悬垂臂划船

- 脚不放在地板上，而是置于椅子或箱子上。

变化4

瑞士球高脚悬垂臂划船

- 将脚置于瑞士球上。

变化5

加重悬垂臂划船

- 训练时在胸部放上1块杠片，以增加悬垂臂划船的难度。

变化6

单臂悬垂臂划船

- 左手握住单杠，右手放空，手肘弯曲呈90度。
- 左手向上拉，右手臂向上伸直，右手伸高。
- 以左手完成计划的反复次数，接着马上换手，以右手握住单杠，完成相同的次数。

变化7

悬挂式悬垂臂划船

- 在单杠上挂上附有手把的吊带，手把离地约1米。

变化8

毛巾式悬垂臂划船

- 确定悬垂臂划船手握的位置，然后在这两个位置挂上毛巾。
- 双手抓住毛巾末端，掌心朝内。
- 尽可能拉高胸部。

主要动作
杠铃划船

A

- 双手握住杠铃，间距微比肩宽，手臂伸直。
- 身体前倾，膝盖弯曲，身体下沉几乎和地面平行。

- 将杠铃提至上腹部。
- 停顿一下，接着慢慢将杠铃放回起始位置。

错误的肌肉训练

划船时下背向下弯曲

姿势错误可能会导致受伤，如椎间盘突出。以下是避免的方法：举起杠铃，挺胸站直，下背自然前拱。保持上身紧绷，膝盖微弯，臀部尽可能向外推。接着身体姿势不变，上身下沉直至几乎和地面平行。现在，在镜子中检查自己的姿势。

上背肌 | 划船与平举

选择4种握法：正手、直握、反手和张肘，搭配以下8种哑铃划船。所有握法都可以配合一种划船，经典动作有32种选择。

变化9～12

单脚直握哑铃划船

A

- 身体前倾下沉，几乎和地面平行。
- 抬起1只脚悬空。

B

- 将哑铃提至身侧。
- 每一组动作后换脚。

握法变化2

直握

双手掌心相对。哑铃划船时，手肘靠近身侧。

变化13～16

单臂直握哑铃划船

A

- 右手握住哑铃，身体前倾，膝盖弯曲，身体下沉几乎和地面平行。
- 哑铃直直垂在肩膀下方。

单臂划船能分开锻炼身体的左侧和右侧，协助支撑不平衡的肌肉，增加对核心肌群的锻炼。

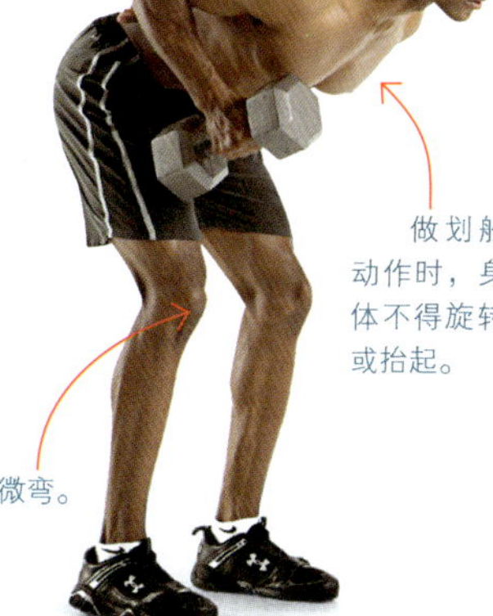

B

- 将哑铃提至身侧，手肘收近身体侧边。

上背肌 | 划船与平举

变化17～20
俯卧张肘哑铃划船

A

- 做此划船动作时不是站姿，而是胸朝下俯卧在椅上，角度微调成上斜。
- 哑铃直直垂于肩膀下方。

B

- 双肘保持张开，将哑铃提至胸侧。

握法变化3

张肘正手握

掌心朝后。划船时，手肘张开，上臂与身体垂直。

变化21～24
单臂屈体哑铃张肘划船

A

- 左脚和左手放在扁平椅上。
- 下背自然前拱，身体和地面平行。

B

- 上臂保持和身体垂直，哑铃提至胸侧。

变化25～28
单臂单脚反手哑铃划船

A

- 右手反握哑铃。
- 左手撑在身前椅上，身体前倾。
- 抬高右腿，在身后保持悬空。

B

- 哑铃提至身侧时，手肘也收于身侧。

握法变化4

反手握

掌心朝前。像是直握一样，划船时，手肘接近身侧。

变化29～32
俯撑单臂反手哑铃划船

A

- 右手握住哑铃。
- 左手撑在前方的椅上，身体前倾。
- 哑铃直直垂下，掌心朝前。

B

- 哑铃提至身侧时，手肘也要收于身侧。

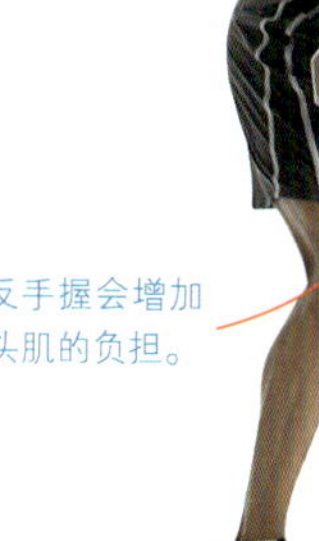

变化33

哑铃上提至脸部外转

- 握住一对哑铃，胸朝下俯卧在椅上，角度微调成上斜。
- 手臂直直从肩膀下垂，掌心相对。
- 连续动作，弯曲手臂并将哑铃提至脸侧，同时尽可能提高上臂。
- 停顿一下，接着动作回复至起始姿势

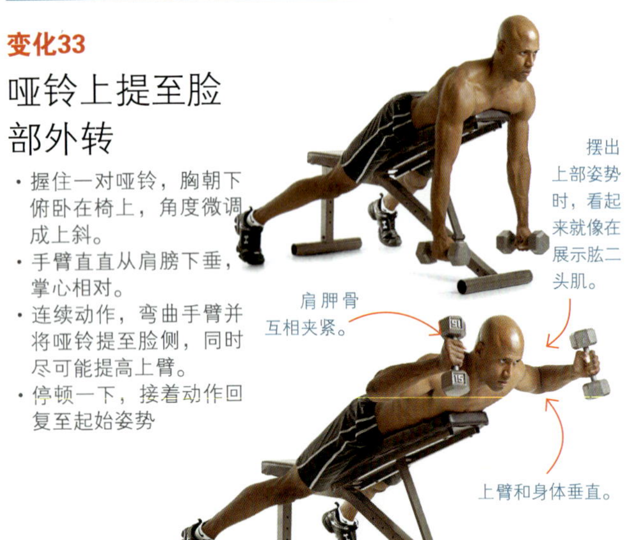

变化34

单臂直握哑铃划船旋转

- 不用2个哑铃，1次锻炼1只手。
- 提起哑铃时，将同侧身体上旋。
- 停顿一下，接着身体和哑铃回到起始姿势。
- 单手完成计划的反复次数，接着再换另一只手做同样的次数。

变化35

单脚单臂旋转哑铃划船

A

- 右手握住哑铃，掌心外转朝右。
- 抬起右腿，和身体呈一直线。

B

- 哑铃提至身侧，同时手掌向内旋转，哑铃至顶部时掌心朝身体。
- 右手完成计划的反复次数，接着马上以左手和左脚完成相同的次数。

主要动作

俯立平举

A

- 握住一对哑铃，身体前倾几乎和地面平行。
- 哑铃直直自肩膀下垂，掌心相对。

B

- 身体不动，手臂直直向两侧抬起，直到和身体呈一直线。
- 停顿一下，接着慢慢回到起始姿势。

令人大吃一惊的背肌训练

多数人认为俯立平举是肩膀训练动作，因为该动作的目的是锻炼后三角肌。但其实和划船动作一样。唯一的差别就是提起哑铃时手肘并没有弯曲而已。所以，此动作锻炼上、中背部肌肉也相当有效，这也是为什么本章会包含这个动作。而为了让效果更好，做此动作时，记得夹紧肩胛骨。

上背肌 | 划船与平举

变化1

反手俯立平举

• 反手握住哑铃，掌心朝前。

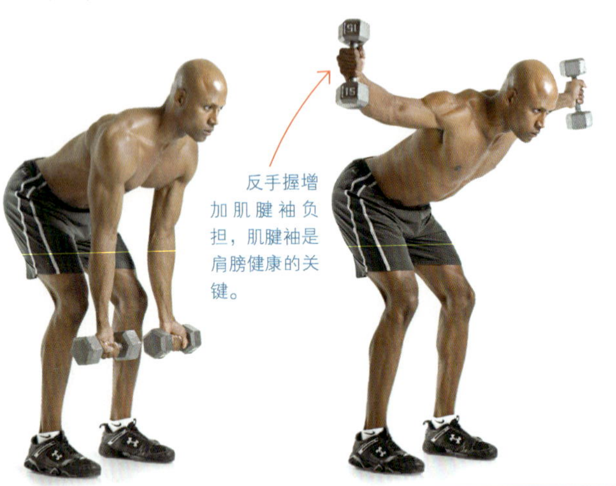

变化2

正手俯立平举

• 正手握哑铃。掌心朝后。

变化3

坐姿平举

• 握住哑铃，坐在椅子边。

变化4

侧卧哑铃抬举

• 右手握住哑铃，左侧躺在扁平椅上。
• 以左肘支撑身体。
• 右臂直直垂下，和地面垂直，掌心朝后，手肘微微弯曲。
• 手肘弯曲角度不变，手直直升到肩膀上方，手臂外转，掌心朝头。
• 慢慢回到起始姿势。

变化5

滑轮交叉平举

A

- 在交叉滑轮机的低滑轮装上2个手把。
- 右手握住左手把，左手握住右手把，站在滑轮中间。
- 身体前倾，膝盖弯曲，身体下沉几乎和地面平行。

B

- 手肘弯曲角度不变，双臂抬起和地面平行。
- 停顿一下，然后慢慢回到起始姿势。

Y-T-L-W-I字形平举

这是梦幻般的多部位训练动作，目的是锻炼负责稳定肩胛骨的上背肌，特别是斜方肌。也能加强肩膀各种角度的肌肉，强化肩肌腱袖和三角肌。

你可以直接连续做Y-T-L-W-I字形平举，当做完整的上背重训，不论有没有哑铃皆可（依个人能力）。如果你没有哑铃，确定自己的手的姿势和握哑铃时一样。如果用哑铃，你可能会发现只需要一对相当轻的哑铃即可。你可以靠在重训椅上或瑞士球上做这些动作。瑞士球会使动作更加困难，因为球面会迫使核心肌肉用力维持姿势。Y-T-I三个动作也可以在地板上做，即使出去旅行，也可以随时在旅馆地上做这些动作。

上斜式Y字形平举

A

- 将可调式哑铃椅微调上斜，俯卧在椅上，胸部靠着椅背。

B

- 手臂举起和身体呈30度（成Y字形），并抬高到和身体平行。
- 停顿一下，接着慢慢放下手臂回到起始姿势。

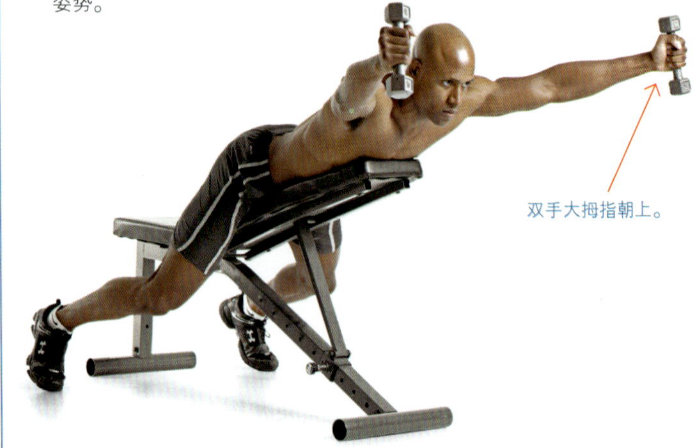

地板Y字形平举

A

- 面朝下俯卧在地板上。手臂平放于地，完全伸直，和身体呈30度，掌心朝内。

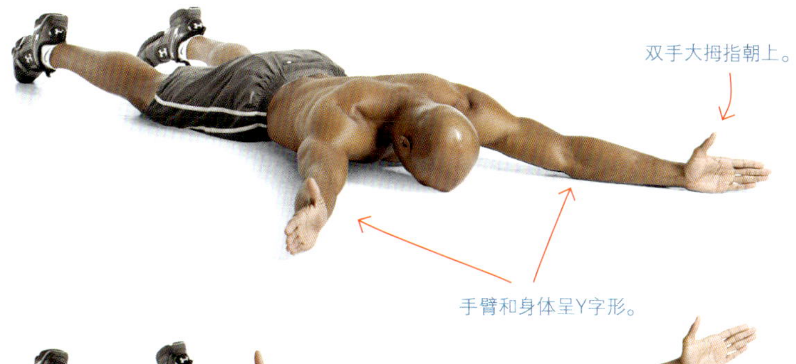

B

- 手臂尽可能举高。
- 停顿一下，接着放下回到起始姿势。

瑞士球Y字形平举

A

- 俯卧在瑞士球上，背伸直，胸部腾空。

B

- 双手直着抬至身侧，高度和身体平行。
- 停顿一下，接着放下回到起始姿势。

完整的上背重训计划

做十下Y字形平举，接着马上做10下T字形平举。以此类推，直到完成了Y-T-L-W-I字形五组的平举。休息2分钟，再重复一次。

无器材背肌重训计划

Y-T-I字形每组动作各做12下，俯卧于地板上，动作间无休息时间。

新增5种动作

除了能在可调式哑铃椅、瑞士球和地板上做Y-T-L-W-I字形平举之外，你也可以像做杠铃或哑铃划船一样，俯立倾斜身体进行平举动作。只要记得要确定在做动作时，下背保持自然前拱就可以了。

上斜式T字形平举

- 握住一对哑铃，俯卧在可调式哑铃椅，角度微调上斜。
- 手臂伸直于身侧举高，和身体平行。
- 停顿一下，接着慢慢放下回到起始姿势。

地板T字形平举

- 手臂展开置于两侧，和身体垂直，双手大拇指朝上，尽可能抬高，勿过于勉强。
- 停顿一下，接着慢慢放下回到起始姿势。

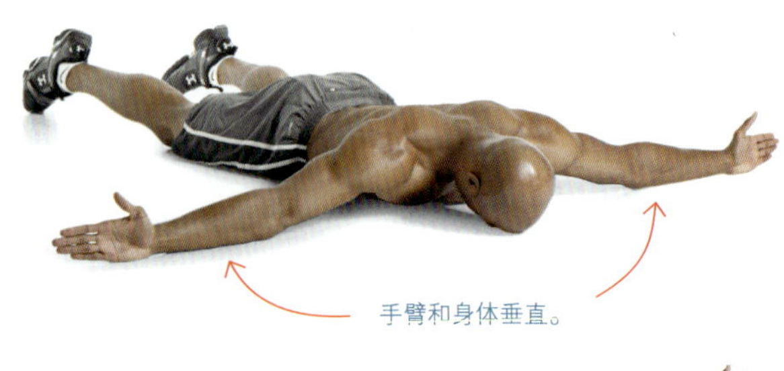

瑞士球T字形平举

A

- 俯卧在瑞士球上，背伸直，胸部腾空。

B

- 手臂伸直于身侧举高，和身体平行。
- 停顿一下，接着慢慢放下回到起始姿势。

上斜式L字形平举

A

- 握住一对哑铃，俯卧在可调式哑铃椅上，角度微调上斜。
- 双手从肩膀直直垂下，掌心朝后。

B

- 手肘弯曲张开，上臂尽可能抬高，肩胛骨夹紧。

C

- 手肘角度不变，上臂尽可能向后旋转。
- 停顿一下，接着慢慢放下回到起始姿势。

瑞士球L字形平举

A

- 俯卧在瑞士球上，背伸直，胸部腾空。

B

- 手肘弯曲张开，上臂尽可能抬高，肩胛骨夹紧。
- 动作到底时，上臂和身体垂直。

C

- 手肘姿势不变，上臂尽可能向后旋转。
- 停顿一下，接着慢慢放下回到起始姿势。

上斜式W字形平举

A

- 握住一对哑铃，俯卧在可调式哑铃椅上，角度微调上斜。
- 手肘弯曲超过90度，夹紧身体，掌心朝上，拇指朝外。

B

- 手肘弯曲角度不变，夹紧肩胛骨，抬高上臂。
- 哑铃举到底时，手臂呈W字形。
- 停顿一下，接着慢慢放下回到起始姿势。

瑞士球W字形平举

A

- 手持哑铃俯卧在瑞士球上，背伸直，胸部腾空。
- 手肘弯曲超过90度，并夹紧身体，掌心朝上，拇指朝外。

B

- 手肘弯曲角度不变，夹紧肩胛骨，抬高上臂。
- 哑铃举到底时，手臂呈W字形。
- 停顿一下，接着慢慢放下回到起始姿势。

上斜式I字形平举

- 握住一对哑铃，俯卧在可调式哑铃椅上，角度微调上斜。
- 手臂从肩膀直直垂下，掌心相对。
- 手臂直直举起，和身体平行，呈I字形。
- 停顿一下，接着慢慢放下回到起始姿势。

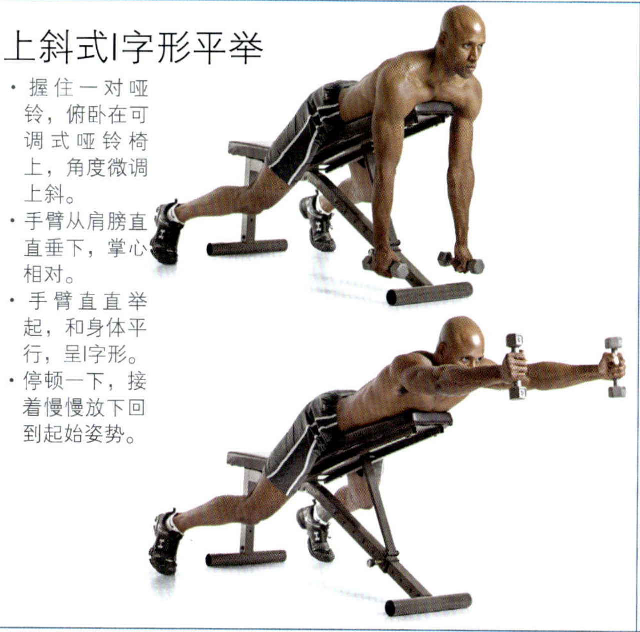

地板I字形平举

- 手臂直直置在肩膀前方，身体从指尖到脚呈一直线。
- 尽可能抬高手臂，勿过于勉强。
- 停顿一下，接着慢慢放下回到起始的姿势。

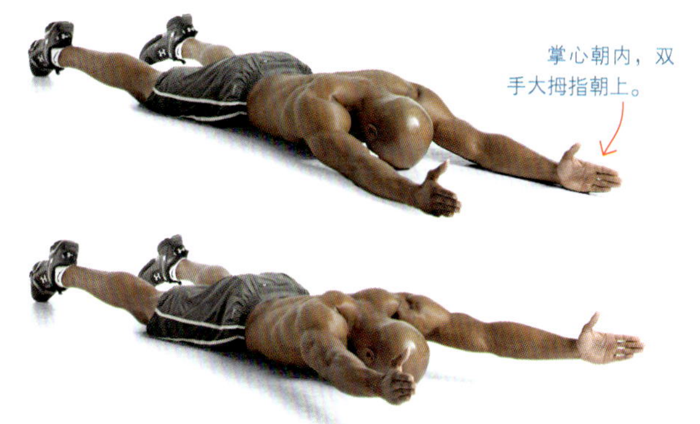

瑞士球I字形平举

A

- 握住一对哑铃，俯卧在瑞士球上，背伸直，胸部腾空。

B

- 直直抬起手臂，和身体呈I字形。
- 停顿一下，接着慢慢放下回到起始姿势。

主要动作
滑轮划船

A

- 将滑轮机装上拉杆，身体调好位置，脚支撑住身体。
- 正手握住拉杆，双手距离微比肩宽。

B

・身体不动，将拉杆拉至上腹部。
・停顿一下，接着身体慢慢放松回到起始姿势。

2

根据美国俄克拉荷马州立大学研究统计发现，一周进行2组20分钟重训计划的人，工作时不容易生病。

错误的肌肉训练

耸肩划船

做任何划船动作的时候，一开始记得将肩膀放下并向后。如果忘了这一点，你会习惯抬高肩膀，手肘弯曲划船的时候就会过度伸展肩膀。如此一来，不但会增加前肩的压力，更会影响冈下肌。时间一久，会造成肩关节不稳，最终会导致肩膀受伤。

变化1

宽握滑轮划船

- 双手距离约为肩宽的1.5倍，将拉杆拉至下胸前。

变化2

反手滑轮划船

- 双手握住拉杆，与肩同宽，将拉杆拉至下腹部。

变化3

绳把滑轮划船

- 将滑轮机装上绳把，双手握住绳子两端，进行滑轮划船。

变化4

V型握把滑轮划船

- 将滑轮机装上V型握把，双手握住，拉至身体中段。

变化5
单手滑轮划船

- 将滑轮机装上握把，身体不动，用单手把拉至身侧。
- 完成右手计划的反复次数，接着马上以左手完成相同的次数。

变化6
单手滑轮划船旋转

- 将滑轮机装上握把，右手握住握把拉至右侧，身体向右旋转。
- 停顿一下，接着回到起始姿势。

变化7
滑轮划船至颈外转

- 将滑轮机装上绳把，坐在滑轮机前。
- 将绳把中央拉向脸部，肩胛骨夹紧，上臂旋转，前臂转向后上方。
- 停顿一下，接着慢慢回到起始姿势。

变化8
立姿单手滑轮划船

- 滑轮机装上握把。右手握住握把，双脚错开站立。
- 将握把拉向右侧，身体向右旋转。
- 停顿一下，接着回到起始姿势。
- 右手完成计划的反复次数，接着马上以左手完成相同的次数。

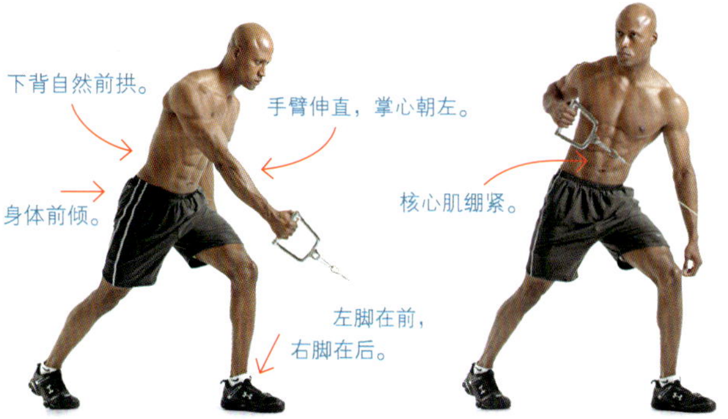

背阔肌 | 反手引体向上与正手引体向上

正反手引体向上

这些动作旨在锻炼背阔肌，同时会锻炼大圆肌和肱二头肌。这些动作的大部分会用到核心肌和上、中背肌，这些肌肉皆属于辅助肌群，协助动作，并保持身体稳定。

主要动作

反手引体向上

A

- 反手握住单杠，与肩同宽。
- 手臂绷直，自然下垂，每一次放下身体时都要回到这个姿势。

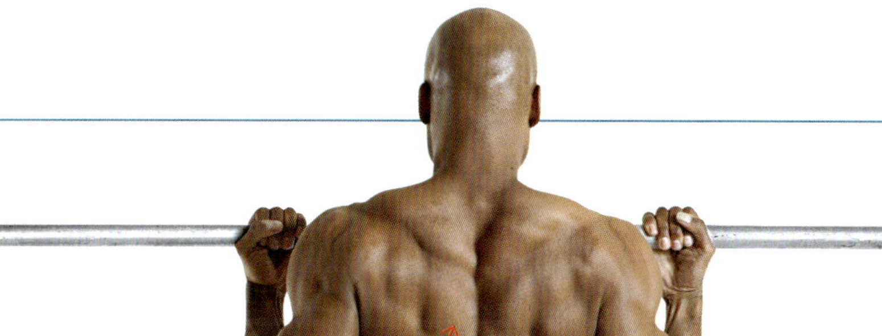

正手引体向上和反手引体向上的区别

反手引体向上是用反手握；正手引体向上是用正手握。当然，你马上就会发现反手引体向上比较轻松。因为反手握时，肱二头肌会出比较多的力量把身体向上拉。

训练小秘诀

想象自己在将单杠拉至胸口，而不是将胸口拉至单杠。

B

- 将胸部拉向单杠。
- 上胸部接触单杠时，停顿一下，接着慢慢放下身体至起始姿势。

将自己拉高

也许正反手引体向上应该称作拉胸运动。因为如果动作要有效，必须将单杠拉至胸部。如此一来，能提高动作幅度，增加肩胛骨附近肌肉的刺激。

背阔肌

反手引体向上与正手引体向上

变化1

反向反手引体向上

A

- 在单杠下方放一把椅子，站在椅子上，反手握住单杠。
- 从椅子上跳起，将胸部抬至和双手同高，接着将脚踝交叉在身后。

B

- 以5秒钟的时间慢慢放下身体，直到手臂伸直。如果太困难，就尽可能慢慢放下身体。
- 跳到起始位置，重复此动作。

进行反向反手引体向上时，从上方将身体放至底部的过程必须保持同样的速率。如果发现有些地方特别快时，默默记在心里。接着，下一组动作放下身体时，在那几个地方停留一两秒钟。如此一来，就能快速改善你的动作表现。测量进步的好方式：如果你可能用30秒慢慢做完反向反手引体向上，你应该可以完成一个标准引体向上。

变化2

辅助吊带反手引体向上

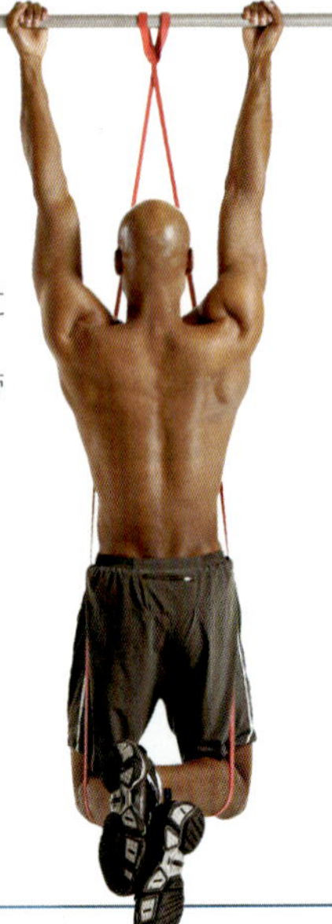

A

- 用大型橡皮吊带一端绕过单杠，然后穿过另一端，紧紧挂在单杠上。
- 反手握住单杠与肩同宽，双膝放于吊带圈，手臂伸直自然下垂。

B

- 将胸部拉至单杠，进行引体向上。
- 上胸部接触单杠时，停顿一下，接着慢慢放下身体至起始姿势。

采用辅助吊带来练习反手引体向上，能帮助你完成标准引体向上，效果比连锁健身房的引体向上辅助机更能落实引体向上的动作。

变化3

反手近握引体向上

• 反手握住单杠，距离15～20厘米。

双手距离较近时，肱二头肌在动作中更能施展力量。如此一来会使这个动作比标准反手引体向上更轻松。

变化4

立握引体向上

• 握住单杠上的平行手把，掌心朝内相对。接着将胸部拉至和握把同高。

变化5

正手引体向上

• 动作和反正引体向上相同，只是改成正手握住单杠，双手距离稍微比肩膀宽。

肱二头肌激增

西点军校研究者测量正手引体向上的肌肉活动时，他们发现此动作不仅能训练背阔肌，同时也能训练肱二头肌。

变化6

正手宽握引体向上

• 正手握住单杠，双手距离为肩宽的1.5倍。

引体向上难度一览表

难

8. 正手宽握引体向上
7. 正手引体向上
6. 正反手引体向上
5. 立握引体向上
4. 反手引体向上
3. 反手近握引体向上
2. 协助吊带反手引体向上
1. 反向反手引体向上

易

背阔肌 | 反手引体向上与正手引体向上

变化7

正反手引体向上

- 双手距离与肩同宽，一手正手握，另一只手反手握。

进行正反手引体向上时，为防止身体旋转，背肌、肩膀肌肉和核心肌会比标准正手或反手引体向上出更多力。

变化8

左右反手引体向上

- 平常引体向上会直直向上拉至胸部，做这个动作时先拉向右手。停顿一下，回到起始姿势。下一次拉向左手。如此反复，左右手互换。

变化9

悬挂式引体向上

- 单杠挂上一组附有握把的吊带，手握住握把，双手自然下垂。接着进手反手引体向上，拉起身体时自然旋转手臂。

变化10

毛巾引体向上

- 找到引体向上单杠双手的位置，接着在这两个位置挂上毛巾。
- 握住毛巾末端，掌心朝内，双脚脚踝交叉在后，双手自然下垂。
- 尽可能拉高胸部。
- 停顿一下，接着慢慢放下回到起始姿势。

抓住毛巾能增加前臂肌肉收缩，增进握力和肌耐力。

肩胛骨收缩运动

A

· 正手握住单杠，双臂自然下垂。

B

· 手臂不动，肩胛骨下拉夹紧，维持5秒钟，保持稳定呼吸。此为1次动作。

上背强度测试

维持肩胛骨夹紧，支撑越久越好。如果你连10秒都没有达到，就表示你上背肌虚弱，应该马上把这动作加入重训计划。此动作也教你如何将肩膀放下，并向后施力，矫正身体姿势。

背阔肌

滑轮下拉与直臂下拉

这些动作的目的是锻炼背阔肌，也同时锻炼大圆肌和肱二头肌，而上、中背肌也会收缩，因为这些肌肉皆属于辅助肌群，协助动作，并保持身体稳定。

主要动作

背阔肌滑轮下拉

A

- 坐在滑轮下拉机下方，正手握住拉杆，与肩同宽。

引体向上的替换动作

走进任何一家健身房看一看，你会发现滑轮下拉可能是本章介绍的所有训练中最热门的一种。如果无法做标准引体向上，选择滑轮下拉为替换动作最为合理。（不论是反向反手引体向上还是协助吊带引体向上都不能与之相比。）

B

- 身体不动，肩胛骨夹紧，将拉杆拉至胸部。
- 停顿一下，接着慢慢回到起始姿势。

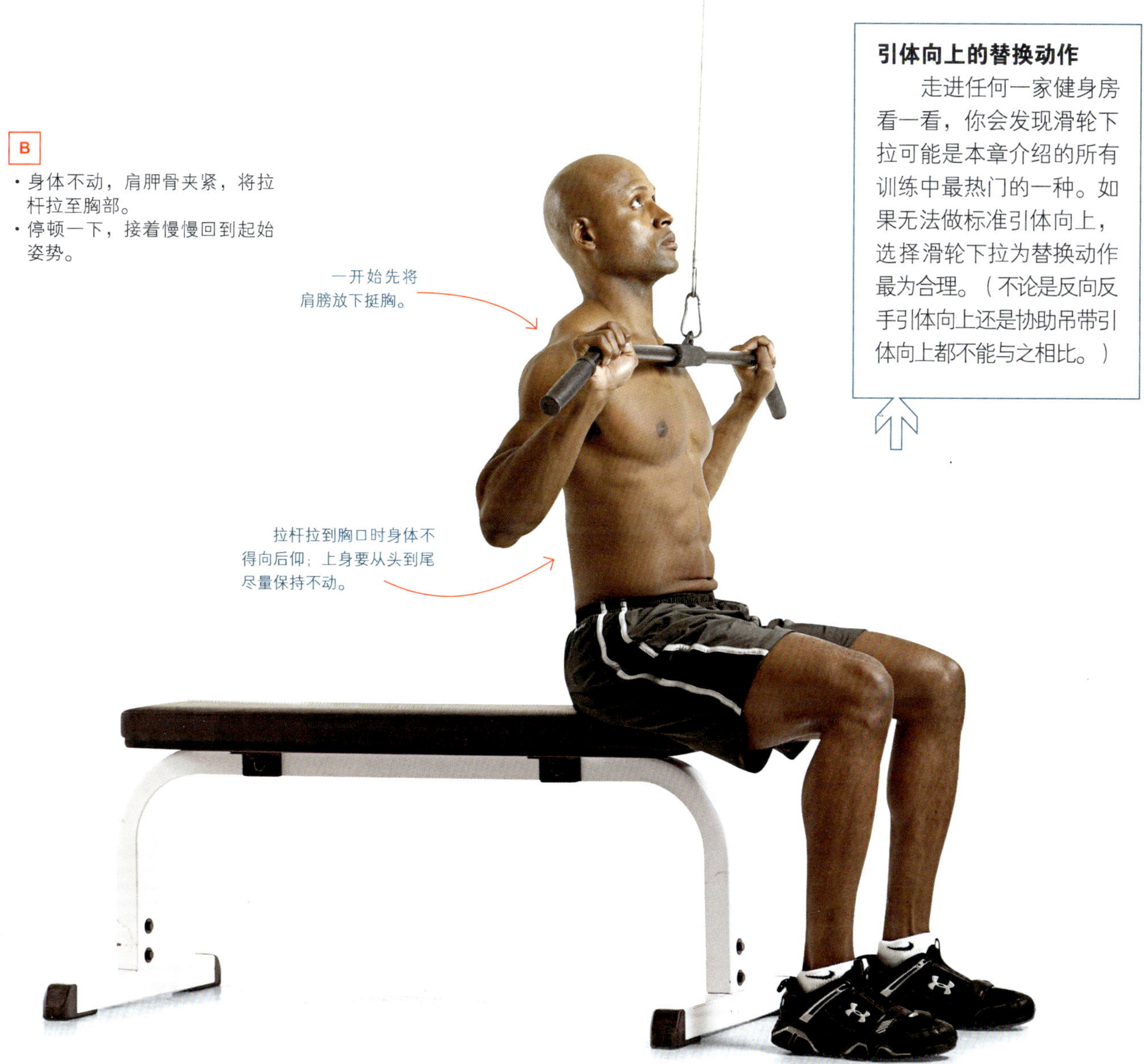

背阔肌 | 滑轮下拉与直臂下拉

变化1

宽握滑轮下拉

- 正手握住拉杆，双手距离约为肩宽的1.5倍。

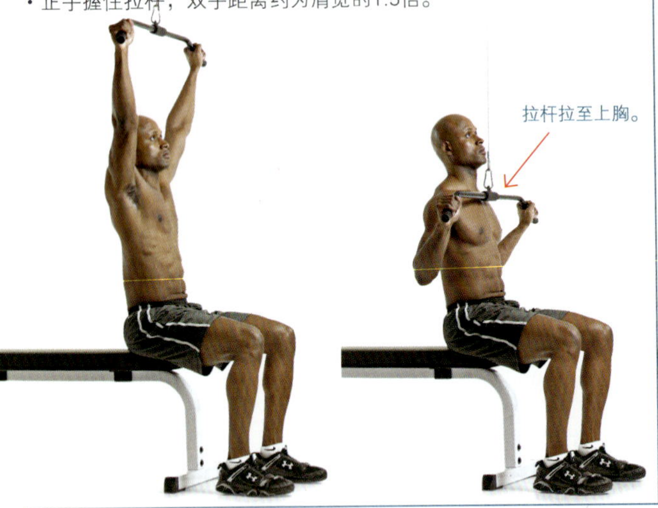

变化2

反手滑轮下拉

- 反手握住拉杆，双手间距与肩同宽。

变化3

30度滑轮下拉

A

- 坐在滑轮下拉机下，正手握住拉杆，双手与肩同宽。
- 向后躺，与地板呈30度。
- 滑轮下拉时保持此姿势。

B

- 身体不动，将拉杆拉至胸部。
- 停顿一下，接着慢慢回到起始姿势。

向后倾会促进上、中背肌肉出力，减少背阔肌的压力。

变化4

近握滑轮下拉

- 反手握住拉杆，双手间距为15到20厘米。

反手近握会促进肱二头肌出力。

变化5

跪姿滑轮下拉

- 跪在滑轮前方，身体从肩膀到膝盖呈一直线。

变化6

跪姿反手滑轮下拉

A

- 正手握住滑轮下拉机拉杆，双手与肩同宽。
- 跪在滑轮机前方，身体从肩膀到膝盖呈一直线。

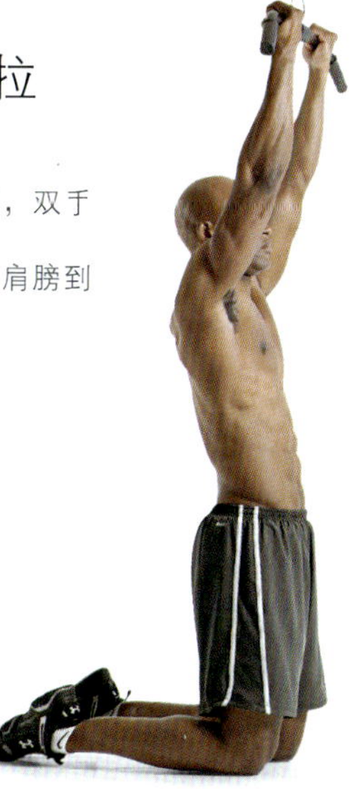

B

- 将拉杆拉到上胸部。

为什么要跪着

因为现实生活中，背阔肌和臀肌是一起活动的。不过，你坐着时，臀肌会保持放松。所以跪着有助于臀部活动，就像你走路时或是做引体向上时。当然，跪着拉滑轮，能拉动的重量有限，但也有一定的功效。

背阔肌

滑轮下拉与直臂下拉

主要动作

曲杆杠铃直臂下拉

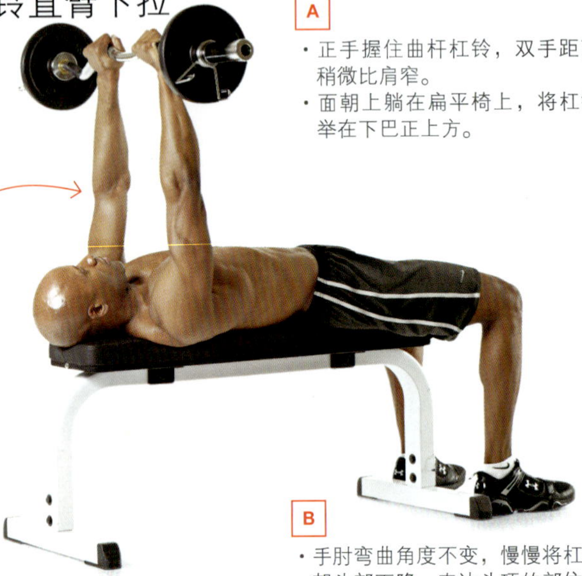

手臂微微弯曲。

A

- 正手握住曲杆杠铃，双手距离稍微比肩窄。
- 面朝上躺在扁平椅上，将杠铃举在下巴正上方。

B

- 手肘弯曲角度不变，慢慢将杠铃朝头部下降，直达头顶的部位，且上臂和身体呈一直线，或和地面平行。
- 停顿一下，接着慢慢举起杠铃，回到起始姿势。

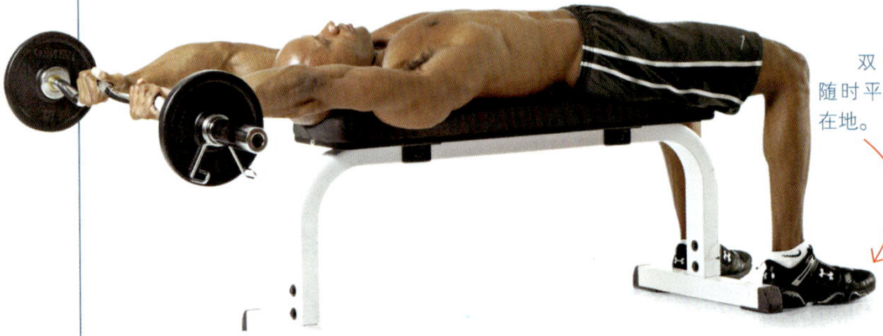

双脚随时平贴在地。

变化1

瑞士球曲杆杠铃直臂下拉

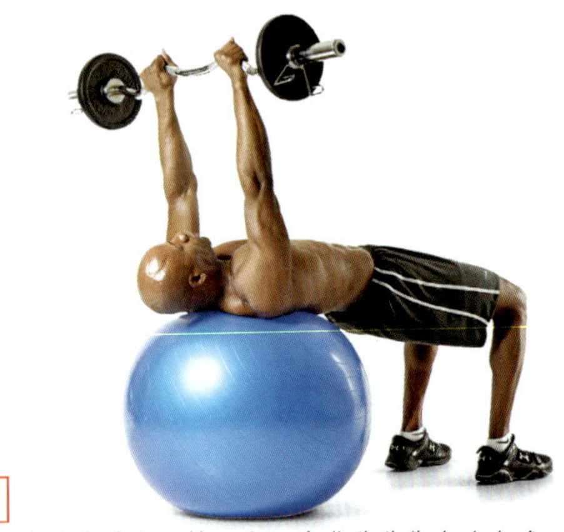

A

- 躺在瑞士球上训练。上、中背稳稳靠在瑞士球上。抬起臀部，肩膀到膝盖呈一直线。

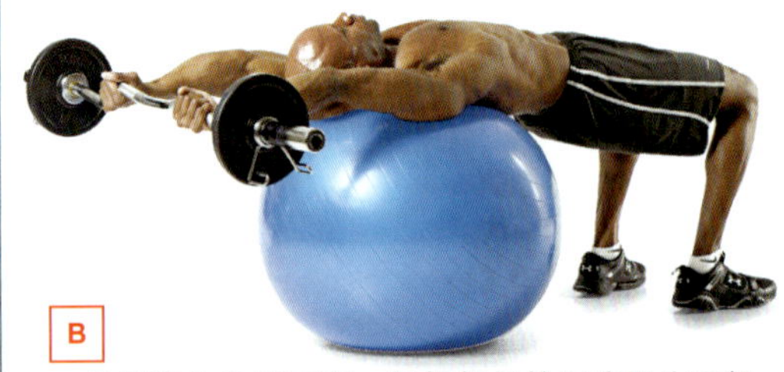

B

- 手肘弯曲角度不变，慢慢将杠铃下降到头顶部位，直到上臂和身体呈一直线。

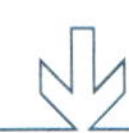

如果你找不到单杠或滑轮下拉机，直臂下拉则是锻炼背阔肌的另一种好选择。因为即使是躺着做动作，此训练需要将上臂上拉，高举过头，然后往身体后方伸展，此动作是背阔肌的主要功能之一。

立姿直臂下拉

A

- 站在滑轮下拉机前，正手握住拉杆，双手距离微比肩宽。

身体前倾约10度。

B

- 背和手臂伸直，弧形拉下拉杆，直到拉杆碰到大腿。
- 停顿一下，接着慢慢回到起始姿势。

拉出腹肌！

根据芬兰科学家的研究结果，立姿直臂下拉比标准卷腹更能迫使腹部出力。

史上最佳的背部训练动作

滑轮内拉至脸外转

此动作的目的是同时锻炼肩胛肌肉和肩肌腱袖。这些肌肉负责稳定肩膀，是肩膀健康的关键。一般来说，多数人在锻炼时都会忽略此处。因此，滑轮内拉至脸外转便能帮助你降低受伤的危险，增强上半身的肌力。其实，《男性健康》杂志顶尖健身顾问表示，这项训练是万中选一的必选项目。

A

- 将滑轮机的高滑轮（或滑轮下拉机）装上绳把，双手握住绳把两端。
- 面对磅片退开几步，手臂在面前打直。

B

- 手臂弯曲，手肘张开，将绳把中央拉向眼睛，双手和双耳呈一直线。
- 停顿一下，接着回到起始的姿势。

额外训练！

卧姿滑轮下拉至脸外转

- 如果做滑轮下拉至脸外转时，无法保持身体挺直，可以面朝上躺在扁平椅上试试看。

最佳背部伸展运动

跪姿瑞士球背阔肌伸展

为什么那么好？

此伸展动作能放松背阔肌。当背阔肌僵硬时，上臂就会向内转，造成姿势不良。

尽全力去做

维持此伸展动作30秒钟，接着再重复2次，总共做3组。每天规律进行，如果真的很僵硬，一天最多可以做3次。

A

- 跪在地板上，瑞士球在前方约60厘米处。双手放在球上，距离约15厘米。
- 身体前倾，肩膀向地板下压。

背肌

终极引体向上重训计划

不论你做引体向上动作时只能做一下，或想突破停滞已久的8下瓶颈，肌力与体能训练师柯斯·葛罗夫所设计的重训计划，都能为你找到最适合自己的方式。

如果你连一下引体向上都做不起来……

训练一：协助吊带引体向上

如何进行：做2组动作，每组6下，中间休息60秒，接着再做训练二。

训练二：反向反手引体向上

如何进行：做2组动作，中间休息60秒。尽可能延长放下身体的时间（以秒表计时），直至手臂伸直。关键要求：由始至终试着用同样的速率放下身体。当你放下身体的速度能撑过30秒时，或是2次总共放下身体的时间超过45秒时，加入第三组动作。完成所有组数，然后再做训练三。

训练三：爆发力跪姿滑轮下拉

如何进行

- 选择能让你完成4下反复次数最重的重量（做不到5下）。
- 做10组动作，每组2下，中间间隔休息60秒。
- 每一下动作尽可能迅速。
- 每周休息时间减少15秒。
- 第五周，做1组动作，尽全力做越多越好。
- 第六周，从头重复同样的过程。

如果你至少能做2下引体向上……

该是重训升级的时候了。最好的方式是称为“减少休息时间”的训练方法。与其做更多下，不如专注于减少每组间的休息时间。最后，你将能排除所有的休息时间，因此你就能连续做更多下。

如何进行：将你能以正确姿势完成的引体向上次数除以2。这就是你每组动作的反复次数。例如，如果你能做2下引体向上，你每组反复次数就是1下。如果你可以做5下引体向上，反复次数就是3下。（如果不是整数就四舍五入。）决定反复次数后，完成3组动作，每组中间休息60秒。一周做2次重训，每次至少间隔3天。每周减少休息时间15秒。当休息时间归零时，每次重训再加做一组。

一旦你能做到10下引体向上……

你可能会想保持水平就好，假设是每次重训做3组动作，每组10下。不过如此进步较为缓慢。不如加重重量，少做一点反复次数，能更快增加力量。而引体向上次数也会因此自然增加。

如何进行：进行此重训需要撑体腰带。此吊带系在腰上，并能在上面吊杠片。接着进行以下重训计划。每一组动作选择身体能负荷最重的重量，完成所有计划的反复次数。如果反复次数减少，重量就增加。每周进行3次重训；每组间休息60秒。

	第一组	第二组	第三组	第四组	第五组	第六组
第一周	8	6	4	8	6	4
第二周	7	5	3	7	5	3
第三周	6	4	2	6	4	2
第四周	5	3	1	5	3	1

到第五周时，从头再开始，用和第一周相同的组数和反复次数，但根据当时的肌力调整重量。你会发现第五周所使用的重量，比第一到第四周还重。

打造完美背肌

采用以下15分钟的重训计划，便能将身体雕塑成完美的V字形。此计划由理学硕士和肌力与体能训练师贝伦廷提供，他同时也是《男人健康》杂志的健身顾问和TurbulenceTraining.com网站所有人。此重训计划不但全面训练到背阔肌，更能专注于锻炼上、中背肌肉。这些肌肉通常导致姿势不良，也经常被忽略而十分虚弱。强化这些肌肉不仅能帮助你玉树临风，更能增加肩膀稳定度。几乎在所有的上半身动作中，你都能举起更重的重量。

如何进行：从每一种分类各选出1种动作（A、B、C和D）。接着连续各做1组动作，各组中间休息60秒。例如，做1组训练A的动作，休息60秒钟，再做1组训练B的动作，再休息60秒钟，以此类推。4种训练都各完成1组后，休息2分钟，然后再从头到尾做2次循环。此重训计划每周可以进行1次或2次。

训练A

除了反向反手引体向上之外，其他动作都尽可能做越多越好，直到感到吃力为止。每一次动作，花3秒钟时间放下身体，回到起始位置。反向反手引体向上则做5下，每一下花5秒钟放下身体。

反向反手引体向上(94页)

辅助吊带反手引体向上(94页)

反手引体向上(92页)

立握引体向上(95页)

正反手引体向上(96页)

正手引体向上(95页)

训练B

动作尽可能做越多下越好，直到感到吃力为止。（通常顶多再做2下就会失败）每一次动作，花2秒钟的时间放下身体，回到起始位置。

悬垂臂划船(68页)

屈膝悬垂臂划船(70页)

反手悬垂臂划船(70页)

高脚悬垂臂划船(70页)

瑞士球高脚悬垂臂划船(70页)

毛巾式悬垂臂划船(71页)

训练C

动作每组反复次数为12下。每一次动作，花2秒钟将哑铃放下，回到起始姿势。

俯立平举(79页)

正手俯立平举(80页)

反手俯立平举(80页)

滑轮交叉平举(81页)

训练D

动作每组反复次数为10下。每一次动作，花2秒钟将哑铃放下，回到起始姿势。

瑞士球Y字形平举(83页)

上斜式Y字形平举(82页)

瑞士球T字形平举(84页)

上斜式T字形平举(84页)

第六章: 肩膀

男人肩膀越壮越好

肩膀

一副好肩膀能带来如梦似幻的效果：腰看起来更精瘦、手臂看起来更粗壮、背看起来更宽阔。而且，肩膀是最容易打造的区块，因为身体的脂肪不容易在肩膀囤积。

何况，没有一副强壮的肩膀，上半身任何肌肉的尺寸和力量都不太可能达到极致。因为肩膀肌肉负责协助胸肌群、背肌群、肱三头肌和肱二头肌做大多数的动作，所以，你也可以说肩膀肌肉是健身的王牌。

额外的好处

上半身的金钟罩、铁布衫！锻炼肩关节周围虚弱的肌肉能减少脱臼及肩肌腱袖撕裂的危险。

更多力量！无论是投掷或挥击，手臂便会自肩关节旋转。强壮的肩膀肌肉能使手臂更容易活动，力量更强。

站起身会更挺拔！肩肌腱袖虚弱的话，肩关节后方的肌肉会被前方的肌肉拉扯，肩膀会因此向前弓，造成身形委靡。但你可以改变这一切，平衡肌肉力量，打造更强壮的肩肌腱袖。如此一来你就能找回自己的挺拔和骄傲。

看看你的肌肉

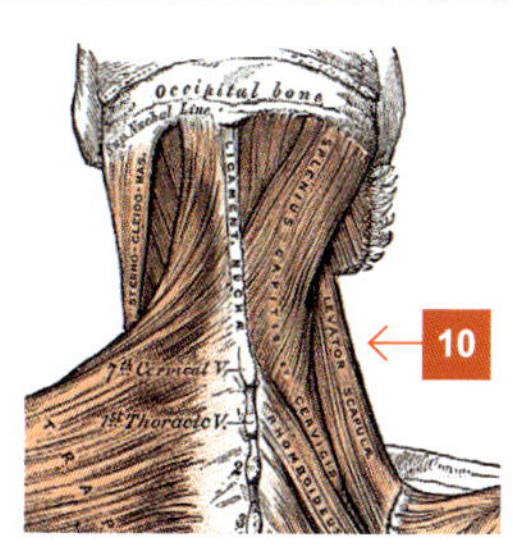

提肩胛肌

大多数的人认为提肩胛肌[10]是颈部肌肉。确实，这块如绳子一般的肌肉沿颈部后方连接到肩胛骨边缘内侧。提肩胛肌和上斜方肌一起负责耸肩的动作，因此杠铃和哑铃耸肩能加强这部分的肌肉力量。

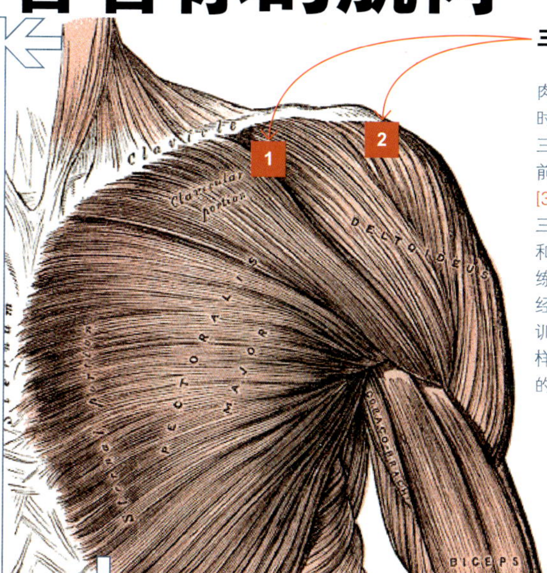

三角肌

覆盖上臂圆弧形的肌肉称为三角肌，穿无袖衫时就是想秀秀这块肌肉。三角肌由三个部位组成：前三角肌[1]、中三角肌[2][3]。最适合前三角肌和中三角肌的动作是肩上推举和平举。不过，最适合训练后三角肌的动作其实已经包含在第五章中。因为训练上、中背肌的动作同样也是锻炼后三角肌最好的动作。

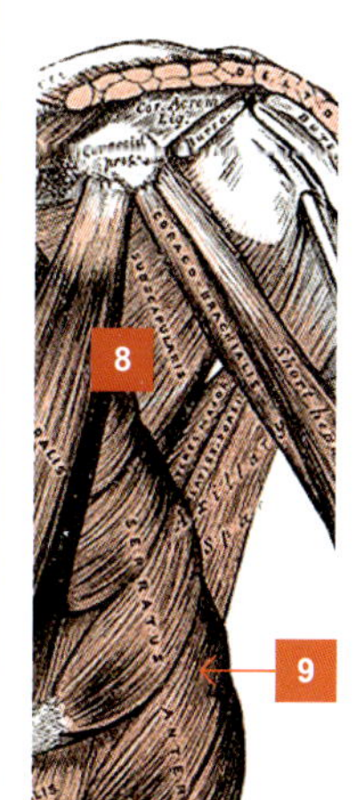

前锯肌

前锯肌[9]位于胸肌外侧边缘，连接到上面8条肋骨表面。包覆胸廓延伸到肩胛骨下方内侧边缘。前锯肌负责协助稳定肩胛骨，并帮助肩关节旋转。“锯肌耸肩”和“撑椅锯肌耸肩”能加强这块肌肉。

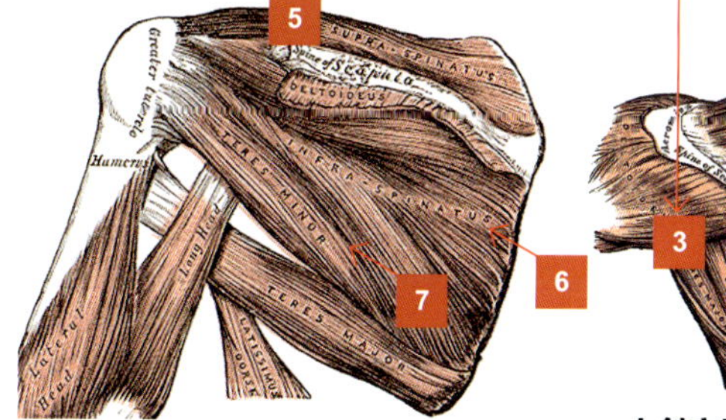

肩肌腱袖

肩肌腱袖是连接肩胛骨和肩关节的4条肌肉。这些肌肉分别是冈上肌[5],冈下肌[6],小圆肌[7],肩胛下肌[8]。这些肌肉几乎和所有上半身动作都有关，肩肌腱袖收缩以稳定肩关节。因此，他们也需要直接以肩旋转动作妥善训练。

上斜方肌

整个斜方肌虽然归类于背部肌肉，肩部训练却最适合锻炼斜方肌上部[4]，如侧平举、耸肩等，以上动作都包含在本章中。

错误的肌肉训练

肩膀痛还举重

车轮破了，你不会冒险开车，以免对钢圈造成永久伤害，肩膀也是一样。但只避开令人不适的训练仍不够，毕竟，如果你只将车停在车库中，爆胎也不会自己修复好。你必须有所行动。如果肩痛又复发，你可以去寻求骨科医师或物理治疗师的帮助。

肩膀

推举

在这个章节里，你会发现40种专门锻炼肩膀肌肉的动作。你会发现有几种动作被归类为主要动作。熟习这类基本动作，你就能以完美的姿势完成所有动作。

推举

这些动作的目的是锻炼前三角肌、中三角肌和肱三头肌，同时也会锻炼上斜方肌、肩肌腱袖和前锯肌，因为这些肌肉在各式动作中，都属于辅助肌群，并能协助维持身体的稳定。

主要动作

杠铃肩上推举

A

- 正手握住杠铃，双手距离微比肩宽，将杠铃举至身前，与肩同高。
- 双脚张开与肩同宽。

B

- 将杠铃直直高举过头，头微微向后倾，但身体保持直立。
- 停顿一下，接着慢慢放下手臂回到起始姿势。

12

根据美国乔治亚大学研究者指出，原本精神不济的人如果去做总共12组的重训，就能感到精力旺盛。

靠背好吗

一般人通常坐着做肩上推举，背部靠着靠背。如此一来，推举动作就会很稳定，让你能举起更重的重量。但是，重量更重也代表肩关节负担严重，且会有受伤的危险。尤其在做“危险姿势”时，也就是当你手肘弯曲90度，掌心朝前的时候，肩膀很容易受伤。为了避免受伤，请不要使用靠背。

肩膀 | 推举

变化1

杠铃推举

重量更重，风险更小

如果你想要推举更重的重量，试试看一般推举。这项动作不会像靠着靠背做肩上推举一样，增加受伤的危险。因为你的双脚会帮助你顺利举过“危险姿势”，减少肩膀的压力。

变化2

杠铃分腿推举

A

- 正手握住杠铃，双手距离微比肩宽，将杠铃举至胸前，与肩同高。

B

- 双膝下沉。

C

- 以爆发力全身向上推，双脚一起用力，将杠铃推举过头。
- 推举杠铃同时，前后将脚分开，落地时双脚错开，一只脚在前，另一只脚在后。

变化3

坐姿杠铃肩上推举

A

- 坐在重训椅上，身体挺直。

B

- 杠铃高举过头。

主要动作
哑铃肩上推举

A

- 站立，将一对哑铃握于肩旁，手臂弯曲，掌心相对。
- 双脚张开与肩同宽，膝盖微弯。

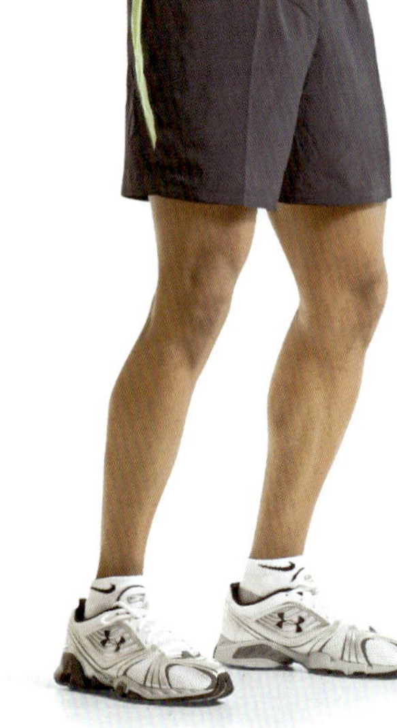

B

- 将哑铃上举，直至手臂完全伸直。
- 慢慢放下哑铃回到起始位置。

训练小诀窍

切记举起哑铃的手臂要呈一条直线，而不要像大多数人一样，举起哑铃时手互相靠近——这个习惯会增加肩膀受伤的风险。

变化1
哑铃推举
身体挺直。
A
• 哑铃握于肩旁，手肘弯曲。
B
• 双膝下沉。
弯曲膝盖，产生更多力量推举哑铃。
C
• 以爆发力全身向上推，双脚一起用力，将哑铃高举过头。
变化2
交互哑铃肩上推举
A
• 哑铃握于肩旁，手肘弯曲。
掌心相对。
做此动作时，核心肌绷紧。
B
• 一次推举一边的哑铃，左右交互进行。
放下其中一边哑铃时，将另一边哑铃向上推举。

变化3

坐姿哑铃肩上推举

- 坐在重训椅边，身体挺直。

变化4

瑞士球哑铃肩上推举

- 坐在瑞士球上，身体挺直。

变化5

交互瑞士球哑铃肩上推举

- 坐在瑞士球上，身体挺直。
- 一次推举一边的哑铃，左右交互进行。

变化6

单手哑铃肩上推举

- 一次只用一个哑铃进行哑铃肩上推举。
- 以右手完成计划反复次数，马上换成左手，完成相同的次数。

变化7

哑铃交互肩上推举转身

A

哑铃握于肩旁，手肘弯曲。

B

- 左手哑铃微微斜推至肩膀上方，并将身体向右旋转。
- 动作回复到起始姿势，转身向左，并将右手哑铃上举。如此左右交互进行。

地板倒立肩膀推举

- 采用伏地挺身的姿势，但脚向前并抬起臀部，身体几乎和地面垂直。
- 双手距离稍微比肩宽，手臂伸直。
- 姿势不变，身体下沉，头几乎碰到地板。
- 停顿一下，接着将身体推起，手臂伸直，回到起始姿势。

倒立肩膀推举

- 采用伏地挺身的姿势，但脚放在重训椅上，抬起臀部，身体几乎和地面垂直。
- 身体姿势不变，身体下沉，头几乎碰到地板。

肩膀平举

这些动作的目的是锻炼前、中三角肌。但是，各种动作变化会改变出力方式，出力的肌肉部位也不同。而且，肩膀平举也会锻炼到后三角肌、上斜方肌、肩肌腱袖和前锯肌，因为这些肌肉在各式动作变化中，都属于辅助肌群，并能协助维持身体稳定。

主要动作

前平举

A

・握住一对哑铃，手臂自然垂于身侧，掌心相对。

B

・手臂直直举向前方，和地面平行，与身体垂直。
・停顿一下，接着慢慢放下哑铃，回到起始位置。

变化1

杠片前平举

A

- 双手握住杠片两端。

B

- 杠片举至与肩同高。

17

根据美国康乃狄克大学研究者指出，当人们能够在锻炼中适当地补充水分时，平均每3组动作的反复次数能增加17%。记住，肌肉约有80%是水。

变化2

滑轮前平举

A

- 将滑轮机低滑轮装上绳把，背对磅片。
- 右手握住绳把，左手臂自然放在身侧，掌心朝大腿。

B

- 手肘角度不变，手臂直直向前伸起，和地面平行。
- 停顿一下，接着慢慢放下回到起始姿势。
- 右手完成计划的反复次数，接着马上换左手，完成相同的次数。

主要动作

侧平举

A

- 握住一对哑铃，手臂自然放于身侧。
- 挺胸站直，双脚张开与肩同宽。
- 手臂外转，掌心朝前，手肘微微弯曲。

侧平举动作出力最多的肌肉是中三角肌。

尽可能站直。

双脚张开与肩同宽。

- 手肘弯曲角度不变，手臂直直举起至身侧，与肩同高。
- 在最高点停顿1秒钟，接着慢慢放下哑铃回到起始位置。

手臂直直张开于身侧，使身体呈T字形。

核心肌绷紧。

不该做的事

哑铃举至最高点时，上臂不得向内转。否则可能会造成肩关节夹挤综合征。

变化1

静臂交互侧平举

A

- 站立，直直张开双臂，握住一对哑铃，像是侧平举将哑铃举到最高点的姿势。

B

- 放下并举起单侧手臂，接着再放下并举起另一侧的手臂。如此算一下。

变化2

倾斜侧平举

A

- 左手握住哑铃，手臂自然下垂。
- 右脚站在稳固的物体旁，例如四方架。
- 双脚并拢。
- 右手臂抓住四方架并绷直，身体倾向左方。

B

- 手肘弯曲角度不变，手臂直直举起至身侧，与肩同高。
- 放下并重复此动作。
- 左手完成计划的反复次数，接着马上换右手，完成相同的次数。

变化3

曲臂侧平举外转

A

- 握住一对哑铃，手自然下垂，掌心相对。
- 手肘弯曲呈90度。
- 手肘角度不变，上臂向外张开，和地面平行。

B

- 上臂转向上后方，前臂指向天花板。
- 停顿一下，接着反复动作，回到起始姿势。

变化4

侧卧侧平举

A

- 右手握住哑铃，左躺在可调式哑铃椅上，角度调成上斜15度。
- 哑铃握在身体右侧，掌心朝向大腿。

B

- 手肘弯曲角度不变，举起手臂，和肩膀呈一直线，并将手掌向外转。
- 放下哑铃，重复动作。

组合式肩膀平举

因为组合式肩膀平举结合了前平举跟侧平举，可以锻炼前、中三角肌。

A

- 握住一对哑铃，手臂自然垂于大腿两侧。
- 左手内转，掌心朝大腿，右掌心朝前。

B

- 同时举起左右手臂，右手臂直直举至身侧，如做侧平举一般；左手臂直直举至身前，如在做前平举一般。
- 双手手臂举起与肩同高时，停顿一下，然后放下回到起始位置。
- 下一次动作，左右手臂方向交换，左手做侧平举，右手做前平举。

30度肩膀平举

A

- 双脚张开与肩同宽，双手握住一对哑铃，自然垂于身侧。
- 掌心相对，手肘微微弯曲。

B

- 手肘角度不变，举起手臂，和身体呈30度（呈Y字形），抬高至与肩同高。
- 停顿一下，接着慢慢放下哑铃，回到起始位置。

耸肩动作

这些动作的目的是锻炼上斜方肌和肩胛提肌。每次朝耳朵方向耸肩时，都会用到这些肌肉。不过，此单元最后两种动作的目的是训练前锯肌。这两种动作是“反向耸肩”，肩膀向下，而身体的其他部位向上。

主要动作

杠铃耸肩

A

- 正手握住杠铃，双手距离稍比肩宽，杠铃自然垂放腰前。
- 背部自然前拱，身体前倾。

2

根据YMCA研究指出，重训计划时间越长，参加者越无法坚持下去。例如30分钟以内的重训计划比起更长时间的计划，参加者能坚持下去的可能性足足高了2倍。

错误的肌肉训练

你仍然在做直立划船吗?

约有2/3的人仍在做这项热门的上斜肌训练动作，却不知道他们正面临肩关节夹挤综合征的危险。肩关节夹挤综合征是相当疼痛的肌肉伤害，主因是肌腱袖的其中一条肌肉或肌腱卡入肩关节中。夹挤的情况通常发生在上臂举起至肩膀以上的高度，肩膀向内转的角度，也正是直立划船拉起的姿势。

变化1
宽握杠铃耸肩

A

- 正手握住杠铃，双手距离约为肩宽的2倍。

B

- 做耸肩动作，肩膀尽可能抬高。

变化2
杠铃过头耸肩

A

- 正手将杠铃高举过头，双手距离约为肩膀的2倍宽。
- 手臂要完全伸直。

B

- 做耸肩动作，尽可能抬高肩膀。
- 停顿一下，接着动作回复至起始姿势。

耸肩才平衡

将杠铃高举过头耸肩能锻炼上斜方肌，减少肩胛提肌的压力。（和上斜方肌相比，肩胛提肌常过度使用。）对多数人来说，此动作可以矫正姿势，因为这些肌肉通常不平衡。

主要动作
哑铃耸肩

A

- 握住一对哑铃，手臂自然垂于身侧，掌心相对。

B

- 做耸肩动作时，尽可能抬高肩膀。
- 停顿在最高处，接着慢慢放下哑铃回到起始姿势。

耸肩时，想象自己试图以肩膀碰触耳朵，其他身体部位则不动。

哑铃的好处

和杠铃耸肩相比，哑铃耸肩给肩关节的压力较少。因为肩膀不需旋转去支撑杠铃。如此一来，耸肩时肩膀就更稳定。

变化
哑铃过头耸肩

A

- 将一对哑铃抬至肩膀正上方，手臂完全伸直，掌心朝外。

B

- 做耸肩动作，肩膀尽可能抬高。
- 停顿一下，接着动作回复，回到起始姿势。

手臂伸直。

主要动作

锯肌耸肩

A

- 手握住双杠练习器的握把，撑起身体，双手完全伸直。
- 膝盖弯曲，脚踝在身后交叉。

B

- 手臂位置不变，肩膀向下用力，抬起上身。
- 停顿5秒钟，接着回到起始姿势。如此动作为反复次数一下。慢慢进步后，每一次动作试着维持更长的时间。

你不该忽略的肌肉

锯肌耸肩动作的目的是锻炼前锯肌。此肌肉虚弱的话会导致姿势不良，也可能会在做肩上推举时，造成肩关节夹挤综合征。你可以以此“耸肩”运动，强化自己的锯肌。

变化

撑椅锯肌耸肩

A

- 在一张椅子或凳子上坐直，双手平放在臀旁的椅面上。
- 手臂完全绷直。

B

- 肩膀向下用力，抬起上身。
- 停顿5秒钟，接着放下身体回到起始姿势。如此为反复次数1次。

在哪里都能锻炼锯肌

这项训练在哪都能做，不论是办公桌，甚至是电视机前的沙发都可以。

肩膀旋转运动

这些动作的目的是锻炼肩肌腱袖肌肉，特别是冈下肌和小圆肌。

主要动作

坐姿哑铃外旋

A

- 左手握住哑铃坐在重训椅上。
- 左脚膝盖弯曲放在椅子上。
- 左手肘弯曲90度，内侧放在膝盖上。

B

- 手肘弯曲角度不变，上臂旋转，前臂尽可能向外举起。
- 停顿一下，接着回到起始姿势。
- 左手完成计划的反复次数，接着马上换右手，完成相同的次数。

拥抱外旋运动

外旋运动顾名思义就是将上臂向外旋转。具体来说，就是举起手臂，像是要击掌一般。此运动相当重要，因为它能锻炼肩肌腱袖的3条肌肉，分别是冈上肌、冈下肌和小圆肌，这些肌肉连接着上臂外侧，提供维持连接上臂内侧的胸肌和背阔肌平衡的力量。如果胸肌和背阔肌力量大于肩肌腱袖，手臂就会永远向内转，身形就会像“山顶洞人”一样。外旋运动就是避免这种情况最好的“武器”。

变化

侧卧外旋

A

- 右手握住哑铃，左侧卧在调成上斜的哑铃椅上。
- 身体右侧放上1条叠好的毛巾，右手肘放在毛巾上，手臂弯曲呈90度。
- 前臂垂放于腹部。

B

- 尽可能将前臂向上方外转，手肘不离毛巾。
- 停顿一下，接着将哑铃放下回到起始位置。
- 右手完成计划的反复次数，接着马上换右侧卧，以左手完成同样的次数。

哑铃斜举

A

- 右手将哑铃握于左臀外侧旁，掌心朝臀部。
- 手肘微微弯曲。

B

- 手肘角度不变，哑铃越过身体举起，手举高过头，掌心朝前。
- 动作回到起始动作。
- 右手完成计划的反复次数，接着马上换左手，完成相同的次数。

滑轮斜举

A

- 将滑轮机低滑轮装上握把。
- 身体左侧朝向磅片，右手握住握把，手放在左臀前方，手肘微微弯曲。

B

- 手肘角度不变，握把越过身体举起，手高举过头顶。
- 放下握把回到起始姿势。
- 右手完成计划的反复次数，接着马上换左手，完成相同的次数。

肩膀可能会受伤吗

测试未来受伤的可能：手臂举起弯曲呈直角，上臂与地面平行，像是要和人击掌。上臂位置不变，肩膀不动，前臂尽可能向前下方旋转，接着再反方向回到原来的姿势。手臂要能旋转180度。如果你无法旋转180度，做“睡姿伸展”（139页）改善你的柔软度。

主要动作

滑轮外旋

A

- 将滑轮机低滑轮装上握把，右手握住握把，身体左侧朝向磅片。
- 手肘弯曲90度，上臂垂放在身侧与地面垂直。

B

- 前臂向外旋转，如门打开一般，上臂像是门轴。
- 停顿一下，接着慢慢回到起始姿势。
- 右手完成计划的反复次数，接着马上换左手，完成相同的次数。

变化1

45度滑轮外旋

A

- 身体斜对磅片。
- 上臂和身体呈45度。

B

- 上臂位置不变，前臂尽可能向后上方旋转。

上臂和身体呈45度。

手臂旋转时，手肘不得抬起或放下。

变化2

90度滑轮外旋

A

- 身体正对磅片。
- 上臂和身体呈90度。

B

- 上臂位置不变，前臂尽可能向后上方旋转。

肩膀

史上最佳肩膀训练动作

30度肩平举和耸肩

这项训练相当于“年末大放送”。因为举起哑铃做30度肩平举时，主要能锻炼前三角肌、肩肌腱袖和前锯肌。接着就是耸肩，就像“过头耸肩”一样，此动作能强化上斜方肌和肩胛提肌。因此，此动作能训练到旋转肩胛骨的肌肉，使肌肉生长平衡。最后的成果：健康的肩膀和正确的姿势。

A

- 握住一对哑铃自然垂于身侧，掌心相对，手肘微弯曲。

B

- 手肘角度不变，举起手臂，角度和身体呈30度（呈Y字形），抬高至与肩同高。

C

- 手臂抬起后，肩膀向上抬起。
- 停顿一下，接着放下哑铃回到起始位置。

史上最佳肩膀伸展运动

睡姿伸展

为什么那么好

此动作能放松肩肌腱袖肌肉。僵硬的肩肌腱袖肌肉可能会导致肩膀拉伤。

尽全力去做

保持伸展30秒钟，反复做3次。一天做2～3次，增进身体的柔软度，或一周做3次维持一定柔软度。

A

- 向左侧躺，左手臂靠在地上，手肘弯曲呈90度。
- 调整身体，右肩位于左肩稍后，而不是在正上方。
- 左手手指朝天花板。

B

- 轻轻地将左手推向地面，直至感觉左肩后方舒服地伸展。
- 保持此姿势撑过计划好的时间，接着翻身完成右肩的伸展。

肩膀

打造完美肩膀

由美国巴尔的摩大学健身机构所有人尼克设计，重点在于强化肩膀，改善姿势，即便穿背心，身材也会很有型。

该怎么做：一周做2次，每一次重训之间休息3～4天。依次做双动作（1A、1B）或三动作（2A、2B、2C）循环训练。也就是说，动作各做1组，中间不休息。连续完成后休息一下，重新再做循环，完成所有计划的组数。完成2或3组后（自己规划），就可以做下一组循环训练。

如果需要锻炼全身的重训计划，将“打造完美肩膀”上半身训练和268页“打造完美臀部”下半身训练结合。连续在不同天交互进行这两个训练计划就可以了。

训练	组数	反复次数
1A. 反手引体向上（92页）	2～3	越多越好
1B. 倒立肩膀推举（119页）	2～3	越多越好
2A. 杠铃或哑铃仰卧推举（42页或48页）	2～3	8
2B. 坐姿哑铃外旋（132页）	2～3	8
2C. 反手悬垂臂划船（70页）	2～3	越多越好
3A. 杠铃推举（114页）	2～3	6～8
3B. 杠铃过头耸肩（128页）	2～3	8～12
3C. 锯肌耸肩（130页）	2～3	8～12
4A. 增强版伏地挺身（60页）	2～3	15～25
4B. 槌握哑铃弯推举（157页）	2～3	8～12

第七章: 手臂

引人注目的肌肉

CHAPTER 7

手臂

手臂就像是健身公关，所有在健身房中的努力都靠它来宣传。因为手臂肌肉是唯一的几乎随时随地都能展露的肌肉。如果你的肱二头肌和肱三头肌筋肉分明，一般人就会认为你的其他肌肉也经过了雕琢锤炼。

最棒的事情是，要练出肌肉条条分明的手臂，比你想象中的容易。原因是在于，几乎所有上半身训练，不论是胸、背、肩膀动作，都会用到你的手臂。毕竟，这些训练都需要手臂来移动重物。所以努力锻炼上半身其他肌肉，你的手臂就算躺着也会变粗。然后你再运用一些本章为肱二头肌、肱三头肌和前臂肌量身打造的训练，给肌肉多一点爱就行了。

额外的好处

活得更轻松！强壮的肱二头肌能使你抬任何东西都更容易。所以不管你是提东西，还是抱小孩，你一定能发现个中不同。

降低伤害！肱三头肌能保护手肘，吸收冲击力道，减轻手肘忽然被迫收缩的压力，如打橄榄球跌倒撑地时、骑自行车爬山双手撑龙头的时候。

更多肌肉！手臂肌肉协助所有上半身肌肉运动。所以如果手臂小条的肌肉太早虚脱，胸、背和肩膀肌肉自然大不起来。确保手臂强壮，全身都会受益。

看看你的肌肉

肱二头肌

上臂前面部分的肌群分为肱二头肌和肱肌。

肱二头肌[1]自肩膀连接到前臂，负责弯曲手肘和旋转前臂。旋转前臂的动作又称为“旋后动作”。所有弯举运动都会锻炼这块肌肉，也包括引体向上和划船运动。

肱肌[2]起自上臂骨中间，也连接到前臂。协助肱二头肌弯曲手肘。

肱桡肌[3]自上臂骨接近手肘的地方开始，连接到靠近手腕的地方。因此这块肌肉负责协助肱二头肌弯曲手肘和旋转前臂，但无法影响肱二头肌部位的尺寸。

肱二头肌是由2个部分，也就是2条肌腱组成，连接到前臂桡骨之前肌腱会合二为一。肱肌连接尺骨，也就是各侧前臂骨中较长的那根。

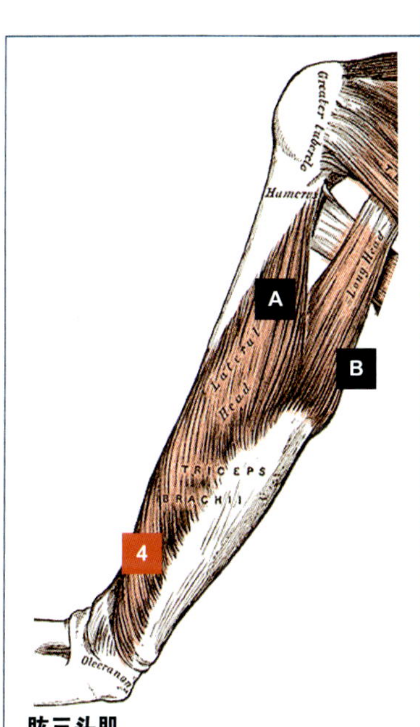

肱三头肌

上臂后面的肌肉称为肱三头肌。肱三头肌发达的话，形状会如马蹄铁一般。顾名思义，肱三头肌无疑是由3个部分，也就是3条肌腱所组成。这三条肌腱是由上臂或是肩胛骨后方开始，接着3条肌腱合为1条，一起连接到你的前臂。因此，肱三头肌主要是负责伸直手臂。所以这块肌肉和所有伸直手臂，抵抗阻力的运动相关：三头肌伸展、三头肌下拉，当然还有胸部推举和肩上推举。

肱三头肌外侧的部分称为肱三头肌外侧头[A]。

肱三头肌中间的部分称为肱三头肌内侧头。（图片中看不出来，在外侧头的后面。）

肱三头肌内侧的部分称为肱三头肌长头[B]。

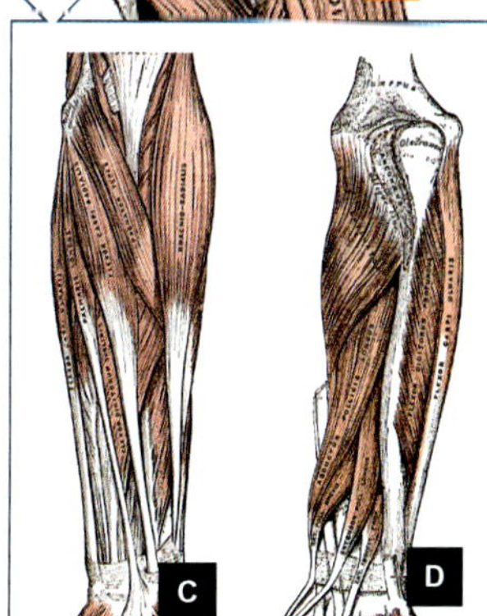

前臂肌

手腕和手指屈肌[C]位于前臂的内侧。这些肌肉负责使手腕前弯，要锻炼这些肌肉可以进行手腕弯举等的动作。

身腕的伸肌[D]位于前臂的外侧，或说前臂的上面。这些肌肉负责使手腕向后弯，要锻炼这些肌肉需要进行手腕伸展等动作。

肱二头肌 | 手臂弯举

在这个章节里，你会发现74种专门锻炼手臂肌肉的训练。这些训练分为3个主要的单元：肱二头肌群、肱三头肌群和前臂肌群。在每一个单元中，你会发现有几种动作被归类为主要动作。熟习这类基本动作，你就能以完美的姿势完成所有的变化动作。

手臂弯举

这些动作的目的是锻炼肱二头肌、肱肌和肱桡肌，也锻炼上背和肩膀后的肌肉，因为在身前弯举重物时，这些肌肉负责稳定肩膀。

主要动作

曲杆杠铃弯举

A

- 反手握住曲杆杠铃，双手距离与肩同宽。
- 手掌心略朝内。
- 杠铃自然置于腰前。

2.5

根据美国乔治华盛顿大学研究显示，训练者进行每一次动作时，如果慢慢放下重量，快速举起，和从头到尾以同样慢速放下和举起重量相比，会增加2.5倍的力量。

B

- 上臂不动，手肘弯曲，将杠铃举起尽可能靠近肩膀。
- 停顿一下，接着慢慢将杠铃放下回到起始位置。
- 每次回到起始位置时，完全伸直手臂。

如何测量

测量臂围是检验手臂重训成效的好方法。要求得最精确的成果，每一次测量都必须在同一个时间，如早餐后。（肌肉在重训或饭后会稍微膨大一些，因为血液都冲到了肌肉中。）手臂伸直在前方，将皮尺圈在上臂最大的部位。记录臂围，接着再测量另一只手臂。

肱二头肌 | 手臂弯举

变化1

近握曲杆杠铃弯举

- 反手握住杠铃，双手距离约15厘米。

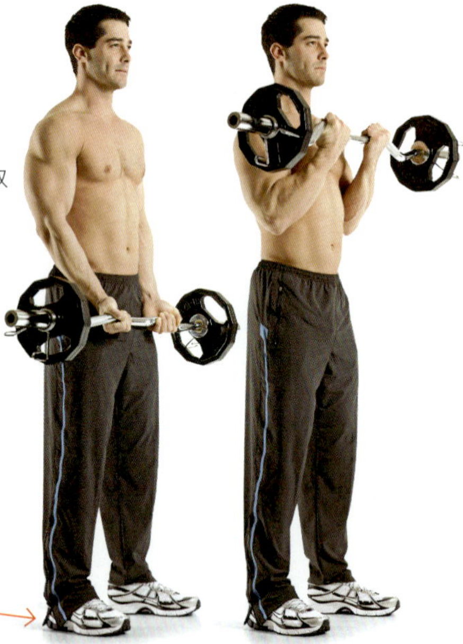

双脚张开
与肩同宽。

变化2

宽握曲杆杠铃弯举

- 反手握住杠铃，双手距离约为肩膀的1.5倍。

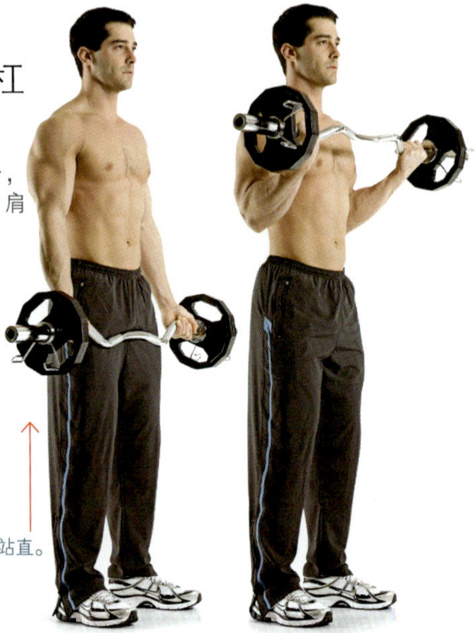

尽可能站直。

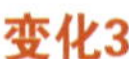

变化3

瑞士球祈祷式弯举

A

- 跪卧在瑞士球上，上臂置于球上。
- 正手近握杠铃，手肘弯曲呈15度。

手肘微微弯曲。

B

- 上臂不离开球面，将杠铃朝肩膀举起。

下背自然前拱。

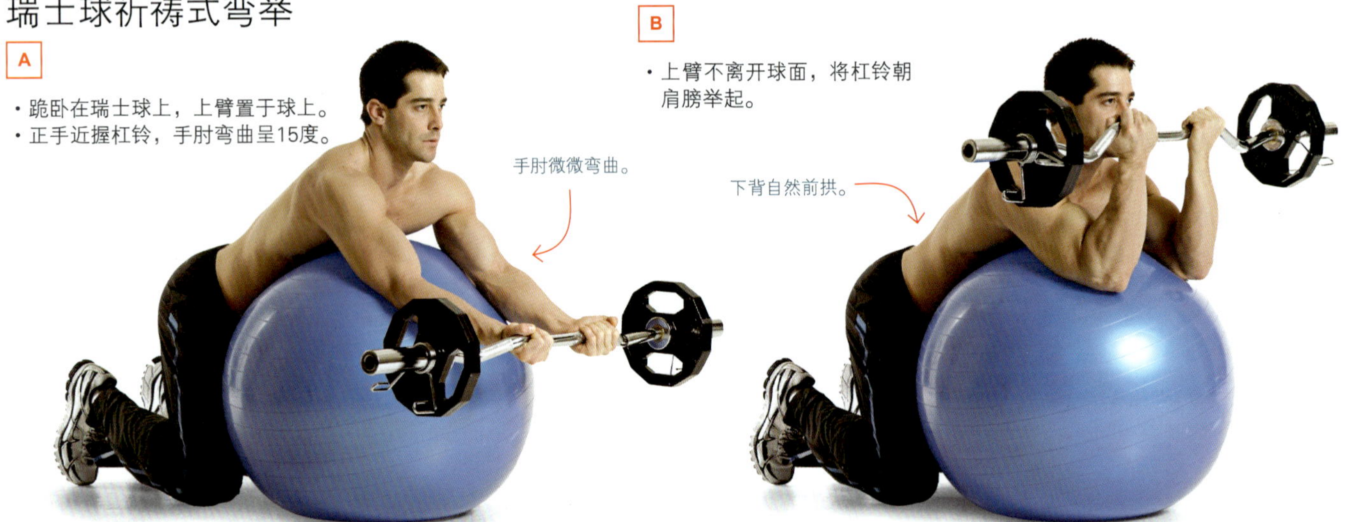

变化4

曲杆杠铃祈祷式弯举

- 将上臂放在屈臂练习凳的斜垫上，将杠铃握在身前，手肘弯曲约呈5度。
- 上臂不动，手肘弯曲，将杠铃朝肩膀举起。

双手距离约15厘米。
上臂维持在垫上。

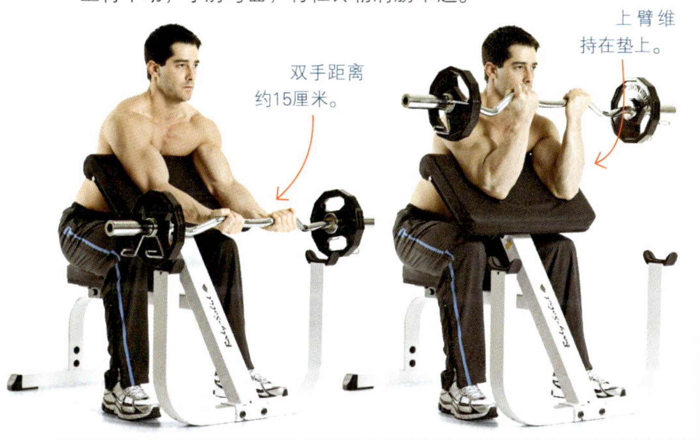

变化5

正手曲杆弯举

- 正手握住杠铃，双手距离与肩同宽。

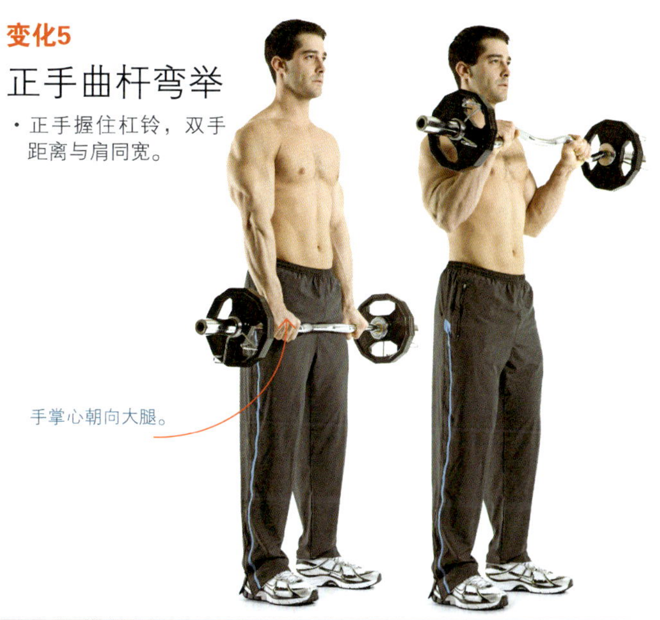

手掌心朝向大腿。

变化6

弓身弯举

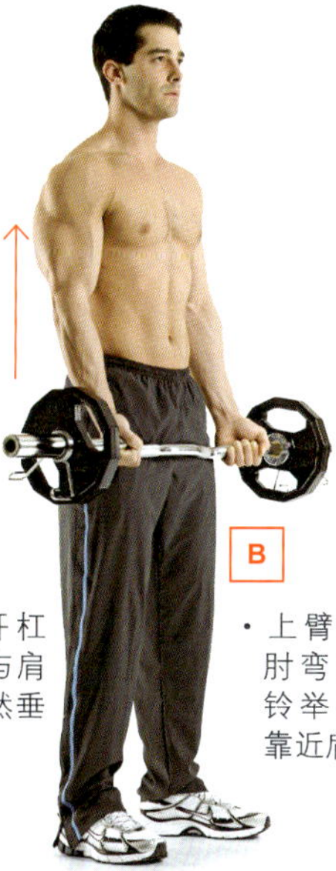
身体站直。

A

- 反手握住曲杆杠铃，双手距离与肩同宽，杠铃自然垂置于腰前。

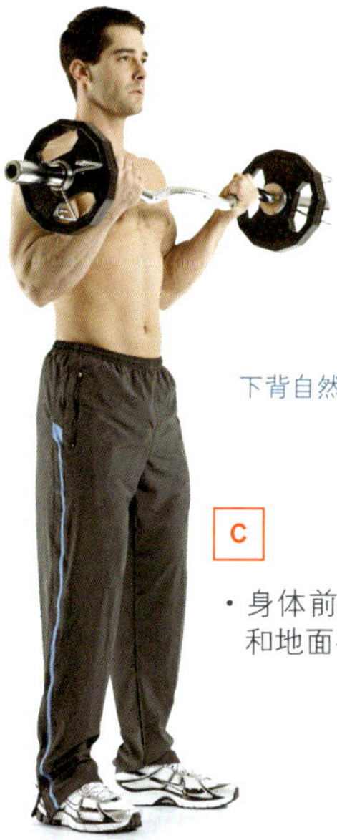

B

- 上臂不动，手肘弯曲，将杠铃举起尽可能靠近肩膀。

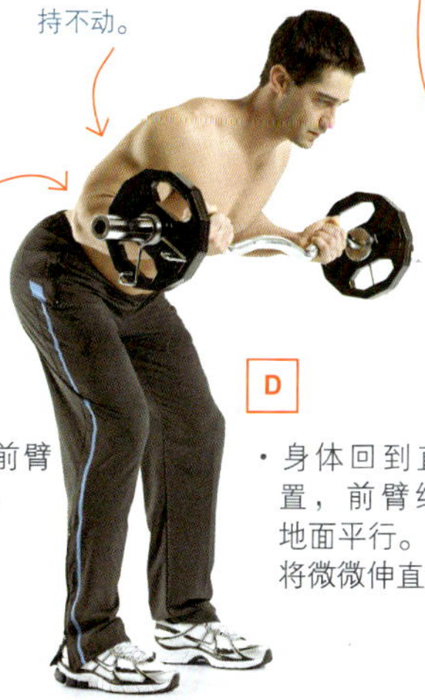
上臂和前臂在弯身时保持不动。
下背自然前拱。

C

- 身体前倾，前臂和地面平行。

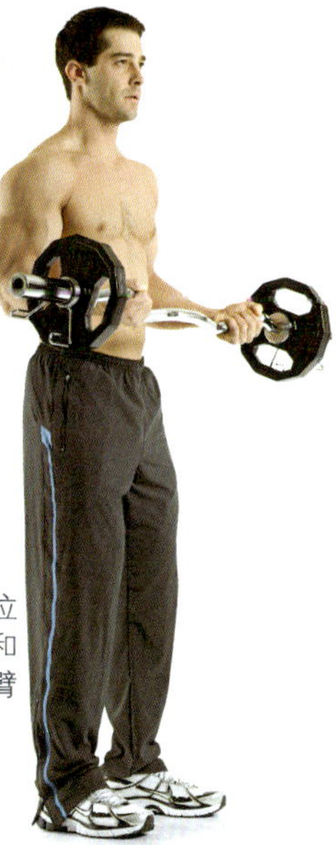
手肘弯曲约呈90度。

D

- 身体回到直立位置，前臂维持和地面平行。（手臂将微微伸直。）

肱二头肌 | 手臂弯举

主要动作

杠铃弯举

A

- 反手握住杠铃，双手距离与肩同宽，杠铃自然垂置于臀部前方。
- 身体站直，双脚分开与肩同宽。

B

- 上臂不动，手肘弯曲，尽可能举高杠铃。
- 停顿一下，接着慢慢放下杠铃回到起始位置。
- 每一次回到起始位置时，手臂完全伸直。

变化

宽握杠铃弯举

A

· 反手握住杠铃，双手距离约为肩膀宽的1.5倍。

B

· 将杠铃朝肩膀举起。

错误的肌肉训练

弯举时背部前后摆动

一般人称此动作为“作弊”。虽然这个方法可以使你举起更重的重量，但却不会锻炼肱二头肌。美国科罗拉多大学研究者发现，做杠铃弯举时前后摇摆的话，重量只会转移到肩膀，增加肩膀负担。而且，摆幅过大会伤害背部肌肉、关节和韧带。所以记得保持正确姿势。

肱二头肌 | 手臂弯举

主要动作

立姿哑铃弯举

A

- 握住一对哑铃自然垂于身侧。
- 手臂前转，掌心朝前。

B

- 上臂不动，手肘弯曲，将杠铃举起尽可能靠近肩膀。
- 停顿一下，接着慢慢放下杠铃回到起始位置。
- 每一次回到起始位置时，手臂完全伸直。

变化1

旋手哑铃弯举

旋手的技巧除了立姿之外，也可以和下一页列出的任何姿势配合。

A

- 握住哑铃，掌心朝大腿。

B

- 弯举哑铃时，掌心旋转，哑铃提起时呈标准握法。

更多弯举的方式

除了双手同时弯举哑铃外，也可以一次举一边，左右交互进行。你可以先举起一个哑铃，放下，再换另一只手。以此方式，你可能就能做更多下，因为一只手在弯举时，另一只手就在休息。如此一来，肱二头肌也不会那么快感到疲劳。还有另一种变化：举起一只手的哑铃时同时放下另一只手的哑铃。你可以用下一页中任何身体姿势和握法配合此技巧；该技巧也几乎可以配合任何弯举动作。

肱二头肌 | 手臂弯举

变化2～25

只要把以下5种身体姿势和握法加以组合并搭配使用，就能创造出25种弯举动作。以下是5种握法和身体姿势搭配的例子。要想获得最好的成果，记得经常更换动作的组合。

身体姿势1：上斜式

上斜式偏拇指握哑铃弯举

- 面朝上躺在可调式哑铃椅上，角度调成上斜45度。
- 躺在上斜椅上，手臂会垂放于身后，加强锻炼肱二头肌长头肌腱。

手部以偏拇指握法。

身体姿势2：下斜式

下斜式槌握哑铃弯举

- 俯卧在可调式哑铃椅上，角度调成上斜45度，胸部贴着椅背。
- 此姿势使手臂垂在身体前方，增加肱肌的压力。

上臂保持不动。

身体姿势3：坐姿

坐姿正握哑铃弯举

- 身体坐直，坐在重训椅或瑞士球上都可以。
- 坐姿弯举会减少身体前后摇摆的机会，以防“作弊”。

肩膀放下，保持挺胸。

身体姿势4：立姿

立姿哑铃弯举

- 双脚张开与肩同宽。（完整的指示请参考标准哑铃弯举，152页的主要动作。）
- 只要是立姿，核心肌都比坐姿时紧绷。

身体站直。

身体姿势5：高低脚站姿

高低脚长握哑铃弯举

- 一只脚置于椅子或台阶上，高度稍微高于膝盖。
- 一只脚放在椅子上会迫使臀肌和核心肌出力，以维持身体的平衡。

身体挺直。

手以偏小指握法。

标准握法
掌心朝前，手握握把的中间。

此为预设标准哑铃弯举握法。

偏小指握法
掌心朝前，小指靠着哑铃铃头。

此握法改变哑铃重量分配，提供更多变化。

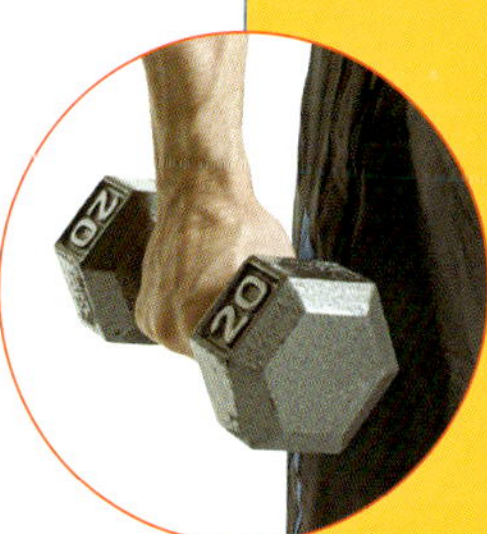

偏拇指握法
掌心朝前，拇指靠着哑铃铃头。

此握法迫使肱二头肌出更多力，弯举时保持前臂外转。

槌握法
掌心相对。

此握法在动作中迫使肱肌出更多力。

正握法
掌心朝后。

此动作目的是锻炼肱桡肌，但会减少肱二头肌的活动。前臂会感受到重量的不同。

肱二头肌 | 手臂弯举

变化26

立姿弯举外旋

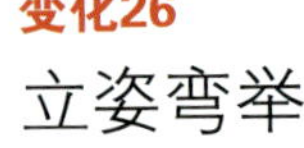

上臂保持不动。

掌心朝前。

前臂放下时，上臂保持不动。

A

- 立姿以标准握法握住哑铃。

掌心朝前。

B

- 上臂不动，手肘弯曲，将哑铃朝肩膀举起。

C

- 弯举到底时，手腕外旋，掌心朝前。慢慢以此姿势放下。

D

- 慢慢放下哑铃。
- 手腕内旋，将哑铃回在起始位置，重复动作。

变化27

静臂弯举

- 右手握住哑铃，站在调高的上斜式哑铃椅后方。
- 上臂放在椅背上方。
- 放下哑铃，手臂弯曲呈20度。
- 保持此姿势40秒钟，增加肌肉；或保持6到8秒钟，锻炼肌力。接着换左手重复同样动作。如此为1组动作。

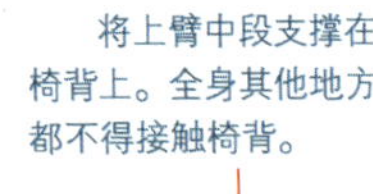

将上臂中段支撑在椅背上。全身其他地方都不得接触椅背。

选择能完成动作的目标时间，然后选择身体能负荷最重的重量。假设你的目标是增加肌力（动作的时间比较短），则此时选择的重量，会大于目标为增加肌肉（动作的时间长）的重量。

变化28

哑铃弯举静臂

手肘弯曲90度保持不动。

A

- 握住一对哑铃，自然垂于身侧，掌心朝前。
- 左手前臂抬起，手肘弯曲90度，保持不动。

B

- 右手做一组哑铃弯举。完成所有反复次数后换手，右手做静臂，左手做弯举。

变化29

槌握哑铃弯推举

A

- 哑铃垂于身侧，掌心相对。

B

- 将哑铃朝肩膀举起。

C

- 哑铃推举过头，手臂伸直。

变化30

高低脚槌握哑铃弯推举

A

- 站直身体，一只脚站在椅子或台阶上，高度稍微高于另一侧腿的膝盖。
- 握住哑铃，手臂自然垂放，掌心相对。

B

- 哑铃朝肩膀举起

C

- 将哑铃推举过头，手臂伸直。

肱二头肌 | 手臂弯举

滑轮交互弯臂

A

- 站在交叉滑轮机磅片中间，双手各握住一侧高滑轮握把。
- 手臂向两侧张开和地面平行，微微弯曲。

B

- 右臂不动，左臂朝头弯曲。
- 左臂慢慢伸直，接着换右臂做同样的动作。

滑轮弯举

A

- 将滑轮机低滑轮装上拉杆。
- 反手握住拉杆，双手距离与肩同宽，手臂自然垂放。

B

- 上臂不动，将拉杆尽可能拉向胸部。
- 停顿一下，接着慢慢回到起始姿势。

滑轮槌握弯举

A

- 将低滑轮装上绳把，站离磅片约30～60厘米。
- 双手抓住绳把两端，手心相对。

B

- 手肘夹于身侧，慢慢将拳头拉向肩膀。
- 停顿一下，接着慢慢回到起始姿势。

肱三头肌 | 手臂伸展

手臂伸展

这些动作的目的是锻炼肱三头肌，也锻炼上背和后肩肌群，因为这些肌肉在各式动作中，协助肩膀保持稳定。

主要动作

曲杆杠铃仰卧三头肌伸展

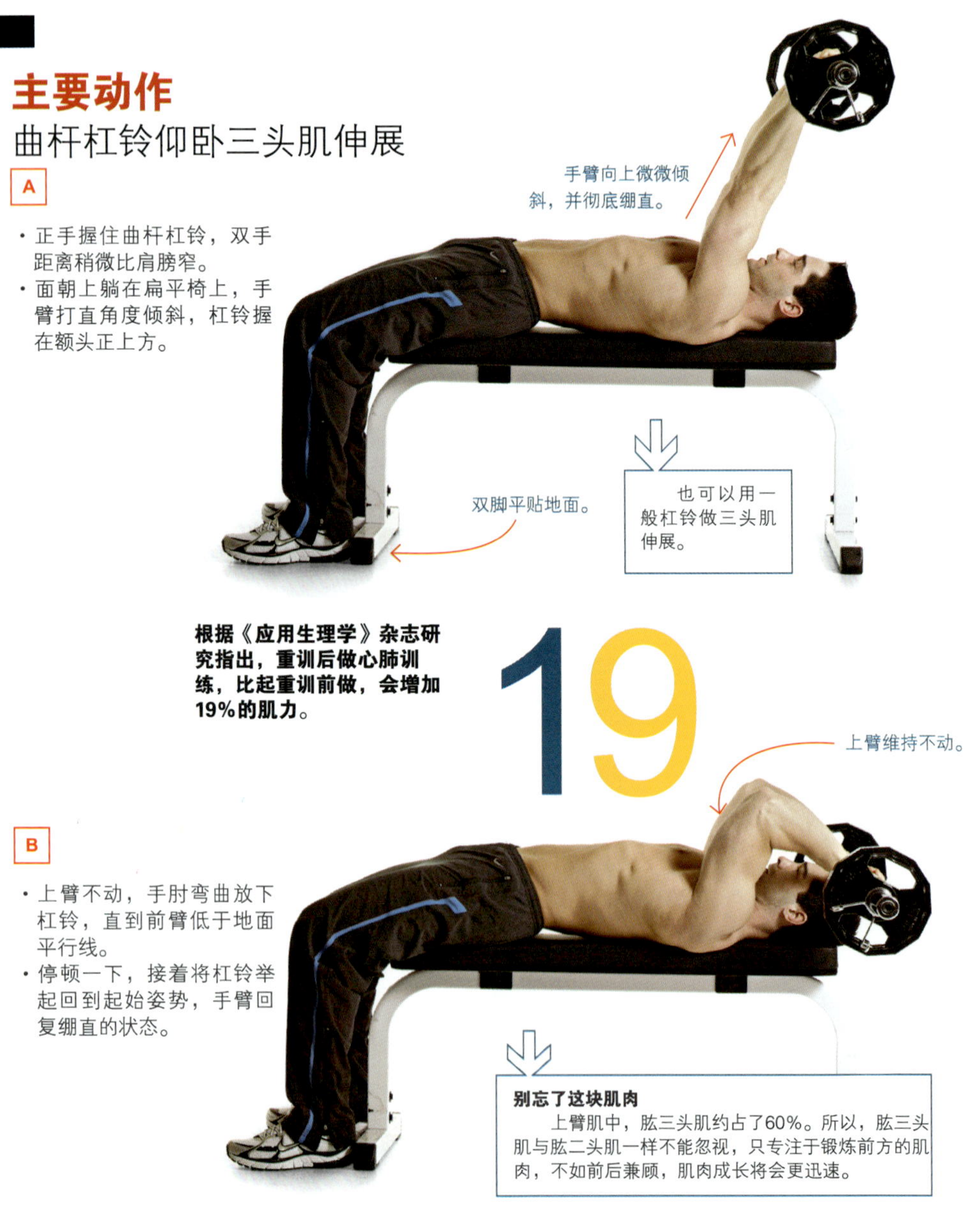

变化1

上斜式曲杆杠铃仰卧三头肌伸展

- 躺在上斜椅，靠背调成倾斜30度。

变化2

瑞士球曲杆杠铃仰卧三头肌伸展

- 上中背稳稳躺在瑞士球上。臀部抬高，身体从肩膀至膝盖呈一直线。

变化3

静臂曲杆杠铃仰卧三头肌伸展

- 放下杠铃，手肘弯曲呈90度。
- 维持此姿势40秒，增加肌肉；或维持6～8秒，锻炼肌力。如此为一组动作。

变化4

曲杆杠铃仰卧三头肌伸展和近握仰卧推举

- 一开始先做曲杆杠铃仰卧三头肌伸展，尽可能多做，直到感到吃力。接着改变手的位置，马上换成仰卧推举。以正确姿势尽可能多做。

肱三头肌

手臂伸展

主要动作

曲杆杠铃过头三头肌伸展

杠铃置于头部正上方。

手臂完全伸直。

肩膀向下并向后拉，维持此姿势。

核心肌绷紧。

身体尽可能站直。

双脚张开与肩同宽。

A

- 正手握住曲杆杠铃，双手距离与肩同宽。
- 手臂伸直，杠铃高举过头。

B

- 上臂不动，手肘弯曲过头，直到前臂至少和地面平行。
- 停顿一下，接着将杠铃回到起始位置，手臂伸直。

杠铃后举时上臂保持不动。

变化1

坐姿曲杆杠铃过头三头肌伸展

A

· 坐在扁平椅上，身体坐直。

核心肌绷紧。

双脚平贴地面。

前臂至少和地面平行。

B

· 上臂不动，手肘弯曲放下杠铃。

变化2

瑞士球曲杆杠铃过头三头肌伸展

A

· 坐在瑞士球上，身体坐直。

B

· 上臂保持不动，手肘弯曲，放下杠铃，前臂至少和地面平行。

肱三头肌 | 手臂伸展

主要动作

哑铃仰卧三头肌伸展

A

- 握住哑铃，面朝上躺在扁平椅上。
- 手臂绷直，哑铃位于头正上方，掌心相对。

B

- 上臂不动，手肘弯曲，放下杠铃，直到前臂不再与地面并行。
- 停顿一下，接着将哑铃举回起始位置，手臂绷直。

变化1

交互哑铃仰卧三头肌伸展

- 握住一对哑铃，平躺在扁平椅上，掌心相对，手臂绷直。
- 一次放下1个哑铃，左右交互。

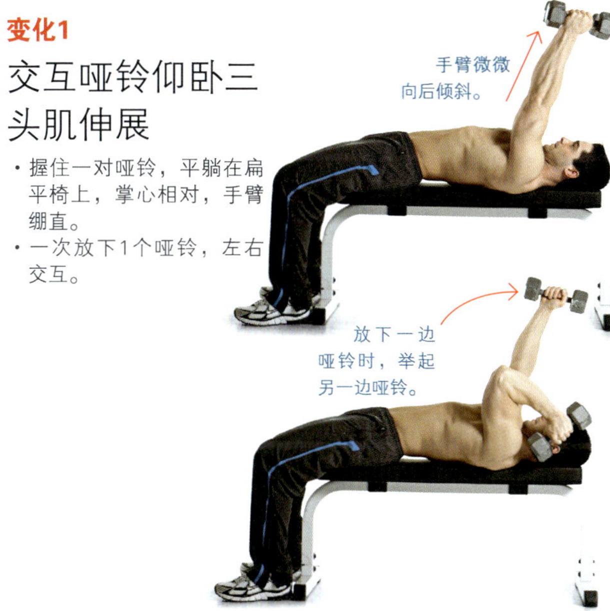

变化2

瑞士球哑铃仰卧三头肌伸展

- 上中背稳稳躺在瑞士球上，臀部抬高，和身体呈一直线。
- 上臂不动，手肘弯曲，放下哑铃，直至前臂不再与地面平行。

变化3

哑铃仰卧三头肌过头伸展

A

- 握住一对哑铃，面朝上躺在扁平椅上。
- 哑铃握于肩膀正上方。
- 掌心相对。

B

- 上臂不动，手肘弯曲，放下哑铃，直至前臂和地面平行。

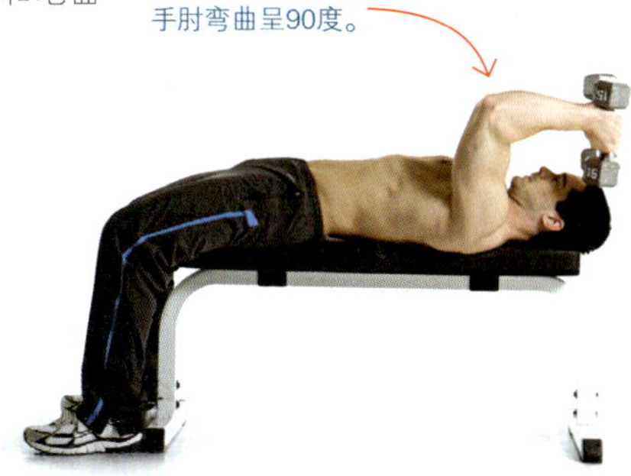

C

- 手肘弯曲角度不变，放下哑铃，尽可能向后过头拉举，勿过度勉强。
- 停顿一下，接着反向重复每一阶段的动作，回到起始的姿势。

肱三头肌 | 手臂伸展

主要动作

哑铃过头三头肌伸展

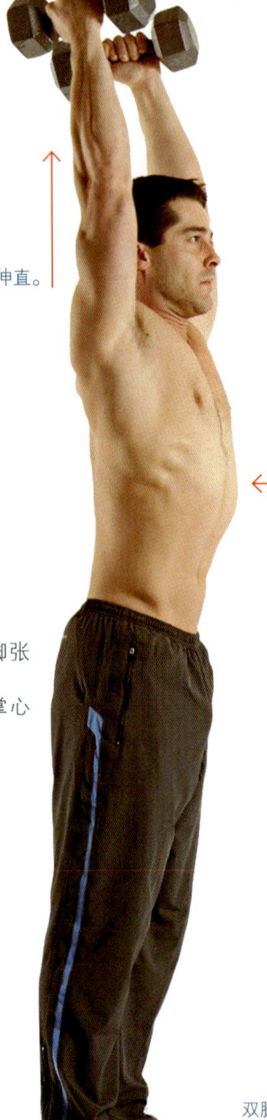

A

- 手握一对哑铃，身体站直，双脚张开与肩同宽。
- 手臂伸直，哑铃于头正上方，掌心相对。

B

- 上臂不动，哑铃放下至头后方。
- 停顿一下，手臂伸直，哑铃回到起始位置。

前臂至少和地面平行。

上臂不动。

2

根据美国俄亥俄州立大学研究指出，重训时听音乐的人，比安静重训的人，在感知能力测验成绩上高许多。

变化1

坐姿哑铃过头三头肌伸展

A

- 坐在扁平椅上，身体伸直。

B

- 上臂不动，放下哑铃直至前臂至少和地面平行。

变化2

瑞士球哑铃过头三头肌伸展

A

- 坐在瑞士球上，身体伸直。

B

- 上臂不动，放下哑铃直至前臂至少和地面平行。

滑轮过头三头肌伸展

A

- 将滑轮机低滑轮装上绳把。
- 握住绳把，背对磅片。
- 双脚错开站立，一只脚在前，一只脚在后。
- 身体前倾，身体几乎和地面平行。
- 双手于头后方握住绳把，手肘弯曲呈90度。

B

- 上臂不动，前臂向前，直至手肘绷直。
- 停顿一下，接着回到起始姿势。

主要动作
肱三头肌下拉

训练小秘诀

如果肱三头肌下拉的重量太重，背部和肩部肌肉会很自然加入，降低动作的效用。因此，需要减少此类错误的动作：想象有一组吊带将肩膀向下拉。肩膀放不下来吗？那就必须用轻一点的重量。

A

- 将滑轮机高滑轮装上拉杆。
- 手臂弯曲，正手握住拉杆，双手距离与肩同宽。
- 上臂夹于身侧。

B

- 上臂不动，将拉杆下拉，直至手肘绷直。
- 慢慢回到起始姿势。

变化1

反手三头肌下拉

・反手握住拉杆。

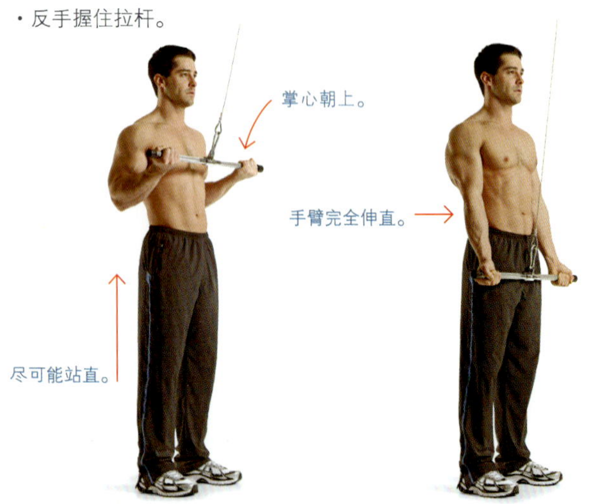

变化2

绳把三头肌下拉

・双手握住绳把两端。

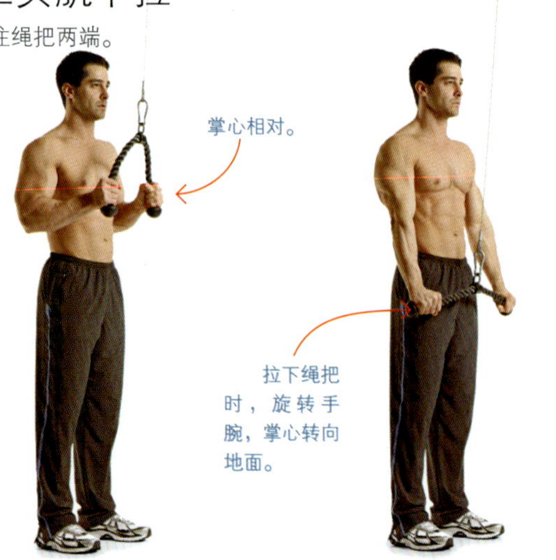

变化3

单手绳把三头肌下拉

A

・右手抓住绳把一端，掌心朝内。

B

・右手完成计划的反复次数，接着马上换左手，完成相同的次数。

哑铃后方伸展

A

- 左手和左膝置于扁平椅上。
- 下背自然前拱，身体和地面平行。
- 右上臂维持不动，与地面平行，手肘弯曲。

B

- 手上臂不动，前臂上提，直到手臂完全伸直。
- 动作回复到起始姿势。

这些动作旨在锻炼手腕伸屈肌和负责握力的前臂肌群。也会锻炼拇指和其他手指的肌肉，强力的握手和这些肌肉息息相关。

手腕弯举

A

- 反手握住杠铃，双手距离与肩同宽。
- 跪在重训椅前方。
- 上臂置于椅上，掌心向上，双手悬空。
- 手腕自然向后垂下。

B

- 手腕向上弯举，掌心转朝身体。
- 动作回复到起始姿势。

手腕伸展

A

- 正手握住杠铃，双手距离与肩同宽。
- 跪在重训椅前。
- 前臂置于椅上，掌心朝下，双手悬空。
- 手腕因重量自然下垂。

B

- 向上伸展手腕，手背举起转向身体。
- 动作回复到起始姿势。

杠铃静握

- 将杠铃放在与臀部等高的架子上，装上重量较重的杠片。
- 正手握住杠铃，双手距离比肩宽。（距离越宽，越难撑握住杠铃，这有益于训练。）
- 弯曲膝盖将杠铃从架子上提起，伸直膝盖，接着依设计的目标撑过适当的时间。要增加肌力的话，选择最重的重量，并撑过20秒钟；要增加肌肉的话，选择最重的重量并撑过60秒钟。

握柄越粗，前臂练得越粗

为了锻炼前臂和手部肌肉，以毛巾包住杠铃或哑铃手握的部分。如此能增加握把直径，迫使肌肉更用力握紧。几乎任何前臂训练都可以采用这个方法，例如手腕上提、杠铃静握、提铃行走等。其他任何你能想到的动作也都可以采用此方法，如杠铃划船或哑铃弯举皆可。

前臂 | 手腕和手部

六角哑铃静握

A

- 双手各抓住一个哑铃的铃头。（也可以双手轮流。）依训练目标撑过适当的时间。
- 要增加肌力的话，选择以最重要的重量撑过约20秒钟；要增加肌肉的话，就选择以最重的重量撑过约60秒钟。

保持挺胸。

双脚张开与肩同宽，身体站直。

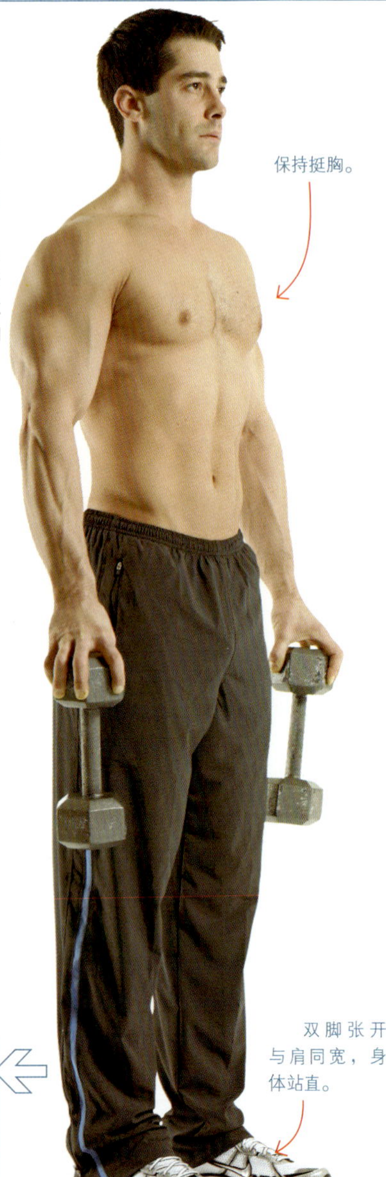

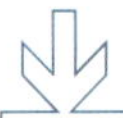

做六角哑铃静握时，如果想增加手臂力量的话，可以试试看用这种握法做弯举。

握出肌肉

根据美国奥本大学研究指出，光是握住哑铃或杠铃，12周内，手腕就能增加25%的力量，前臂也能增加16%的力量。

提重行走（农夫行走）

A

- 握住重量较重的哑铃，手臂自然垂于身侧。
- 握住哑铃，向前走，走越远越好。
- 如果你可以走超过60秒，则改采用更重的重量。

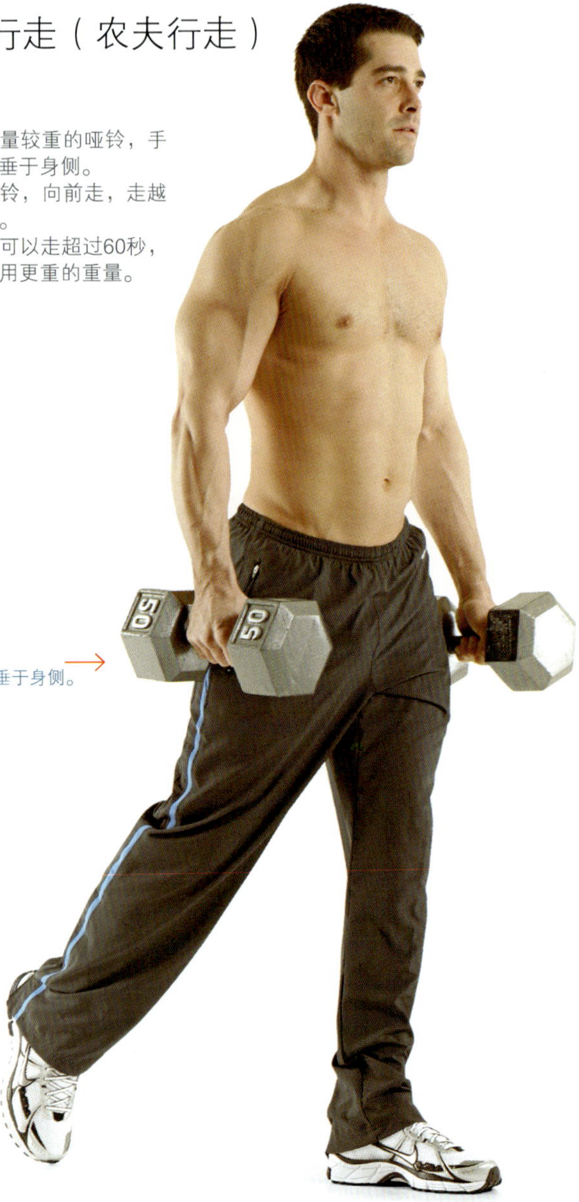

哑铃自然垂于身侧。

杠片弯举

A

- 右手握住2片较轻的杠片。
- 将杠片握在一起，以拇指和其他手指头夹紧。（如果可以的话，夹紧平滑的那一面。）
- 手臂自然垂下，杠片垂于身侧。

将杠片握在一起。

B

- 上臂不动，手肘弯曲，尽可能把杠片朝肩膀举起。
- 慢慢放下杠片回到起始位置。

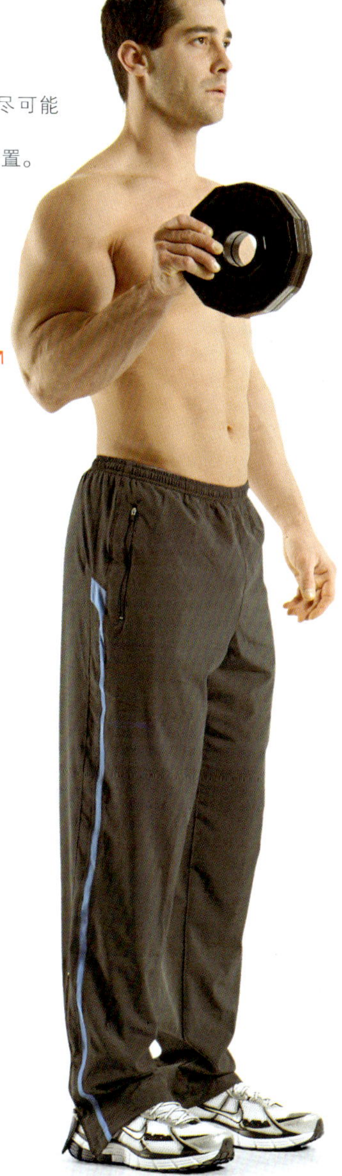

上臂保持不动。

19

根据欧洲《应用生理学》杂志研究指出，做8周握力训练的人，收缩压平均能降低19千帕，舒张压则降低5千帕。

手臂

史上最佳手臂训练动作

三停曲杆杠铃弯举

为什么这些动作如此特别？

做这些动作时，必须在3个地方各停顿10秒钟。每个点短暂停顿能加强关节在该角度和上下10度范围内的力量。因此，此动作能帮助消除任何肌肉较为薄弱的地方，并能增加肌肉紧绷时间超过30秒，促进肌肉生长。此技巧能应用在几乎所有手臂弯举和伸展动作中。

A

• 做曲杆杠铃弯举，但放下杠铃时，需要在右侧三点各停留10秒钟。完成1次就为1组动作。

B

• 第一点：杠铃放下约5厘米。

C

• 第二点：手肘弯曲呈90度。

D

• 第三点：在5～10厘米处前。

三停哑铃仰卧三头肌伸展

A

- 做哑铃仰卧三头肌伸展时，在以下3点各停留10秒钟。完成1次为1组动作。

B

- 第一点：哑铃放下约10厘米。

C

- 第二点：手肘弯曲呈90度。

D

- 第三点：哑铃到动作底部的位置。

手臂

最佳肱二头肌伸展运动

肱二头肌伸展

为什么那么好

此伸展动作能放松肱二头肌。肱二头肌僵硬时，手臂看起来永远是弯的。肱二头肌僵硬也会影响肩膀活动的幅度。

尽全力去做

双手各维持此伸展动作30秒钟，接着再重复2次，总共做3组。每天规律进行。

A

- 右臂伸直，反手向后握住低于肩膀的单杠，掌心朝上。
- 重心向前，直到你感觉肱二头肌舒服地伸展。保持在那里，接着换左手重复同样的动作。

最佳肱三头肌伸展运动
过头三头肌伸展

为什么那么好
此伸展动作能放松肱三头肌。肱三头肌僵硬时，则很难把手伸到头部后方。因为肱三头肌僵硬会限制肩膀活动幅度。

尽全力去做
双手各维持此伸展动作30秒钟，接着再重复2次，总共做3组。每天规律进行。

A

- 右手臂伸到头上方，接着手肘弯曲，手垂放在脑后。
- 以左手抓住右手肘，轻轻将右手臂更拉近头后方。当感觉到上臂后方有所伸展，停留在那个位置，撑过计划的时间。接着换手重复相同动作。

轻轻将右臂拉到头部后方。

此处会感到伸展。

手臂

打造完美手臂

手臂重训的关键在于动作简单。其实最好的方式是把锻炼手臂的动作留到重训的最后才做。毕竟，所有上半身的动作都可以训练到手臂。所以如果手臂很早就没力的话，胸、背、肩膀肌肉的重训可能无法达到最好的效果。试试看《累积强度训练》的作者萨莱所设计的“全手臂重训计划”，也称为“快速打造肌肉小秘诀”。此计划的目标在于让手臂肌肉生长，且不必一直增加锻炼时间。换句话说，是在更短时间内做更多的训练量。

该如何做：从本章各选1种肱二头肌和肱三头肌动作。两种动作各以身体能负荷的最重的重量完成10次反复次数。接着按下秒表，做5下肱二头肌训练，然后做5下肱三头肌训练。休息时间可长可短，可自己决定，接着再重复同样动作。继续以此方式交互动作10分钟。你随时都能降低反复次数。因此如果你疲倦时，一组动作可以做2下或3下，看自己的感觉。但是，要计算好10分钟之内完成的总次数。接着，下一次重训时，试着超越上一次的所做的总次数。此计划每4天做1次。

额外的重训计划：肱二头肌激爆计划

肱二头肌由快缩肌和慢缩肌纤维组成。所以手臂尺寸达到极致的关键是要锻炼所有的肌纤维。试试看以下动作重训计划，每周做2次，为期4周。此计划以较重的重量、低反复次数刺激快缩肌纤维，中等重量和反复次数刺激两种肌纤维，又以较轻的重量、高反复次数刺激慢缩肌纤维。如此一来，就能锻炼所有组成肱二头肌的肌纤维。

该怎么做：以循环的方式进行此重训计划，连续各做1组动作，中间不休息。动作各完成1组后，休息2分钟，接着重复同样的动作2～3次。选择清单中的任何动作，但要记得3种动作分别用不同的握法（标准握法、槌握法、偏小指握法、偏拇指握法）。为了使肌肉继续生长，每隔4周需选择新的动作。为求更多变化，你也可以调换动作顺序。所以，训练三的动作可以为重训的第一组动作，训练一则为第二组，训练二则为第三组，以此类推。

训练一

选择以下任何一种动作，反复次数为6下。

上斜式哑铃弯举(154页)

上斜式槌握法哑铃弯举(154页)

上斜式偏小指握法哑铃弯举(154页)

上斜式偏拇指握法哑铃弯举(154页)

训练二

选择以下任何一种动作，反复次数为12下。

立姿哑铃弯举(152页)

立姿槌握法哑铃弯举(155页)

立姿偏小指握法哑铃弯举(155页)

立姿偏拇指握法哑铃弯举(155页)

训练三

选择以下任何一种动作，反复次数为25下。

下斜式哑铃弯举(154页)

下斜式槌握法哑铃弯举(154页)

下斜式偏小指握法哑铃弯举 (154页)

下斜式偏拇指握法哑铃弯举(154页)

*各种握法详见155页。

第八章:
股四头肌和小腿肌

腿强，身体自然强

CHAPTER 8

股四头肌和小腿肌

股四头肌的训练最让人想放弃。因为训练这些肌肉的动作很费力，如蹲举和分腿前蹲。但是，这些动作值得我们付出心力。就拿蹲举来说吧！除了能锻炼股四头肌之外，蹲举也能锻炼到下半身所有的肌肉，包括臀肌、腿肌和小腿肌。

蹲举和分腿前蹲虽然很辛苦。但只要练好本章的股四头肌运动，就会得到强壮、健美的双腿和精实的腰腹部。对那些想多锻炼一下小腿的人，本章也包含了“专门”锻炼小腿的动作。

练腿好处多

好腹肌：除了能帮助你燃烧腹部脂肪之外，蹲举比任何腹部运动更能锻炼核心肌。

强壮的背肌：挪威科学家研究上下半身皆做过重训的人，发现如果加强下半身训练动作，如蹲举和分腿前蹲，更能提升上半身肌力。

平衡大提升：训练股四头肌也能强化腿部的韧带和肌腱，使膝盖更强健，更不容易受伤。

看看你的肌肉

股四头肌

大腿前方主要的肌肉就是股四头肌[1]。此肌分为4个部分：股直肌[A]、股外侧肌[B]、股内侧肌[C]和股中间肌（未在图片中；在股直肌后方）。所有的肌肉聚集到股四头肌腱，连接膝关节下方。股四头肌主要功能是伸直膝盖。因此蹲举和分腿前蹲是锻炼股四头肌最好的动作。此动作包含伸直双腿的阻力训练，即使只是身体的重量也十分有效。

髋内收肌

髋内收肌属于大腿内侧的肌肉。腿向外侧张开时，髋内收肌负责将腿拉回身体，此动作称为“腿内收运动”。这些肌肉在蹲举和分腿前蹲时也会大量锻炼到。

腓肠肌

小腿肌分为2部分，都位于小腿后方。靠近皮肤表面的肌肉称为腓肠肌[3]。此肌肉分为2个部分，一部分在内侧，一部分在外侧。这些肌肉从膝盖上方开始，聚集到阿基利斯腱[4]，连接到脚踝后方。

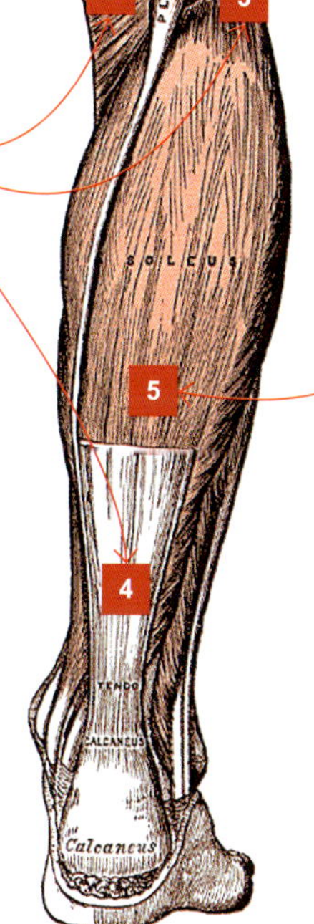

比目鱼肌

小腿肌另一块肌肉称为比目鱼肌[5]，在腓肠肌的下方。比目鱼肌从膝盖下方开始，和腓肠肌结合连接到阿基利斯腱。小腿肌主要负责伸展脚踝，也从地面抬起脚跟的动作。所以除了小腿抬举，所有和脚踝有某种程度相关的运动都能锻炼小腿肌，如蹲举和跳跃等。

股四头肌和小腿肌 | 深蹲

在这个章节里，你会发现99种专门锻炼前大腿和小腿肌肉的训练。熟习基本动作，你就能以完美的姿势完成所有变化。

这些动作的目的是锻炼股四头肌，也会锻炼核心肌和所有其他下半身的肌肉，包括臀肌、腿后肌和小腿肌。因此深蹲是所有训练中最佳的全方位动作之一。

主要动作

自体重量深蹲

A

- 身体站直，双脚张开与肩同宽。

1250

目前史上最重的深蹲比赛记录为1250磅。

脚落何处

连续跳3下，跳越高越好。然后向下看你的脚落在哪里。脚着地的地方就是你深蹲时最适合的位置。

B

- 尽可能放低身体，屁股向后，膝盖弯曲。
- 停顿一下，接着慢慢将身体站起，回到起始姿势。

完美深蹲的小秘密

以肌肉记忆的妙招来使深蹲动作精益求精。席弗博士是《超级训练》一书的作者，也是运动科学领域的权威，他设计出以下简单的方法，帮助身体和大脑记忆深蹲正确的动作。

该怎么做：在第一组蹲举动作前，先坐在一张椅子上，背挺直，自然前拱，肩膀向后，小腿和地面垂直，双脚张开与肩同宽。手臂前伸，与肩同高，伸直和地面平行。身体前倾，但背部保持挺直，脚微微向身体方向移动，到刚好可以使你慢慢站起身的地方，而且站起时不得猛向前倾或后倾，或改变身体姿势。注意：此姿势就是深蹲时该有的姿势。站起来之后，再回复做动作，慢慢放低身体回到坐姿。反复做几次。

变化1

抱头深蹲

· 手指放在头后方（仿佛被逮捕一样）。

变化2

自体重量推膝深蹲

· 双腿伸入20寸的迷你弹力带中，把带子调到膝盖下方。
· 蹲举时，注意将膝盖向外推。

变化3

自体重量靠墙深蹲

停顿才有力

在深蹲的动作过程中，停顿的技巧能帮助你消除肌肉弱点。

A
· 背靠墙，双脚离墙约60厘米，张开与肩同宽。

B
· 背靠着墙，稍微弯曲膝盖，身体下沉几寸。然后保持此姿势5～10秒钟。

C D
· 继续每次将身体下沉几寸，重复4次。

E
· 5个位置都停留过后，站起身休息。如此为1组动作。

变化4

自体重量瑞士球靠墙深蹲

A

- 靠在瑞士球上站着，球卡在墙和背之间。
- 脚约放在身前60厘米处。

B

- 背不离球，身体下沉，直到大腿上部至少和地面平行。

初学者的深蹲

如果正常的深蹲对你来说太困难，试试看瑞士球版深蹲。此深蹲不大需要核心肌的力量，会使动作更容易，又能协助学习正确的姿势。

身体下沉至底部时，停顿1～2秒钟，接着回到起始位置。

球中心靠在下背。

膝盖微微弯曲。

深蹲时，球会随身体滚动。

股四头肌和小腿肌 | 深蹲

变化5

自体重量深蹲跳跃

A

- 手指放在头后方，手肘向后和身体在同一平面。

深蹲减肥

此处的深蹲跳跃变化十分适合增进运动表现，但要减肥的话则需采用深蹲。而且，必须使身体下沉至大腿上部和地面平行（如下方静体爆发力深蹲跳跃图中所示。）

B

- 膝盖下蹲准备跃起。

C

- 爆发力跳跃，尽可能跳高。
- 落地时，马上下蹲，再次跳起。

跳更高

想象跳跃时将自己推离地面。

变化6

自体重量静体爆发力深蹲跳跃

- 手指放在头后方，手肘向后和身体在同一平面。
- 臀部向后，膝盖弯曲，身体下沉直至大腿上部和地面平行。
- 在底部位置停顿5秒钟。
- 停顿之后，尽可能跳高。
- 落地休息。

随处都能练腿

此动作中暂停能消除肌肉的弹性，因此在将身体推离地面时，能活化最多快缩肌纤维。特别适合于无负重的训练。

变化7

撑重深蹲

- 双手于胸前举起杠片，手臂完全伸直。

同时锻炼二头肌

做撑重深蹲时，可以在每一下站起时弯举，锻炼手臂肌肉。一开始先将手臂向前伸直，上臂不动，将手臂弯曲，杠片向肩膀移动。身体下沉时再将手臂伸直。

撑重深蹲可加强核心肌，帮助提升身体稳定度、肌耐力和运动表现。此动作分类为身体重量训练，这是因为杠片举在胸前肩膀会疲劳，所以能选择的重量有所局限。

高箱跳跃

A

- 站在稳固、安全的箱台，高度足以使你必须用力跳，才能站到上面。
- 双脚张开与肩同宽。
- 膝盖下沉。

双脚张开与肩同宽。

B C

- 跳上箱台，平稳落在箱台上。
- 走下箱台，重新调整双脚。

如果你无法稳稳站在箱台上，说明箱台太高了。

深跳

A

- 站在12寸的箱台边缘（离地约30厘米）。

垂直弹跳成绩再多几厘米

深跳是增强垂直跳跃力最好的训练之一，每周2次，重训一开始做4～5组，每组做3下。各组间休息60～90秒钟。

B

- 踏出箱台，双脚同时落地。（脚前缘先着地，接着才是脚跟。）

C

- 和地面接触时，尽可能向上跳。如此为1次反复次数。

股四头肌和小腿肌 | 深蹲

主要动作
单脚深蹲

A

- 左脚站在高度约和膝盖同高的椅子或箱台上。
- 手臂伸直于身前。

身体尽可能挺直。

脚尖提起，脚趾比脚跟高。

B

- 以左脚平衡身体，左膝弯曲，身体下沉直至右脚跟轻触地面。
- 停顿一下，接着站起身。
- 左脚完成计划的反复次数，接着马上以右脚做相同的次数。
- 如果此训练太难，试试看变化2的简易版单脚深蹲或变化1的坐姿单脚站起。

变化1
坐姿单脚站起

A

- 坐在重训椅上，背挺直并自然前拱。
- 手臂前伸和地面平行，与肩同高。
- 左脚抬离地面。

下背自然前拱。

B

- 身体不前倾，站起身。（如果你无法做到，试试看在起始动作时将脚微微朝身体滑近一些。）
- 坐回重训椅上。

臀部向前。

右膝伸直。

变化2

简易版单脚深蹲

A

- 左脚站在高度约和膝盖同高的椅子或箱台上。
- 手臂伸直于身前。

B

- 身体下沉至极限点上方。（请参考右侧“找出自己的极限点”。）
- 停顿2秒钟，接着站起身回到起始位置。

变化3

单脚蹲站

A

- 站着向前伸出手臂，与肩同高和地面平行。
- 右脚抬离地面，在该处保持不动。

B

- 臀部向后，身体尽可能下沉。
- 停顿一下，接着站起身回到起始位置。

找出自己的极限点

如果你不能做到3下“单脚蹲站”，试试看简易版单脚深蹲。首先你必须试出自己的极限点。极限点就是身体下沉时，你无法再控制自己下降速度的位置。可能是下沉5厘米之后，也可能是下沉几十厘米之后，因人而异。决定极限点位置后，遵照简易版单脚深蹲动作指示训练。随着肌肉力量增强，极限点会向下移动。因此记得定时重新测试。

推起身体时，脚跟紧踏地面

有一种杠铃深蹲，称为“快速深蹲”，专门锻炼快缩肌纤维，加强肌力和爆发力。锻炼前，先测出个人单次所能负荷的极限重量，选择50%～70%左右的重量。接着从头到尾以最快的速度做深蹲。你的目标：每1秒1下。

主要动作

杠铃深蹲

A

- 正手握住杠铃，将杠铃扛在上背部。

B

- 下背保持前拱，身体尽可能下沉。
- 动作一开始先将臀部向后推，接着弯曲膝盖。
- 停顿一下，接着回复动作到起始位置。

变化1
开腿杠铃深蹲

A

- 做深蹲时，双脚张开为肩的 2 倍宽。

如果在做标准杠铃深蹲时脚跟抬离地面，就表示臀部太紧。但开腿的动作能有所帮助。开腿深蹲身体就算沉到极限，脚跟也可以不用抬起。停留2秒钟。每一次重训试着再向下一些。柔软度改善时，双脚距离缩短，脚趾角度也可以变小。

脚尖角度微微朝外。

身体下沉时，要确定膝盖和脚趾方向一致。

为什么腿要张开

腿张开迫使髋内缩肌出更多力，强化大腿内侧肌肉。

变化2
杠铃前深蹲

A

- 正手握住杠铃，双手距离微比肩宽。
- 抬起上臂和地面平行。
- 让杠铃向后滚，自然放在肩膀前方。

B

- 身体慢慢下沉直到大腿上部至少和地面平行。
- 停顿一下，接着将身体推起回到起始姿势。

整个动作中，上臂保持和地面平行。如此能防止杠铃向前滚，也能帮助保持身体挺直。

双脚张开与肩同宽。

吊带

如果你的手腕柔软度不足以做标准的杠铃前深蹲，可以用此技巧：用两条手腕吊带绑住杠铃，距离与肩同宽，将带子系紧。接着抓住吊带，如此就不需向后弯曲手腕，以手指卡住杠铃。

变化3

交叉手臂杠铃前深蹲

- 将杠铃放在深蹲架上，手臂交叉在前，双手放在杠铃上。
- 站在杠铃下，杠铃置于肩膀上，双臂抬起以避免杠铃滑下。
- 向后退，并进行深蹲，整个动作中，手臂姿势保持不变。
- 站起身，回到起始姿势。

手臂不得落下。

变化4

曲臂深蹲

- 杠铃放在弯曲的手臂中，紧紧靠着胸口，而不是在背后。
- 站起身回到起始姿势。

可以用杠铃垫或毛巾垫着杠铃。

身体尽可能挺直。

曲臂深蹲不仅锻炼下半身，也可训练到肱二头肌和前三角肌，这些肌肉必须保持收缩以撑住杠铃。

变化5

杠铃踮脚深蹲

- 深蹲前，尽可能踮高脚跟，保持此姿势完成动作。

脚跟抬起迫使小腿肌出更多力。

变化6

杠铃1/4深蹲

- 身体下沉，直至膝盖弯曲约60度。

变化7

垫高脚跟杠铃深蹲

A

• 脚跟放在25公斤杠片上。

抬高脚跟更能加强股四头肌。

B

• 臀部向后，膝盖弯曲，身体尽可能下沉。

变化8

杠铃坐姿深蹲

A

• 于身后正手握住杠铃，手臂自然下垂。双脚脚跟下放置12.5公斤杠片。

B

• 身体尽可能下沉。

深蹲时举更重的秘诀

在做其他版本的深蹲时，最好将动作做满，但1/4深蹲能让你比平常多举20%的重量。1/4深蹲可减少臀肌和腿后肌的受力，帮助你加强锻炼股四头肌。不过每4周最好只用此方式1次，避免肌肉发展不平衡，造成股四头肌力量大过腿后肌。

变化9
杠铃跳跃深蹲
18.5公斤
根据美国新泽西州立大学研究指出，加入杠铃跳跃深蹲的动作5周，比起维持一般动作，没有加入爆发力训练的人，平均能多举起18.5公斤的重量。
A
握住哑铃，紧紧靠于背上。
B
• 膝盖下沉，准备跳起。
C
• 立即向上跳跃，自小腿出力挺直身体，原地发挥爆发力，离地跳起。
• 尽可能轻轻以脚尖着地，接着迅速将重心放到脚跟，重复动作。
双脚张开与肩同宽。
变化10
杠铃过头深蹲
A
• 正手握住哑铃，高举过头，双手距离约为2倍肩宽。
核心肌绷紧。
手臂完全绷直。
双脚张开与肩同宽。
雕塑腹肌
高举杠铃可挑战核心肌，也可同时测试肩膀和臀部柔软度。
B
• 身体下沉时，杠铃不得向前。
下背自然前拱。
手臂在整个深蹲动作中保持和地面垂直。
大腿上部和地面平行，或至更低的位置。

主要动作

哑铃深蹲

A

- 握住一对哑铃，自然垂于身侧，掌心相对。

B

- 腹肌绷紧，臀部向后，膝盖弯曲，尽可能使身体下沉。
- 停顿一下，接着慢慢将自己推回起始位置。

保持抬头

美国俄亥俄州迈阿密大学科学家指出，深蹲时低头会有受伤的危险。研究者发现动作中向下看会使身体前倾4～5度。因此增加下背压力。看着镜子中的自己可能也会造成身体前倾。最好的方法是身体下沉之前，找到一个稳定，比眼睛稍为高一些的标记，整个动作中都注视着那个地方。

变化1

高脚杯深蹲

- 在胸前直握哑铃，双手握住哑铃铃头。（想象那是很重的高脚杯。）
- 停顿一下，接着将身体推回起始位置。

不要害怕尽可能下沉身体的动作。研究者指出，深蹲时膝盖最不稳定的时候是弯曲90度时，约为大腿上部和地面平行之前几厘米处。

变化2

张腿高脚杯深蹲

- 双手直直握住哑铃于胸前。

变化3

相扑深蹲

- 双手握住重量较重的哑铃两端铃头，手臂自然垂于腰前。

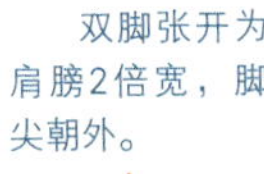

变化4

哑铃前深蹲

- 握住一对哑铃，掌心相对，哑铃其中一边铃头置于肩膀肉最多的位置。
- 躯干尽可能挺直。
- 深蹲时手肘不得下垂。

变化5

哑铃跳跃深蹲

A

- 握住一对哑铃，自然垂于身侧，掌心相对。
- 膝盖下沉，准备跳跃。

B

- 以爆发力尽可能跳高。
- 落地时，迅速重新调整姿势，接着再跳1次。

跳得越高，跑得越快

根据《肌力与体能训练研究》期刊8周的研究报告指出，规律采用跳跃深蹲，能加强垂直爆发力和奔跑速度。研究中，受试者选择他们单次深蹲最大值的30%的重量。你可以自己试试看，2周做1次，1次5组，每组6下，每一组中间休息3分钟。

变化6

哑铃过头深蹲

A

- 握住一对哑铃，高举至肩膀正上方，手臂完全伸直。

B

- 身体下沉直至大腿上部平行。

43

根据美国塔夫斯大学研究指出，做下半身运动4个月，如深蹲等，能有效减少43%的膝痛。

错误的肌肉训练

你认为史密斯机深蹲超棒吗

史密斯机是杠铃在滑轨上移动的深蹲架，可能看起来就像是笨蛋都能深蹲的方式，但是它有一个缺点。杠铃必须直直向上或向下，而不是一般杠铃深蹲时的弧线。因此下背就会承受更多的压力。而且，加拿大科学家发现，自由负重深蹲比史密斯机深蹲更能活化股四头肌，能够多出50%的成效。

股四头肌和小腿肌 | 深蹲

主要动作

杠铃分腿深蹲

A

- 正手握住杠铃，将杠铃扛在上背部。
- 双脚错开，左脚在前，右脚在后。

167

根据美国犹他州州立大学研究指出，深蹲时记得绷紧腹部的人，能增加167%的核心肌活动。如果有人指示，就能提醒自己可能核心肌不够用力。而且，如果能在潜意识中提醒自己，训练效果会更好。受试者只需其中一种提醒方式。

B

- 身体慢慢尽可能下沉。
- 停顿一下，就尽快站起身来回到起始位置。
- 左脚在前完成计划的反复次数，接着换右脚在前，完成相同的次数。

变化1

抬高前脚杠铃分腿深蹲

- 前脚置于6寸的台阶或箱台上。

变化2

抬高后脚杠铃分腿深蹲

- 后脚置于6寸的台阶或箱台上。

变化3

杠铃分腿深蹲

- 正手握住杠铃，双手距离微比肩宽。
- 上臂抬高，和地面平行。

变化4

杠铃保加利亚式分腿深蹲

- 后脚脚背置于重训椅上。

分腿前蹲

你可以做所有分腿深蹲的变化动作，手上不需负担任何重量。双手可以交叉在胸前，或置于耳旁或腰际。分腿前蹲是理想的暖身动作，如果负重深蹲变化太困难，或身旁没有任何器材，此动作也是相当合适的选择。

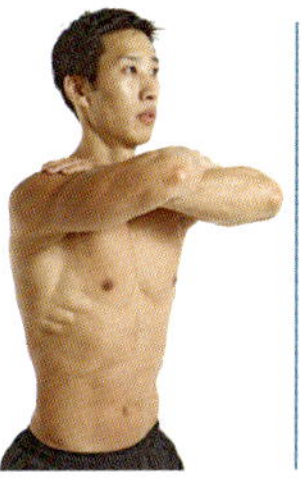

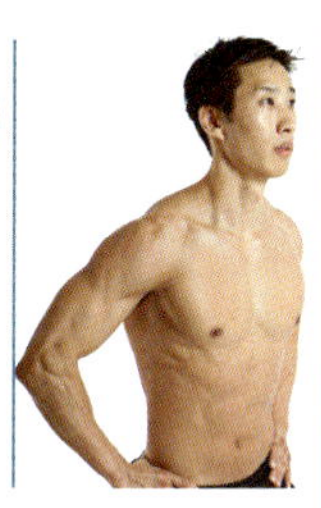

主要动作

哑铃分腿深蹲

A

- 握住一对哑铃，自然垂于身侧，掌心相对。
- 双脚错开，左脚在前，右脚在后。

双脚距离60~90厘米。

训练小秘诀

就像一般深蹲一样，做此动作时，记得绷紧核心肌。

B

- 身体尽可能慢慢下沉。
- 停顿一下，接着尽速站起身回到起始位置。
- 左脚在前，完成计划的反复次数，接着换右脚在前，完成相同的次数。

整个动作中，身体挺直。

后膝几乎着地。

变化1

抬高前脚哑铃分腿深蹲

- 前脚置于6寸高的台阶或箱台上。

变化2

抬高后脚哑铃分腿深蹲

- 后脚置于6寸高的台阶或箱台上。

变化3

哑铃分腿过头深蹲

- 双手握住杠铃，高举至肩膀正上方，手臂完全伸直。

变化4

哑铃保加利亚式分腿深蹲

- 后脚脚背置于重训椅上。

变化5

哑铃分腿交互蹲跳

美国北卡罗来纳州立大学科学家发现，做分腿交互蹲跳的动作3周，能增加垂直跳跃能力，最多高达9%。

A

- 从站姿开始，身体下沉至分腿前深蹲。

B

- 迅速向上，用力使双脚离地跳起。

C

- 重复动作，每一次跳跃脚来回互换。

错误的肌肉训练

还在用腿部伸展机吗

腿部伸展机看起来可以代替深蹲或弓步前蹲的动作，但事实恰恰相反。美国梅约医学中心生理学家发现，腿部伸展机与深蹲相比，其给膝盖造成的压力更大。因为阻力在脚踝，每一次放下重量时，会导致膝关节承受极大的扭力。

股四头肌和小腿肌 | 弓步

这些动作的目的是锻炼股四头肌。而且，也会锻炼几乎所有下半身的肌肉，包括臀肌、腿后肌和小腿肌。

主要动作

杠铃弓步

A

- 正手握住杠铃，将杠铃扛在上背部。

1

根据美国波尔州州立大学研究指出，为了加速“燃脂激素”的分泌，每组只做1下的重训动作是必要的。

训练小秘诀

做杠铃弓步蹲举时，想象自己身体直直下沉，而非朝前下方。

B

- 左脚前踏，身体慢慢下沉，直到前膝弯曲至少呈90度。
- 停顿一下，接着尽速站起身回到起始位置。
- 左脚在前完成计划的反复次数，接着换右脚在前，完成相同的次数。

整个动作中，身体挺直。

前小腿几乎垂直于地面。

后膝几乎着地。

变化1

交互杠铃弓步

- 左脚做1下，接着右脚做1下。

变化2

行走杠铃弓步

- 在起身时将后脚带向前（如走路一般），每一下向前1步。每一次换另一只脚向前踏步。

变化3

杠铃反弓步

- 向后踏出右脚。接着身体下沉呈弓步，看起来就如杠铃弓步一样。做完单脚反复次数，再换另一只脚完成。也可以交互进行，每一次以不同脚向后踏步。

变化4

杠铃箱上弓步

- 将6寸高箱台置于前方约60厘米处。
- 左脚向前踏上箱台，接着身体下沉呈弓步。

变化5

杠铃箱上反弓步

- 站在6寸的台阶或箱台上。
- 左脚向后踏，呈弓步。

变化6

杠铃弓步跨箱

A
- 将6寸高箱台置于前方约60厘米处，双脚张开与臀同宽。

B
- 左脚向前踏到箱台上，身体下沉呈弓步。

C
- 站起身，将右脚带过箱台，踏向前方地面。

D
- 身体下沉呈弓步。
- 动作回复至起始位置。

变化7

杠铃交叉弓步

A

- 身体站直，将杠铃扛在上背部。
- 前脚在后脚前方交叉。

B

- 身体下沉，直至后膝几乎着地。
- 顾名思义，此动作也称为“屈膝礼弓步”和“保龄球手弓步”。

变化8

反向杠铃交叉弓步

- 脚向后踏，后脚在前脚后方交叉。开始和结束的动作和杠铃交叉弓步一样。此动作也称为向下弓箭步。

变化9

杠铃侧弓步

A

- 正手握住杠铃，将杠铃扛在上背部。

B

- 左脚抬起向左侧跨一大步，同时臀部向后，身体下沉，左膝弯曲，臀部也同时下沉。
- 尽速站起回到起始位置。以左脚完成计划反复次数，接着换右脚，完成相同的次数。

身体前倾，但上身尽可能保持直立。

下背自然前拱。

右脚保持平贴于地。

股四头肌和小腿肌 | 弓步

肩膀向后。

挺胸。

身体尽可能站直。

整个动作中，核心肌保持紧绷。

主要动作

哑铃弓步

A

- 握住一对哑铃，自然垂于身侧，掌心相对。

双腿站直，张开与臀部同宽。

50

根据德国的研究指出，40岁开始重训的人，和从来不离沙发的人相比，死于心脏病的几率可以降低50%。

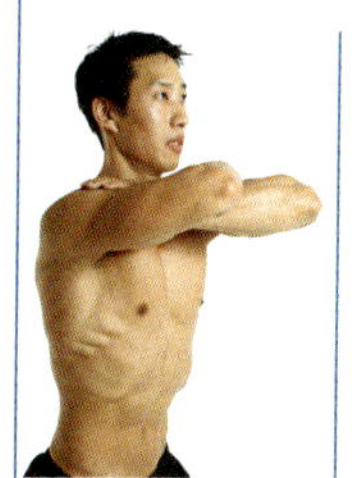
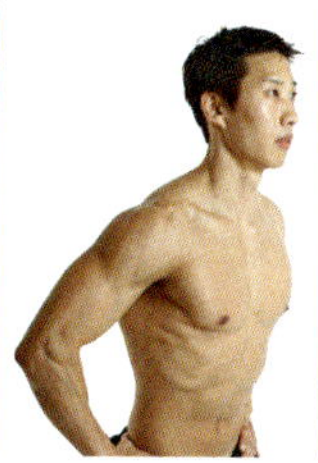

自体重量弓步前蹲

进行所有弓步变化动作时，手上不一定需要负担任何重量。双手可以交叉在胸前，或置于耳旁或腰际。弓步前蹲是理想的热身动作，也是负重深蹲很好的替代动作。

B

- 左脚前踏，身体慢慢下沉，直到前膝弯曲至少呈90度。
- 停顿一下，接着尽速站起身回到起始位置。
- 左脚完成计划的反复次数，接着换右脚，完成相同的次数。

整个动作中，身体挺直。

前小腿几乎垂直于地面。

后膝几乎着地。

变化1

交互哑铃弓步

- 左脚做1下，接着右脚做1下。

变化2

行走哑铃弓步

- 在起身时将后脚带向前（如走路一般），每一下向前1步。每一次换另一只脚向前踏。

变化3

哑铃反弓步

- 向后踏出右脚。接着身体下沉呈弓步，看起来就如杠铃弓步的姿势一样。做完单脚反复次数，再换另一只脚完成。也可以交互进行，每一次以不同脚向后踏。

变化4

哑铃箱上弓步

- 将6寸高箱台置于前方约60厘米处。
- 左脚向前踏上箱台，接着身体下沉呈弓步。

变化5

哑铃箱上反弓步

- 站在6寸的台阶或箱台上，左脚向后踏，呈弓步。

变化6

哑铃弓步跨箱

A
- 将6寸高箱台置于前方约60厘米处。

B
- 左脚向前踏到台阶或箱台上，身体下沉呈弓步。

C
- 站起身，将右脚带过台阶或箱台，踏向前方地面。

重心放在左脚跟，用力踏向箱台带起身体。

D
- 身体下沉呈弓步。
- 动作回复至起始位置。

变化7

反向哑铃箱上弓步前伸

- 站在6寸的台阶或箱台上，握住一对哑铃在身侧。
- 左脚向后踏呈弓步，同时身体前倾，手伸向前脚。动作回复至起始位置。

变化8

哑铃交叉弓步

- 前脚在后脚前方交叉，如同在做屈膝礼一般。

变化9

哑铃交叉反弓步

- 脚向后踏，后脚在前脚后方交叉。

变化10

哑铃弓步旋转

- 握住一哑铃两端于下巴下方。
- 脚向前踏呈弓步。上身朝前脚方向旋转。

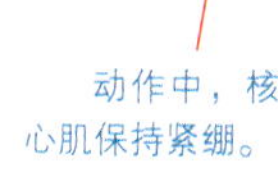

变化11

哑铃过头弓步

- 将哑铃举在肩膀正上方，手臂完全伸直。
- 左脚向前踏，呈弓步。

变化12

反向哑铃过头弓步

- 此时，右脚向后踏呈弓步。

变化13

单边哑铃弓步

- 右手将哑铃举在肩膀旁，手臂弯曲。
- 右脚向前踏，呈弓步。
- 右脚完成计划反复次数，接着换左手，并以左脚完成相同的次数。

锻炼核心肌

单边手拿哑铃能增加核心肌出力，以稳定身体。

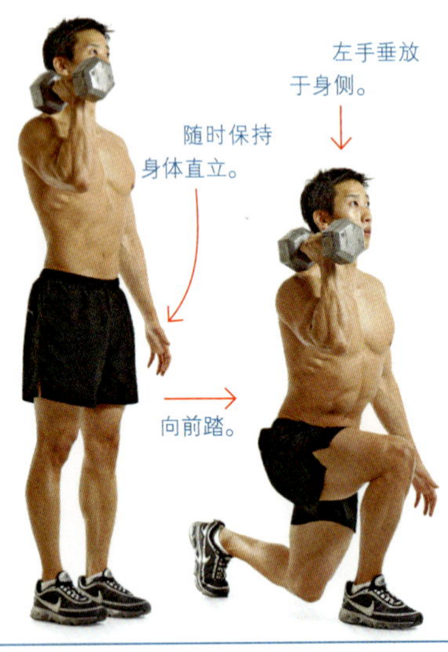

变化14

反向单边哑铃弓步

- 左手将哑铃举在肩膀旁，手臂弯曲。
- 右脚向后踏，呈弓步。
- 完成计划的反复次数，接着换右手，并以左脚完成相同的次数。

变化15

哑铃转身弓步

A

- 握住一对哑铃，自然垂于身侧，掌心相对。
- 抬起左脚，踏向左后方，脚尖朝向身体的8点钟方向。

B

- 重心移至左脚，右脚为轴，身体下沉呈弓步，同时将身体和哑铃旋转至左侧，越过前脚。
- 动作回复，站起身回到起始位置。
- 左脚完成计划的反复次数，接着换右脚，完成相同的次数。（右脚尖指向4点钟方向。）

变化16
哑铃侧弓步

- 握住一对哑铃，自然垂于身侧，掌心相对。
- 左脚抬起向左侧跨一大步，同时臀部向后，身体下沉，左膝弯曲，臀部也同时下沉。
- 停顿一下，接着迅速站起回到起始位置。

变化17
哑铃斜弓步

- 脚朝45度角进行弓步动作。
- 完成所有反复次数，接着换另一只脚重复动作。

变化18
反向哑铃斜弓步

- 向后45度方向踏出，并进行弓步动作。

变化19
哑铃侧弓步碰地

A

- 握住一对哑铃，自然垂于身侧。

B

- 身体下沉到侧弓步，身体前倾，哑铃碰触地面。

这些动作的目的是锻炼髋内收肌——一处位于大腿上部内侧的肌肉。

主要动作

立姿滑轮髋内收运动

A

- 将滑轮机低滑轮装上脚踝吊带，接着将带子绑在右脚踝。
- 身体右侧朝向磅片。
- 向磅片反方向踏一大步，右脚摆向磅片时，滑轮仍保持紧绷。
- 右脚直直伸向外侧，朝向磅片。

B

· 膝盖不弯曲，右脚向侧面拉，在左脚前方交叉。
· 停顿一下，接着慢慢回到起始姿势。右脚完成计划的反复次数，接着换左脚，完成相同的次数。

变化1

滑垫腿内收运动

A

· 跪在地上，双膝底下垫着滑垫。

B

· 将膝盖尽可能向身体左右的方向外推。
· 停顿一下，接着将膝盖再次向内拉回。

这些动作的目的是锻炼腓肠肌和比目鱼肌。

主要动作
立姿杠铃小腿提拉

A

- 正手握住杠铃，将杠铃舒服地扛于上背。
- 双脚脚尖各放在10公斤的杠片上。

B

- 尽可能以脚趾将自己抬高。
- 停顿一下，接着慢慢回到起始姿势。

变化1

单脚立姿哑铃小腿提拉

A

- 右手握住哑铃站在台阶、垫木或12.5公斤杠片上。
- 左脚交叉于右脚脚踝，以右脚脚趾平衡，脚跟可以在地面上，或在杠片上悬空。

左手扶住稳固的物体，例如墙或杠片架等。

B

- 尽可能抬高脚跟。停顿一下，接着放下并重复动作。
- 右脚完成计划的反复次数，接着以左脚完成相同的次数（以左手握住哑铃）。

变化2

单脚曲膝哑铃小腿提拉

- 弯曲膝盖，并于动作中保持如此。

变化3

单脚骑马小腿提拉

- 背自然前拱，身体前倾弯下，直至上半身几乎和地面平行。
- 右脚完成计划的反复次数，接着以左脚完成相同的次数。

弯膝盖弯出更多肌肉

组成小腿肌的两块肌肉中，比目鱼肌在膝盖弯曲时负责伸展脚踝。腓肠肌在膝盖绷直时则会负担更多运动量。因此，弯腿提拉是为了训练比目鱼肌，而立姿提拉，也就是膝盖绷直时，则专门用来锻炼腓肠肌。这就是为什么当你的小腿肌肉好像没有在生长时，许多专家会建议做这两种动作的原因。

股四头肌和小腿肌

史上最佳股四头肌训练动作

宽握杠铃过头分腿深蹲

此动作被称作“大爆炸”训练动作，因为能同时练到许多部位的肌肉。分腿深蹲的部分专门加强腿部肌肉，而杠铃高举过头则锻炼肩膀、手臂、上背和核心肌。所以此动作是增加力量和培养健美身材的好方法，而且会燃烧不少卡路里。如果将杠铃高举过头令你害怕，一开始可以先用扫把或棍子代替。

A

- 将杠铃握在头的正上方，双手距离约为肩膀宽的2倍。
- 双脚错开，距离约60～90厘米。

B

- 身体尽可能下沉。
- 停顿一下，接着尽速站起身回到起始位置。
- 左脚在前完成计划的反复次数，接着右脚在前完成相同的次数。

史上最佳小腿训练动作

提重踮脚行走（农夫踮脚行走）

此动作不仅能锻炼小腿肌，更能增进心血管功能。选择身体所能负荷的最重哑铃，并能坚持60秒。如果你觉得可以撑更久，下一组动作时拿更重的哑铃。

A

- 握住一对哑铃，自然垂于身侧。

B

- 抬起脚跟向前走（或绕圈子），坚持60秒钟。

股四头肌和小腿肌

股四头肌最佳伸展运动

跪姿臀部屈肌伸展

为什么那么好

此伸展运动能放松大腿上部的肌肉。这些肌肉僵硬时，会将骨盆向前拉，增加下背压力，减少臀部活动范围。

尽全力去做

双侧各维持此伸展动作30秒钟，接着再重复2次，总共做3组。每天规律进行，如果真的很僵硬，一天最多可以做3次。

A
- 左脚跪在软垫上，右脚踏在地面上，右膝弯曲呈90度。

B
- 身体向右侧弯曲伸展。

C
- 身体向右转，右手尽可能向身后伸展。维持此姿势撑过计划的时间。
- 换右膝跪着，换手并重复动作。

10

根据《运动科学与医学》杂志发表的研究，臀部的灵活度每增加一分，大腿内侧肌肉受伤的危险程度就能减少10%。

小腿肌最佳伸展运动

直腿小腿伸展

为什么那么好：专门伸展腓肠肌。

尽全力去做：维持此伸展动作30秒钟，接着再重复2次，总共做3组。每天规律进行，如果真的很僵硬，一天最多可以做3次。

A

- 站在离墙的60厘米处，双脚前后错开。
- 双手靠在墙上。
- 将重心放到后脚，直到感觉小腿肌有所伸展。维持撑过计划的时间长度。
- 双脚位置交换，并重复动作。

曲腿小腿伸展

为什么那么好：专门伸展比目鱼肌。

尽全力去做：维持此伸展动作30秒钟，接着再重复2次，总共做3组。每天规律进行，如果真的很僵硬，一天最多可以做3次。

A

- 姿势和直腿小腿伸展一样，但后脚向前，脚尖和前脚脚跟平行。
- 双膝弯曲，直到后腿脚踝上方感到舒服地伸展。

拯救脚踝大作战

美国北卡罗来那大学研究者发现，脚踝受过伤的人和脚踝健康的人相比，关节能活动的幅度更小。脚踝的活动范围也会受到僵硬的腓肠肌和比目鱼肌的限制。

股四头肌和小腿肌

打造完美股四头肌和小腿肌

试试看美国密苏里州春田市著名健护教练贝吉特设计的重训计划。股四头肌计划是自选式的重训计划，专门设计来增加大腿尺寸和肌力。小腿重训计划则是贝吉特个人的最爱，因为他说："这你何时何地都能做，即使在你家的客厅都可以进行。"

股四头肌重训计划

该怎么做：从A、B两类动作中各选出1种动作。训练A的部分，反复次数为6～8下，总共做4组，每组中间休息3分钟。训练B的部分，双脚反复次数各为10～12下，每一组中间休息2分钟。每周进行此重训计划1次或2次。

训练A

哑铃深蹲(199页)
高脚杯深蹲(200页)
哑铃前深蹲(200页)
杠铃深蹲(194页)
垫高脚跟杠铃深蹲(197页)
杠铃前深蹲(195页)

训练B

哑铃反弓步(213页)
杠铃反弓步(209页)
哑铃保加利亚式分腿深蹲(206页)
杠铃保加利亚式分腿深蹲(204页)
单脚深蹲(192页)
单脚蹲站(193页)

小腿肌重训计划

该怎么做：每一种训练各做1组，照以下顺序，中间不休息。每一种训练中，尽可能做越多下越好。注意，做本章所提到的动作时，不得使用哑铃，本训练设计仅为了以身体重量进行训练。此重训计划每周做2次。

训练

单脚立姿哑铃小腿提拉(221页)
单脚曲膝哑铃小腿提拉(221页)
单脚骑马小腿提拉(221页)

第九章：
臀肌群和腿后肌群

不容忽视的肌肉

臀肌群和腿后肌群

只要你站着，臀肌群和腿后肌群就在出力。麻烦的是，我们大部分的人花越来越多的时间坐着，不管是坐在计算机前面，还是坐在电视前。长时间坐在椅子上的影响：我们的臀部肌肉不仅变得虚弱，而且已忘记如何收缩。特别是臀肌群更是如此。因为臀肌群是身体最大，而且也许是最有力的肌群。

然而，当臀肌群和腿后肌群虚弱的话，将会扰乱身体肌肉的平衡，可能会造成膝盖、臀部和下背的疼痛和伤害。解决办法是什么呢？将锻炼臀肌群和腿后肌群列为第一优先，并采用本章所提出的训练动作。

锻炼臀肌群和腿后肌群的好处

卡路里燃烧更多：臀肌群是身体最大的肌群，所以它们也是燃烧最多卡路里的部位。

姿势更好：虚弱的臀肌群会使臀部向前倾，对脊椎造成更多压力，也会使下腹部挺出。

健康的膝盖：前十字韧带必须仰赖腿后肌协助稳定膝盖。强壮的腿后肌群能帮助前十字韧带，并能降低受伤的危险。

看看你的肌肉

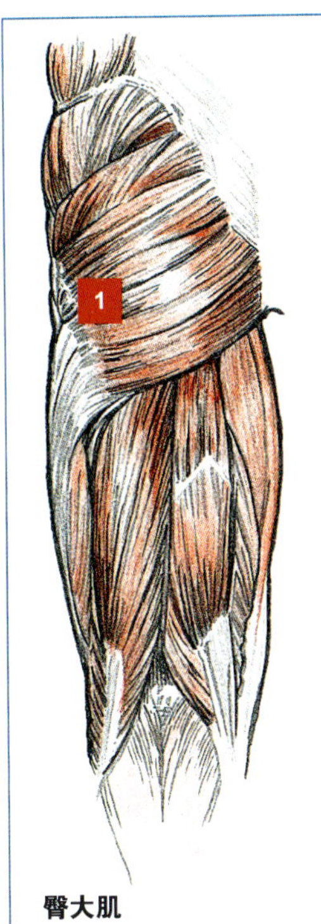

臀大肌

臀大肌[1]可以称为臀肌。因为此肌肉可塑造出后下半身的形状。大腿从身侧伸开，或腿向外转，脚尖朝外时，或是臀部向前的时候，臀大肌都在运动。所以如果坐着或蹲着时，臀大肌会将臀部绷紧，协助站起身。因此，多数下半身运动臀大肌都参与，尤其是硬举、抬臀和反向抬臀等动作更是如此。

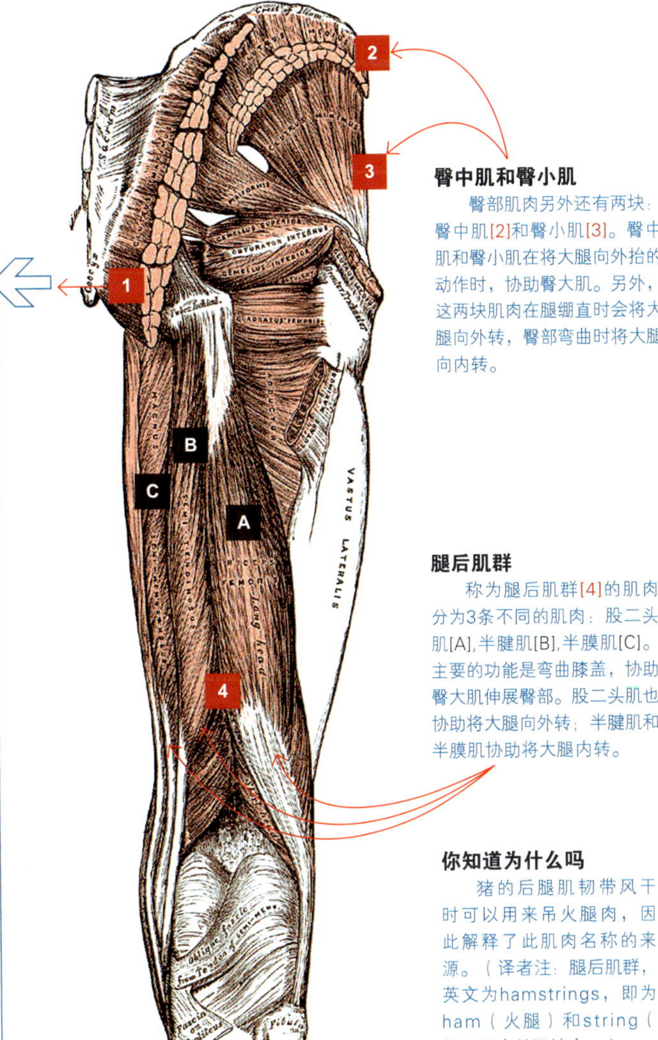

臀中肌和臀小肌

臀部肌肉另外还有两块：臀中肌[2]和臀小肌[3]。臀中肌和臀小肌在将大腿向外抬的动作时，协助臀大肌。另外，这两块肌肉在腿绷直时会将大腿向外转，臀部弯曲时将大腿向内转。

腿后肌群

称为腿后肌群[4]的肌肉分为3条不同的肌肉：股二头肌[A],半腱肌[B],半膜肌[C]。主要的功能是弯曲膝盖，协助臀大肌伸展臀部。股二头肌也协助将大腿向外转；半腱肌和半膜肌协助将大腿内转。

你知道为什么吗

猪的后腿肌韧带风干时可以用来吊火腿肉，因此解释了此肌肉名称的来源。（译者注：腿后肌群，英文为hamstrings，即为ham（火腿）和string（绳）两个单词结合。）

错误的肌肉训练

股四头肌练得比腿后肌群更勤

《美国运动医学》杂志发现，70%的腿后肌群受伤的运动员，股四头肌和腿后肌群会发展不平衡。加强腿后肌群，矫正肌肉不平衡后，受试者在之后的整整12个月的研究中都未再发生肌肉伤。真是一帖一劳永逸的妙方。

臀肌群和腿后肌群

在这个章节里，你会发现62种专门锻炼臀肌群和腿后肌群的训练动作。有几种训练动作被归类为主要动作。熟悉这类基本动作，你就能以完美的姿势完成所有变化动作。

抬臀动作

这些动作的目的是锻炼臀肌群和腿后肌群。多数动作也需要腹肌群和下背肌群收缩，以保持身体稳定，因此抬臀动作也是绝佳的核心肌训练动作。

主要动作

抬臀

A

- 面朝上躺在地上，膝盖弯曲，双脚平贴在地面。

屁股动起来

如果抬臀时腿后肌抽筋的话，说明臀部肌肉十分虚弱。因为腿后肌必须格外出力才能保持臀部抬高。为了改善此情况，抬起臀部后，每一下保持3～5秒。一周做2次，每次做3组，反复次数为10～12下。

B

- 臀部抬起，身体从肩膀到膝盖呈一直线。
- 停顿达5秒钟，接着放下身体回到起始姿势。

15

根据《运动与训练心理》杂志研究指出，15分钟的训练就能使心情愉快。

变化1

加重抬臀

· 臀部前方放上杠片进行训练。

变化2

推膝抬臀

· 将20寸的迷你弹力带绑在膝盖下方，动作中膝盖保持不相碰。

变化3

夹膝抬臀

A

· 在双膝间放1条卷好的毛巾或1块软垫，动作中夹紧。

B

· 抬臀时垫子不得滑掉，身体从肩膀到膝盖呈一直线。

训练小秘诀

如果做此训练时，膝盖容易向外弯，可能髋内收肌或是大腿内侧肌肉相当虚弱。训练时，夹住毛巾或垫片不落地能加强这些大腿内侧的肌肉。

变化4

踏步抬臀

- 抬起臀部，并保持此姿势。
- 将一边膝盖抬向胸部，放下回到起始位置，接着将另一边膝盖抬向胸部。反复交互进行。

变化5

脚垫瑞士球抬臀

- 小腿放在瑞士球上进行动作。

变化6

脚踏瑞士球抬臀

A

- 双脚平贴在瑞士球上。

B

- 单膝抬向胸部，放下回到起始位置，接着将另一边膝盖抬向胸部。反复交互进行。

主要动作

单脚抬臀

A

- 脸朝上躺在地板上，左膝弯曲，右脚伸直。
- 右脚抬高，和左脚大腿平行。

B

- 抬起臀部，右脚保持抬高。
- 停顿一下，接着慢慢放下身体和脚，回到起始姿势。
- 以左脚完成计划的反复次数，接着换脚，以右脚完成相同的次数。

变化1

抱膝单脚抬臀

- 将一只脚膝盖弯向胸部，动作中以手维持住。

训练小秘诀

握住膝盖确保是以臀肌群抬起臀部，而不是你的下背肌群。

变化2

脚踏博苏球单脚抬臀

- 左脚放在博苏球上。
- 抬起臀部，放下，接着重复动作。

变化3

脚踏台阶单脚抬臀

- 臀部靠着6寸高的台阶。
- 左脚置于台阶上。
- 抬起臀部，放下，接着重复动作。

变化4

脚靠椅上单脚抬臀

- 将左脚脚跟置于椅上，屁股贴于地面上。
- 抬起臀部，放下，接着重复动作。

变化5

脚踏泡棉筒单脚抬臀

- 左脚放在泡棉筒上。
- 抬起臀部，放下，接着重复动作。

脚置于泡棉筒上迫使稳定身体的肌肉出更多力，以防泡棉筒前后滚动。

变化6

脚踏药球单脚抬臀

- 左脚置于药球上。
- 抬起臀部，放下，接着重复动作。

脚置于药球上迫使稳定身体的肌肉出更多力，以防药球前后左右滚动。

变化7

头枕博苏球抬臀

- 将头和上背靠在博苏球上。

变化8

头枕博苏球单脚抬臀

- 将头和上背靠在博苏球上，右脚悬空，与左大腿平行。

变化9

头枕瑞士球抬臀

- 将头和上背靠在瑞士球上。

变化10

头枕瑞士球单脚抬臀

- 将头和上背靠在瑞士球上，右脚悬空，与左大腿平行。

主要动作

瑞士球抬臀弯腿

A

- 脸朝上躺在地上，小腿和脚跟置于瑞士球上。

手臂向两侧45度张开，掌心向上。

B

- 臀部抬高，身体从肩膀至膝盖呈一直线。

C

- 动作不停顿，将脚跟拉向身体，尽可能将球靠近屁股。
- 停顿一两秒，接着动作反复，将球滚回直至身体呈一直线，将臀部放回地面。

将球拉近时，臀部和身体其他部分呈一直线。

肌肉动作

做标准瑞士球抬臀弯腿，脚尖必须向上。但脚尖朝内或朝外时，能改变腿后肌群训练到的部分。

变化1

脚尖向外瑞士球抬臀弯腿

双脚脚跟置于球上，脚尖向外。

脚尖转向外可加强训练腿外侧的腿后肌肉。

变化2

脚尖向内瑞士球抬臀弯腿

双脚小腿置于球上，约与肩膀同宽，脚尖向内相对。

脚尖转向外可加强训练腿内侧的腿后肌肉。

变化3

单脚瑞士球抬臀弯腿

A

- 右腿悬空，离球约几寸，几乎和左大腿平行。

B

- 臀部抬起，身体从肩膀到膝盖呈一直线。

C

- 动作不停顿，将左脚跟拉向身体，尽可能将球靠近屁股。

主要动作

滑脚弯曲

A

- 脸朝上躺在地上，脚跟放在滑垫上，双膝弯曲，脚跟靠近臀部。

B

- 臀部和身体呈一直线，脚踝向外滑，直到双腿绷紧。
- 动作反复回到起始位置。

变化

单脚滑脚弯曲

A

- 左脚悬空，和右脚大腿平行，动作中保持此姿式。

B

- 臀部维持和身体呈一直线，脚跟向外直到腿绷直。

错误的肌肉训练

只用腿弯举机吗

腿弯举机可以让你弯曲膝盖，而弯曲膝盖则是腿后肌群负责的功能之一。但是腿后肌群的功能主要是让臀部伸展或将臀部向前推，就像你在直膝硬举和抬臀时一样。而且，基他的腿弯曲方式，如瑞士球抬臀弯腿，能锻炼膝盖和臀部。因此平常的动作训练比腿弯举机要好。

主要动作

反向抬臀

A

- 俯卧在重训椅或罗马凳一端，身体在重训椅上，但臀部悬空。

B

- 抬起双脚，直到大腿与身体平行。
- 停顿一下，接着身体放下回到起始位置。

25

根据《脑、行为和免疫》杂志研究指出，打流感疫苗之前先做25分钟的重训能增进疫苗效力。预约要去打针了吗？在6～12小时之前先去重训一趟吧。

变化1

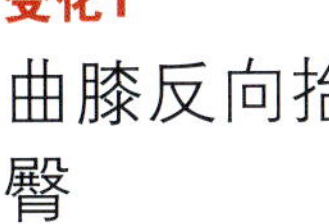

曲膝反向抬臀

- 一开始膝盖先弯曲呈90度，接着抬起臀部时将腿伸直。

变化2

瑞士球反向抬臀

- 俯卧在瑞士球上，双手平贴地面。

变化3

曲膝瑞士球反向抬臀

A

- 俯卧在瑞士球上，双手平贴地面。

B

- 抬起臀部时将腿伸直。

屈膝硬举

这些动作的目的是锻炼臀肌群和腿后肌群，也同时锻炼其他肌肉。其实，硬举也会锻炼股四头肌、核心肌群、背肌群和肩膀肌肉。硬举是数一数二的全身重训动作之一。

主要动作

杠铃硬举

A

- 装好杠铃，靠在腿胫。
- 身体前倾，膝盖弯曲，正手握住杠铃，双手距离微比肩宽。

B

- 下背不弯曲，将身体向后上拉起，屁股向前，手握住杠铃站起。
- 动作时，臀肌绷紧。
- 杠铃放回地面，尽可能靠近身体。

训练小秘诀

硬举和宽握硬举时，也可以双脚踏在12.5公斤杠片上。如此能增加举重的距离，更进一步挑战肌肉的力量。

变化1

宽握杠铃硬举

A

- 正手握住杠铃，双手距离约为肩膀两倍。

B

- 站起身后，慢慢将杠铃放回地面。

终极硬举

宽手握法有3个额外的好处：①增加上背肌运动。②迫使前臂和手部肌肉出更多力。③增进动作幅度。

此动作也称为抓举硬举，因为手握杠铃的方式和奥林匹克举重选手进行抓举时一模一样。

变化2

单脚杠铃硬举

- 将右脚的脚背置于后方约60厘米的重训椅上。
- 完成计划的反复次数，接着换左脚完成相同的次数。

变化3

相扑硬举

- 双脚张开为肩膀宽的2倍，脚趾角度微微向外。
- 握住杠铃中间，双手距离约30厘米，掌心朝内。

主要动作

哑铃硬举

A

- 身体前方地面上放一对哑铃。
- 身体前倾，膝盖弯曲，正手握住哑铃。

B

- 下背不得弯曲，握着哑铃站起身。
- 将哑铃放回地面。（如果你放下哑铃过程中，无法保持下背挺直，停在下背开始弯曲的部分。）

1008

目前史上最重的硬举比赛记录为1008磅。

变化1

单手硬举

A

- 此版本训练只用一个哑铃。将哑铃放在右脚踝旁的地面上。如果你拿起哑铃时无法保持下背挺直，就从下背开始弯曲的位置上方开始进行动作。（如图所示。）

B

- 右手举哑铃完成计划的反复次数，接着换左手完成相同的次数。

变化2

单脚哑铃硬举

A

- 握住一对重量较轻的哑铃，以左脚站着。
- 右脚于身后抬起，膝盖弯曲，小腿和地面平行。

B

- 身体前倾，慢慢尽可能下沉，或直到右小腿几乎着地。
- 停顿一下，接着站起身回到起始位置。
- 左脚站立完成计划的反复次数，接着换右脚完成相同的次数。

直膝硬举

这些动作目的是锻炼臀肌群和腿后肌群，也同时锻炼核心肌。尤其是下背肌肉。这个动作的另一个好处是可以改善腿后肌肉的弹性，因为每次放下杠铃或哑铃时都能伸展该处肌肉。

主要动作

杠铃直膝硬举

A

- 正手握住杠铃，双手距离微比肩宽，杠铃自然垂于臀部前方。

训练小秘诀

抬起身体回到起始姿势时，臀肌绷紧，屁股向前。此动作确保你在以臀肌出力，而不是靠下背的力量。

B

- 膝盖弯曲角度不变，身体前倾下沉，几乎和地面平行。
- 停顿一下，接着将身体抬起回到起始姿势。

变化1

单脚杠铃直膝硬举

- 以单脚平衡取代双脚，进行杠铃直膝硬举。
- 一只脚完成计划的反复次数后，换脚完成相同次数。

变化2

杠铃早安式硬举

- 正手握住杠铃，将杠铃扛在上背部。

变化3

分腿杠铃早安式硬举

A

- 正手握住杠铃，将杠铃扛在上背部。
- 站在约15厘米高的台阶前方约30厘米处，左脚脚跟放在上面。

B

- 下背保持自然前拱，身体尽可能舒服地前倾。
- 停顿一下，接着身体抬起回到起始姿势。

变化4

单脚杠铃早安式硬举

- 正手握住杠铃，将杠铃扛在上背部。
- 动作中以一只脚着地平衡身体。

变化5

曲臂早安式硬举

- 杠铃放在弯曲的手臂中，进行动作时，紧紧靠着身体。

变化6

坐姿杠铃早安式硬举

A

- 直着坐在重训椅上，杠铃扛在上背部。

B

- 下背自然前拱，身体前倾，尽可能舒服地下沉。
- 停顿一下，接着抬起你的身体回到起始位置。

主要动作

哑铃直膝硬举

A

- 正手握住一对哑铃，自然垂于大腿前方。
- 双脚张开与臀同宽，膝盖微微弯曲。

B

- 膝盖弯曲角度不变，身体前倾，身体下沉直至几乎和地面平行。
- 停顿一下，接着抬起身体回到起始位置。

2

根据美国俄亥俄州立大学研究指出，重训时听音乐的人，比起安静重训的人，在感知能力测验方面表现好2倍。

变化1

单脚哑铃直膝硬举

A

- 做哑铃直膝硬举，但以一只脚着地保持身体平衡。

B

- 以一只脚完成计划的反复次数，接着换另一只脚完全相同的次数。

变化2

转身哑铃直膝硬举

A

- 右手握住较轻的哑铃，以左脚单脚站立，膝盖微微地弯曲。
- 右脚离地，膝盖微微弯曲。

B

- 膝盖弯曲角度不变，身体前倾下沉，向左方旋转，哑铃碰触左脚。
- 停顿一下，接着身体抬起回到起始位置。
- 左脚站立，右手执哑铃完成计划的反复次数。接着换右脚站立，左手执哑铃完成相同的次数。

主要动作

背部伸展

A

- 身体在背部伸展机上就位，脚抵住脚把。
- 背部自然前拱，上半身尽可能舒服地下沉。

B

- 臀肌绷紧，抬起身体直到和下半身平行。
- 停顿一下，接着慢慢将身体下沉回到起始位置。

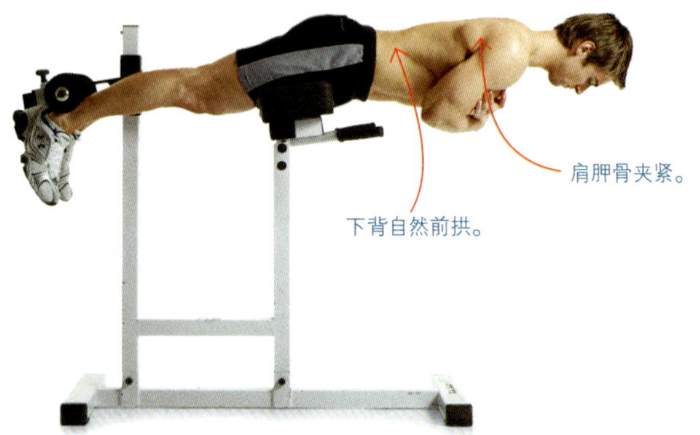

变化

单脚背部伸展

A

- 身体在背部伸展机上就位，单脚抵住脚把。

主要动作
滑轮上拉

A

- 将滑轮机低滑轮装上绳把。
- 双手握住绳把两端，背对磅片。
- 身体前倾，膝盖弯曲，身体下沉直至和地面呈45度。

B

- 屁股向前，抬起身体回到起始姿势。

登阶

这些动作的目的是锻炼臀肌群和腿后肌群。因为动作时必须将臀部向前推。登阶也能训练股四头肌，因为登阶时膝盖会承受阻力伸直。

主要动作

杠铃登阶

A

- 站在椅子或台阶前，左脚稳稳踏在上面。

B

- 左脚脚跟施力踏向台阶，将身体上提直至左脚伸直。
- 接着身体移动向下，直到右脚着地，然后重复动作。
- 左脚完成计划的反复次数，接着换右脚完成相同的次数。

变化

杠铃侧登阶

A

• 站在台阶右方，左脚踏在台阶上。

B

• 将身体提起，如标准杠铃登阶一样。接着身体移动向下。左脚完成计划的反复次数，接着以右脚完成相同的次数。

主要动作

哑铃登阶

A

- 握住一对哑铃，自然垂于身侧。站在重训椅或台阶前，左脚稳稳踏在上面。
- 台阶要够高，膝盖弯曲至少呈90度。

B

- 左脚脚跟施力踏向台阶，将身体上提直至左脚伸直，单脚站在重训椅上，右脚保持抬高。
- 接着身体向下移动，直到右脚着地。如此为1次反复次数。
- 左脚完成计划的反复次数，接着用右脚完成相同的次数。

变化1

哑铃侧登阶

A

- 握住一对哑铃，站在台阶右侧。
- 左脚踏在台阶上。

B

- 左脚施力踏向台阶，将身体上提直至双脚伸直。
- 身体向下移动到起始位置。
- 左脚完成计划的反复次数，接着换右脚完成相同的次数。

确定右脚踏下来时和左脚平行。

变化2

交叉哑铃登阶

A

- 握住一对哑铃，站在台阶右侧。
- 右脚踏在台阶上。

B

- 右脚施力踏向台阶，将身体上提直至双脚伸直。
- 身体向下移动到起始位置。
- 右脚完成计划的反复次数，接着用左脚完成相同的次数。

髋关节外展运动

这些动作的目的是锻炼支持髋关节外展的肌肉，主要是称为臀中肌的臀部肌肉。

主要动作

立姿滑轮髋关节外展

A

- 将滑轮机低滑轮装上脚踝吊带，接着将带子绑在左脚踝上。
- 身体右侧朝向磅片。
- 左腿交叉在右脚前方。（离机器要有一定距离，滑轮绳保持有拉力。）

B

- 膝盖弯曲角度不变，左腿尽可能朝外侧抬高。
- 停顿一下，接着慢慢回到起始姿势。
- 左脚完成计划的反复次数，接着转身换脚，完成相同的次数。

5

根据英国雪菲尔大学研究指出，需要5周的时间才能养成重训的习惯。

臀肌群和腿后肌群

立姿滑轮髋关节外展变化

立姿弹力带髋关节外展运动

A

· 将迷你弹力带绑在稳固的物体上，接着绕在脚踝上。

手握住稳固
的物体支撑。
弹力带无法将左脚交
叉到右脚前，又同时保持
拉力。所以一开始就要让
双腿尽量接近，保持弹力
带的拉力。

B

· 尽可能向外侧直直抬高腿。

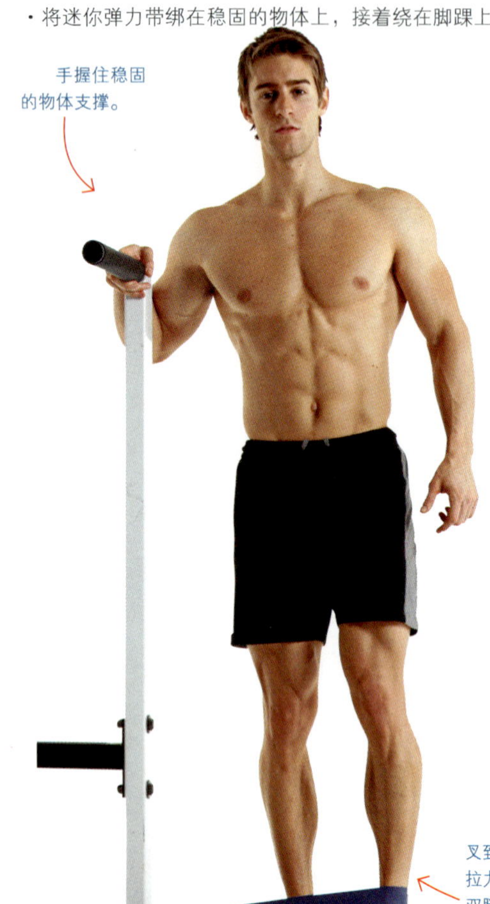

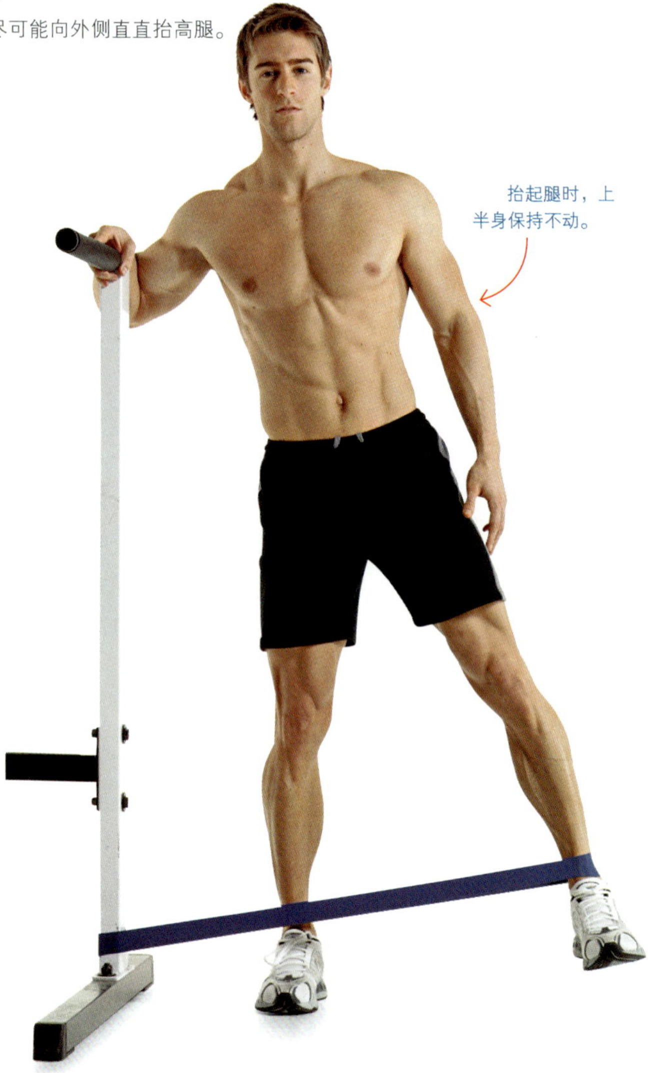
抬起腿时，上
半身保持不动。

弹力带侧抬腿

- 向左侧躺在地面上。
- 双脚脚踝圈上迷你弹力带。
- 头枕在左手臂上。
- 右臂撑在胸前的地上。
- 身体其他部位不动，尽可能抬高右腿。
- 停顿一下，接着回到起始位置。

腿伸直，右腿在上，
但微微置于后方。

蚌壳运动

- 向左侧躺在地面上。
- 右脚在左脚上，脚跟并拢。
- 双脚保持接触，右膝尽可能抬高，骨盆保持不动。
- 停顿一下，接着回到起始姿势。
- 左脚不得离开地面。

动作时想
象蚌壳开合。

弹力带侧走

A

- 双脚套入迷你弹力带中，将带子调到膝盖下方。

训练小秘诀

此训练是做任何下半身运动之前，最适合的热身运动。也适合在做任何运动前进行，尤其是需要侧移的运动，如篮球、网球和壁球等。走球场之前先做一组热身。

B

- 向右小步走6米。接着再向左走6米。如此为一组动作。

臀肌群和腿后肌群

史上最佳重训动作

单手哑铃挥举

此动作锻炼腿后侧肌群和臀肌群的爆发力。也就是说，这个动作专门训练肌肉中相当重要的快缩肌纤维。快缩肌纤维随年龄增长而萎缩，而且是几乎所有运动中最为关键的肌纤维，甚至是从椅子上站起如此简单的动作都需要快缩肌纤维。所以可以说，此动作能保持身体年轻。挥举也同时训练核心肌、股四头肌和肩膀的肌肉，是平常没什么时间重训的人的首选动作。

A

- 正手握住哑铃，置于腰前，手臂自然垂下。（也可以双手一起进行此动作，以两手握住哑铃）
- 身体前倾，膝盖弯曲，身体下沉直到和地面呈45度。
- 哑铃在双腿间摆动。

B

- 手臂打直，屁股向前，膝盖打直，起身至立姿时，将哑铃挥至与胸部平齐的高度。
- 哑铃移回双腿间时，蹲回原姿势。
- 用力将哑铃前后挥举。

额外训练！

壶铃挥举

- 以壶铃取代哑铃做相同的动作。

最佳腿后肌群伸展运动

立姿大腿后侧伸展

为什么那么好?

此动作能伸展臀部和膝盖部分的腿后肌群。膝盖弯曲更能有助于臀部的伸展；膝盖绷直的话，则能有助于膝部的伸展。

尽全力去做

双手各伸展30秒钟，接着再重复两次。每天规律进行，如果真的很僵硬，一天最多可以进行三次。

A

- 左脚置于重训椅或稳固的椅子上。
- 左腿完全绷直。
- 右腿微微弯曲。
- 身体站直，背自然前拱。
- 双手放在腰际。

B

- 下背不得弯曲，身体前倾下沉，直至感受到舒服地伸展，保持此姿势撑过计划的时间。

臀肌群和腿后肌群

最佳臀肌伸展运动

仰卧臀肌伸展

为什么那么好？

此动作能放松臀肌。如果臀肌僵硬，就比较容易出现下背痛的情况。

尽全力去做

双手各伸展30秒钟，接着再重复两次，总共做三组。每天规律进行，如果真的很僵硬，一天最多可以进行三次。

A

- 脸朝上躺在地面，膝盖和臀部弯曲。
- 左脚跨在右腿上，左脚踝贴住右大腿。

B

- 双手抱住左膝，向胸部中间拉，直到感到臀肌群舒服地伸展。

打造完美臀部的秘密就在下一页

臀肌群和腿后肌群

打造完美臀部

这个四周重训计划是由印第安纳波利斯市“健身与运动训练中心”老板、肌力与体能训练师罗伯森设计的，可以雕塑你的臀肌群和腿后肌群。

此计划旨在锻炼整个下半身，包括股四头肌以及核心肌，主要重点则放在大腿后侧的肌肉。可以改善长期姿势不正确造成的虚弱肌肉，因为肌肉一旦虚弱，通常会引起背痛和体态委靡。锻炼下半身的主要肌肉，身体便会燃烧大量的卡路里。所以此重训计划也能帮你瘦腹部和腰身。

如果要锻炼全身，可以将“打造完美臀部”重训计划和140页“打造完美肩膀”的上半身重训计划结合。做完上半身重训后隔天做下半身重训就可以了。

该怎么做：两种重训计划一周各做一次，中间至少休息两天。所以你可以在星期二做重训A，星期五做重训B。重训前要先做热身运动。热身运动的设计是为了增进身体柔软度，也为之后的重训做准备。注意重训计划的反复次数每周都会增加。确认每一周都有继续挑战自己的肌肉的训练。

热身运动

来回交互进行动作，中间不休息。每次训练维持30秒，再换到下一组动作。总共各完成三组。

跪姿臀部屈肌伸展（224页）

抬臀（232页）

重训A

训练动作	第一周			第二周			第三周			第四周		
	组数	次数	休息	组数	次数	休息	组数	次数	休息	组数	次数	休息
杠铃直膝硬举(248页)	2	8	90	3	8	90	3	10	90	3	12	90
哑铃分腿深蹲(205页)	2	8	90	3	8	90	3	10	90	3	12	90
单脚杠铃直膝硬举(250页)	2	8	90	3	8	90	3	10	90	3	12	90
背部伸展(254页)	2	8	60	3	8	60	3	10	60	3	12	60
杠铃前推(288页)	2	8	60	3	8	60	3	10	60	3	12	60

重训B

训练动作	第一周			第二周			第三周			第四周		
	组数	次数	休息	组数	次数	休息	组数	次数	休息	组数	次数	休息
撑重深蹲(190页)	2	8	90	3	8	90	3	10	90	3	12	90
滑轮上拉 (255页)	2	8	90	3	8	90	3	10	90	3	12	90
哑铃登阶 (258页)	2	8	90	3	8	90	3	10	90	3	12	90
瑞士球抬臀弯腿 (239页)	2	8	60	3	8	60	3	10	60	3	12	60
前平板式 (274页)	2	8	60	3	8	60	3	10	60	3	12	60

第十章：核心肌

吸引力的中心

CHAPTER 10

核心肌

如果商业信息广告也算指针的话，就会发现大家花在腹肌上的钱，比花在其他肌肉上的钱还多。为什么呢？你的腹肌，或更精确地说，你的“核心肌”，包含腹部、背部和骨盆部位的肌肉，在所有动作中都参与施力。而且，你的核心肌不仅在重训室里施力，在生活中也处处帮你出力。若非核心肌的话，你平常根本无法站起或坐直。

当然，这些事情跟大部分男人想要的傲人腹肌八竿子也打不上关系。练核心肌的男人真正的动机往往十分单纯，那就是显眼的六块腹肌对异性来说是一大吸引。也许是因为线条分明的腹肌是健康、身体精壮的表面象征。雕塑如岩石般坚实的核心肌，身体不仅看起来更健壮，也会更为健康。

勤练核心肌的好处

活得更久！一项历时13年，参与者超过8000人的加拿大研究发现，核心肌虚弱的人的死亡率比核心肌强壮的人高出两倍之多。

举得更重！强壮的核心肌能支撑脊椎，使全身体格更为健康。做所有训练都能使用更重的重量。

摆脱背痛！美国加利福尼亚州州立大学研究者发现，参与10周核心肌重训课程的人，他们背痛的几率减少了30%。

看看你的肌肉

腹肌

最有名的腹肌首推腹直肌[1]，也就是所谓的六块腹肌。不过虽然俗名响亮，腹直肌实际上是由八个部分组成，并由称为筋膜的密集结缔组织分隔。这块肌肉和广布于下背的肌肉作用相反，可平衡肌肉的拉力，协助稳定脊椎。腹直肌另一个主要功能，是将身体拉向腹腰部，因此仰卧起坐和卷腹运动都能锻炼到腹直肌。但是锻炼腹直肌和整体核心肌最好的方式，是脊椎稳定训练，如前平板式或侧平板式。

身侧的腹肌分别是腹外斜肌[2]和腹内斜肌[3]。这些肌肉协助向侧边弯身，并协助左右旋转身体，最重要的可能是防止身体旋转。因此，滑轮旋身训练如跪姿滑轮旋转伸展，和滑轮抗旋身训练如跪姿滑轮稳定伸展都能锻炼到这些腹肌。

腹白线是一长条筋膜，沿腹肌中间分出一条线，并协助防止腹肌被腹外斜肌撕开。

核心肌

人们一般常认为核心肌和腹肌是一样的东西，但其实不对。核心肌其实是指腹部、下背部和腰臀部的二十多条肌肉，负责稳定脊椎和保持身体挺直。而且，核心肌肉能使身体前后左右弯曲和旋转。因此，核心肌可说是身体所有动作的关键（睡觉除外）。

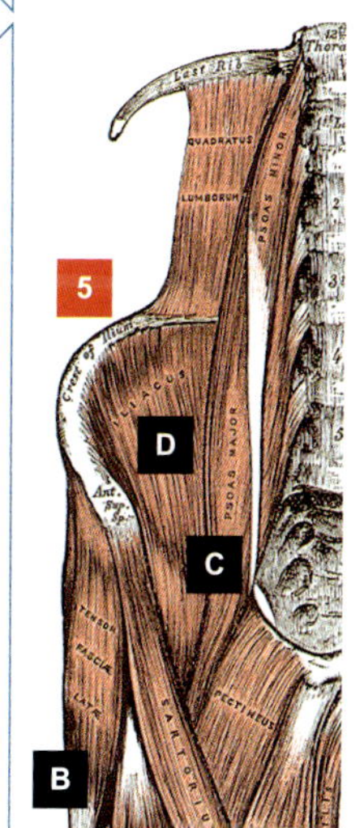

腰臀部

臀部前方的肌群称为髋屈肌[5]，在核心肌中也占有一席之地。这些肌肉连接脊椎或骨盆，此区域可以说是身体核心的基础。髋屈肌包括阔筋膜张肌[B]、腰大肌[C]和髂肌[D]。顾名思义，这些肌肉的功能就是协助弯曲腰臀部（髋）。反向卷腹和悬吊抬脚等训练便是专门设计来锻炼髋屈肌的。

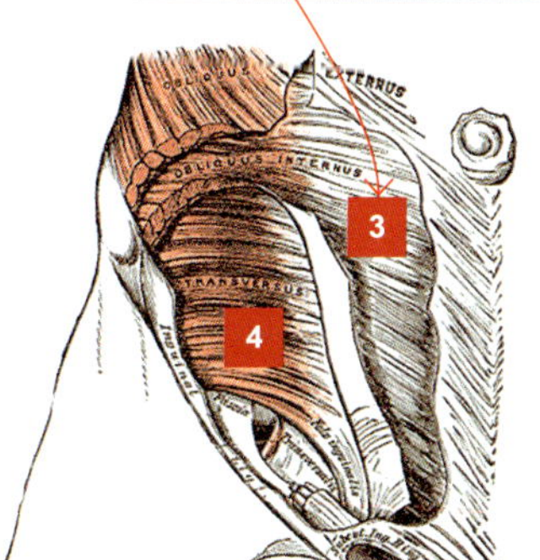

腹横肌是最内层的腹部肌肉[4]。此肌肉在腹直肌和腹外斜肌下方，功能是将腹壁内拉，如缩小腹时的动作。

下背部

许多下背肌肉对核心肌力量都有所贡献，主要的肌肉就是竖脊肌[6]、多裂肌[7]和腰方肌[8]。总的来说，这些肌肉协助保持脊椎稳定，同时也协助向前后左右弯曲。最好的训练方式便是稳定度训练如前平板式、侧平板式、俯卧反弓以及其他任何需要弯曲和拉扯的动作。

而且，虽然臀大肌严格来说是臀部肌肉，在第九章也已深入介绍，但也值得在此一提。臀大肌也由结缔组织连结着下背部，因此，臀大肌也和其他核心肌肉连结并一起活动。

核心肌 | 稳定度运动

在这个章节里，你会发现超过100种专门锻炼核心肌肉的运动，其中有几种运动归类为主要动作。熟习这类基本动作，你就能以完美的姿势做所有变化动作。

稳定度训练

这些动作的目的是增进稳定脊椎的能力。稳定的脊椎与下背的健康以及任何运动的表现都息息相关。另外，有些腹肌属于训练重点，例如六块腹肌，而稳定度运动对于训练腹肌相当有效。

主要动作

前平板式

- 一开始先摆出伏地挺身姿势，但手肘弯曲，重量放在前臂上。
- 身体从肩膀至脚踝呈一直线。
- 核心肌支撑住，腹肌绷紧，好像肚子准备挨一拳一样。
- 维持此姿势30秒，或适度延长，一边深呼吸。

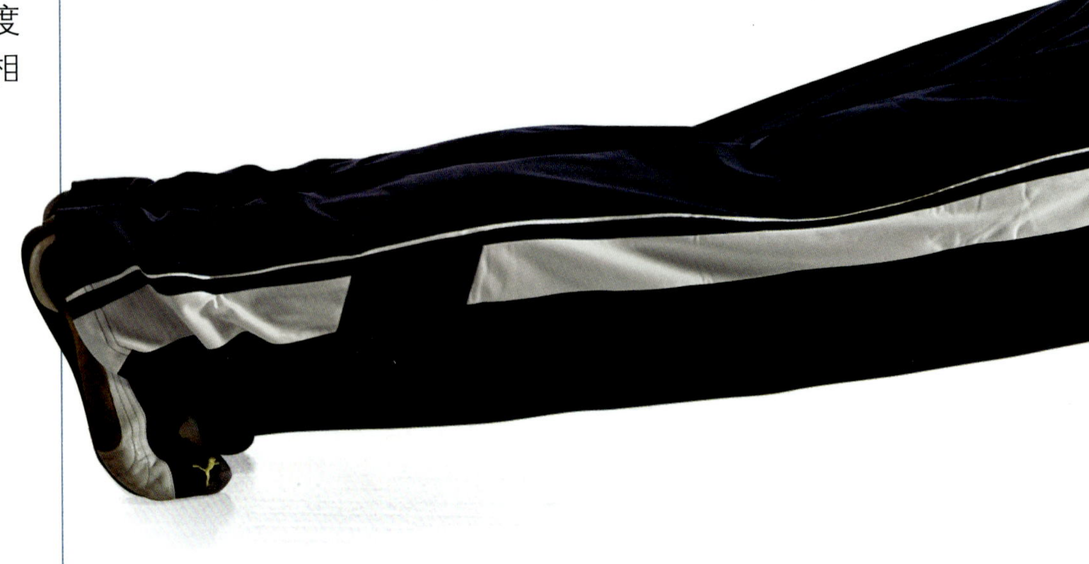

如果你在前平板式中无法坚持30秒，那就坚持5～10秒，休息5秒钟，然后反复动作，直到累积时间达到30秒为止。每一次进行此动作时，试着将每一次动作坚持更久一些，在30秒钟中减少反复次数。还再多一点别的动作花样吗？试试看45度前平板式、双膝着地前平板式或四肢着地前平板式，但最终一定要把前平板式动作练好。

臀肌绷紧。

如果背上放一根扫把，头、上背和臀部应该都碰得到。

手肘在肩膀正下方。

错误的肌肉训练

你以为做卷腹会瘦吗？

美国弗吉尼亚大学研究者发现，要做25万次的卷腹才能燃烧0.5公斤的脂肪，一天做100下卷腹也要做7年。所以只锻炼深埋腹部的肌肉是不会练出六块腹肌的。减去肥肉最好的策略是锻炼身体所有的肌肉，花大部分的时间锻炼下半身和背部主要大块肌肉。因为你锻炼越多肌肉，你就能燃烧越多卡路里。

核心肌

稳定度运动

变化1

45度前平板式

- 前臂放在重训椅上。

变化2

双膝着地前平板式

- 双膝弯曲，协助支撑身体重量。

变化3

垫高脚前平板式

- 双脚置于重训椅上。

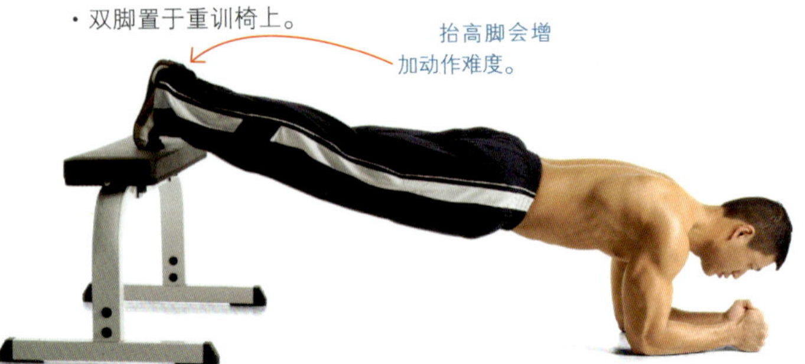

变化4

单脚抬高脚平板式

- 单脚放在重训椅上，另一只脚维持高于椅子上的脚几厘米。每一组动作换脚。

变化5

延伸前平板式

- 用手撑住身体重量（像做伏地挺身一样），双手位于肩膀前方地面约15厘米到20厘米处。

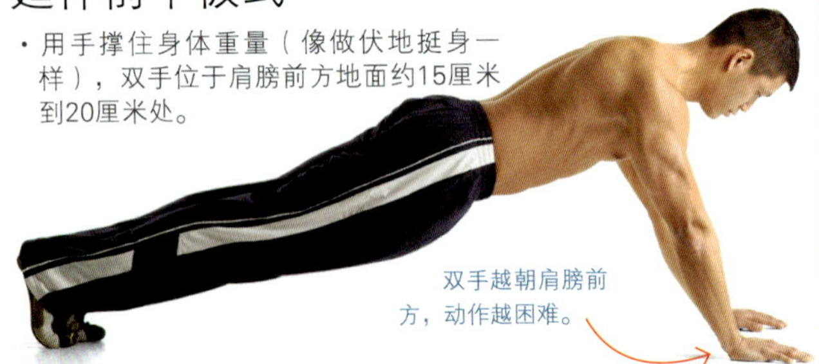

变化6

张脚抬腿前平板式

- 双脚张开宽于肩膀，一只脚抬高几厘米。每一组动作换脚。

变化7

张脚斜抬手臂前平板式

- 双脚张开宽于肩膀。
- 抬起手臂打直，拇指朝上，和身体角度一致。
- 撑5～10秒后换手。如此为反复次数一次。

变化8

张脚相对手脚斜抬前平板式

- 双脚张开宽于肩膀。
- 左脚和右手臂抬离地面5～10秒钟，接着换手和脚，动作反复。如此为反复次数一次。

抬起手臂和脚时，集中精神维持身体位置。

变化9

瑞士球前平板式

- 上臂放在瑞士球上。

腹部重训两倍

加拿大研究者发现，在瑞士球上做前平板式，比在地板上做前平板式，腹肌负担几乎2倍的运动量。

变化10

脚在重训椅上瑞士球前平板式

- 上臂放在瑞士球上，脚在重训椅上。

脚置于重训椅上，抬高和手肘同高时，和在地面做位置一样，但因为手放在瑞士球不稳定的表面，会较难维持位置。

主要动作

四肢着地平板式

A

- 双手双脚着地，手掌平贴在地，与肩同宽。
- 核心肌放松，下背和腹肌保持在自然的位置。

B

- 下背不抬起或弓起，腹肌绷紧，好像肚子准备挨一拳一样。腹肌绷紧5～10秒钟，动作中深呼吸。如此为一次反复次数。

变化1

四肢着地内外抬腿（消防栓内外式）

A

- 下背姿势不变，尽可能将右膝抬向胸口。（膝盖不需向前太多。）

B

- 右膝保持弯曲，臀部不动，将右大腿向外侧抬起。

C

- 向后将右脚直直踢出，和身体平行。如此为反复次数一次。

变化2

四肢着地抬腿

- 下背姿势不变，抬起左脚打直，直到与身体平行。撑5～10秒钟。
- 回到起始位置。右脚重复此动作。继续如此左右交互。

变化3

鸟狗式

- 腹肌绷紧，抬起右手臂和左腿，直到与身体平行。撑5～10秒钟。
- 回到起始姿势。以左手臂和右腿重复动作。继续如此交互进行动作。

瑞士球相对手脚抬举

- 腹部朝下俯卧在瑞士球上，肚脐在球中间。
- 身体在球上，但双手双脚都能着地，手掌平放在地。
- 腹肌绷紧，右手和左脚抬起与身体平行，保持此姿势几秒钟。
- 回到起始位置。以左手臂和右脚重复此动作。继续左右交互进行动作。

猫驼式

- 双手双膝就地。
- 下背轻轻弯曲，不需用力推，接着头向下垂在肩膀之间，将上背抬向天花板，脊椎弯曲。如此为一次反复次数。
- 慢慢前后动作，无论头部或上背部都不可太快猛缩。

消除背痛

猫驼式可能看起来很可笑，但慢慢小幅度弯曲并伸展脊椎是核心肌准备活动前最合适的动作。而且，此动作可以避免背痛，因为在活动中，下背部的神经会离开椎管，如此能预防下背神经遭到挤压，降低如坐骨神经痛等疼痛情况发生的可能性。也能拯救已受到压迫的神经。可以培养规律的好习惯，一组做5～6下。

主要动作
侧平板式

A

- 向左侧躺，膝盖打直。
- 上半身支撑在左手肘和前臂上。

B

- 绷紧核心肌，腹肌收缩，好像肚子准备挨一拳一样。
- 抬起臀部，身体从肩膀到脚踝呈一直线。
- 动作中深呼吸。
- 维持此姿势30秒。如此为一组动作。
- 转过身，向右侧躺，重复动作。

如果你在前平板式训练中无法维持30秒，那就维持5～10秒，休息5秒钟，然后反复动作，直到累积时间达到30秒为止。每一次进行此动作时，试着将每一次动作维持更久一些，在30秒钟内减少反复次数。

右手置于腰际。

头应该和身体呈一直线。

臀部保持抬高，
并向前推。

手肘放在肩膀下方。

变化1

膝着地侧平板式

・膝盖弯曲呈90度。

变化2

滚动侧平板式

・一开始先向右侧躺，进行侧平板式动作，维持1～2秒，接着翻身双肘着地，进行前平板式1秒，再翻向左侧，进行反方向的侧平板式。保持1～2秒。如此为反复次数一次。每次翻动时要确保整个身体是一起动作的。

变化3

脚在重训椅上侧平板式

・双脚置于重训椅上。

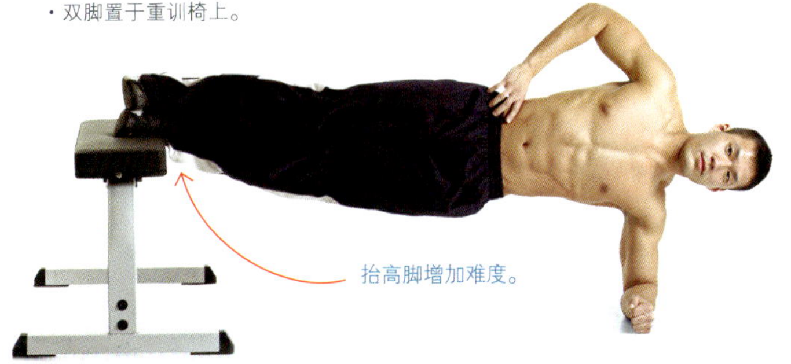

变化4

脚垫瑞士球侧平板式

・双脚置于瑞士球上。

变化5

单脚侧平板式

・上脚尽可能抬高，动作中保持如此。

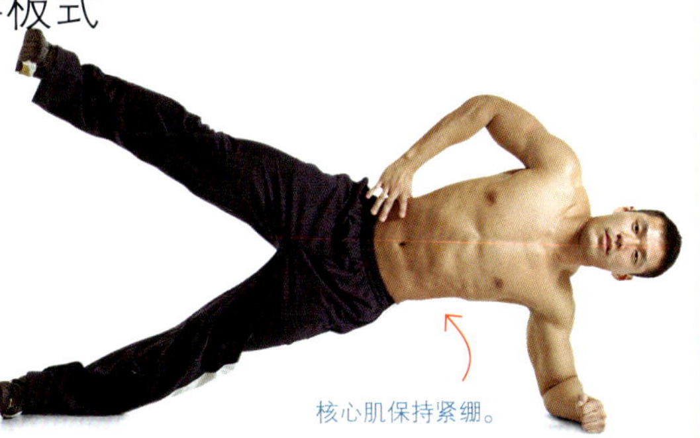

变化6

提膝侧平板式

・向胸部提起下脚，动作中保持如此。

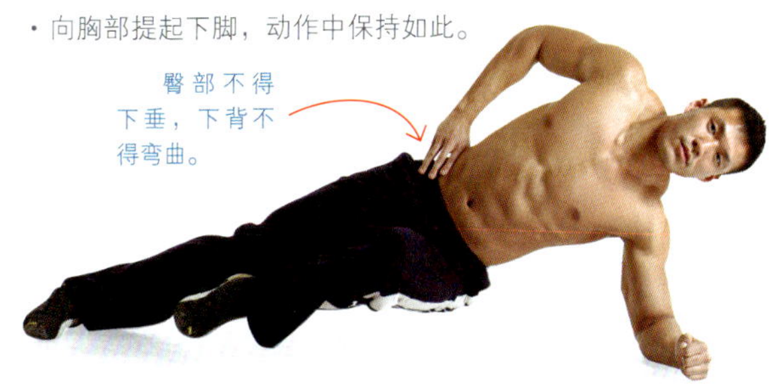

变化7
侧平板式下伸

- 摆出侧平板式姿势，右手一开始直直高举和地面垂直。
- 右手向下穿过身体下方，接着再将手臂抬回起始位置。如此为反复次数一次。

变化8
增强式侧平板式

- 微微抬起上脚，以稳定的速度前后移动。

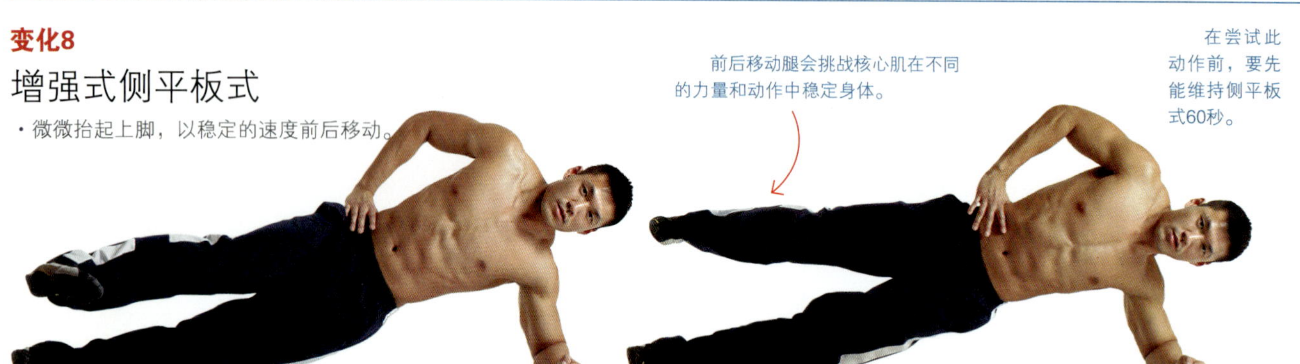

变化9
侧平板式划船

- 将滑轮机低滑轮装上握把，右手握住握把。
- 核心肌绷紧，身体就侧平板式姿势。
- 手肘弯曲，将握把拉向肋骨侧边，提起臀部保持前推。
- 慢慢打直手臂，回到身体前方。如此为反复次数一次。

T字型稳定度运动

A

- 就伏地挺身姿势。
- 身体从头到脚踝呈一直线。

B

- 手臂打直，身体绷紧，重量转移到左臂，身体向右上旋转，直到面向侧边。
- 停顿3秒钟，接着放下身体回到起始位置。
- 换向左边旋转，如此为反复次数一次。
- 继续左右来回重复动作。

做过侧平板式测验吗？

芬兰研究者发现，下背肌耐力较弱的人，罹患下背问题的几率会比肌耐力正常或较好的人高出3.4倍。侧平板式测验是测量肌耐力最好的方式。计算侧平板式维持的时间，越久越好，臀部不得下垂或向后突。标准成绩为60秒。如果你没有达到这个标准，请开始专注锻炼自己的核心肌。

主要动作

爬山式

A

- 就伏地挺身姿势，手臂完全绷直。

B

- 右脚抬离地面，慢慢尽可能朝胸部提起膝盖。
- 右脚着地。
- 回到起始姿势。
- 以左脚重复动作。左右交互，每侧30秒。

变化1

手在重训椅上爬山式

- 双手置于椅上，接着交互提膝。

变化2

手在药球上爬山式

- 手置于药球上，接着交互提膝。

变化3

手在瑞士球上爬山式

- 双手置于瑞士球上，接着交互提膝。

变化4

脚在滑垫上爬山式

- 双脚放在滑垫上，脚向前滑，将膝盖靠近胸部。

就像标准爬山式一般，可以在重训椅上、瑞士球上或药球上进行动作。

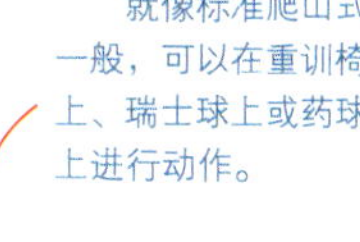

变化5

交叉爬山式

- 右膝抬向左手肘，放下脚，接着向右手肘提起左膝。

变化6

脚垫瑞士球交叉爬山式

- 脚放在瑞士球上，右膝提向左手肘，换脚放回球上，接着提起另一只脚的膝盖。

主要动作

瑞士球屈腿

A

- 以伏地挺身姿势，手臂完全绷直。
- 腿胫置于瑞士球上。
- 身体从头到脚踝呈一直线。

B

- 下背姿势不变，以脚施力，将球滚向胸部。
- 停顿一下，接着臀部下沉，将球滚回起始位置。

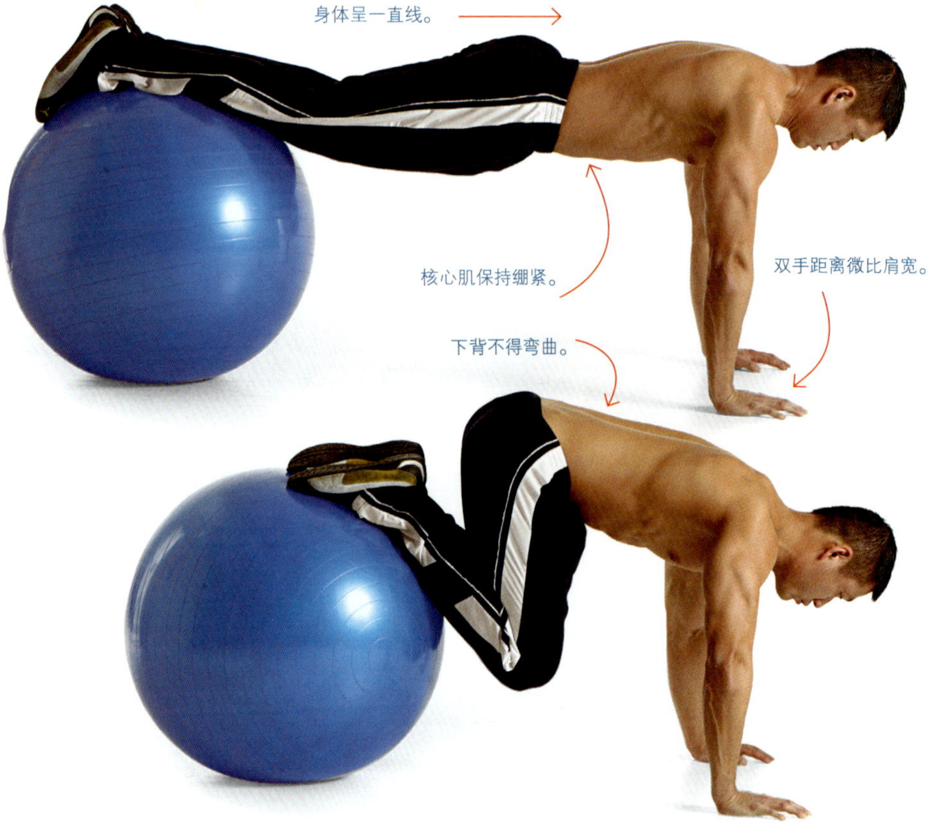
身体呈一直线。
核心肌保持绷紧。
双手距离微比肩宽。
下背不得弯曲。

变化1

单脚瑞士球屈腿

A

- 以单脚进行此动作，将球向前拉时，一只脚悬空。

下背不得弯曲。

B

- 以同脚抬起完成计划的反复次数，接着换另一只脚抬起，完成相同的动作。

悬空的脚保持抬高。

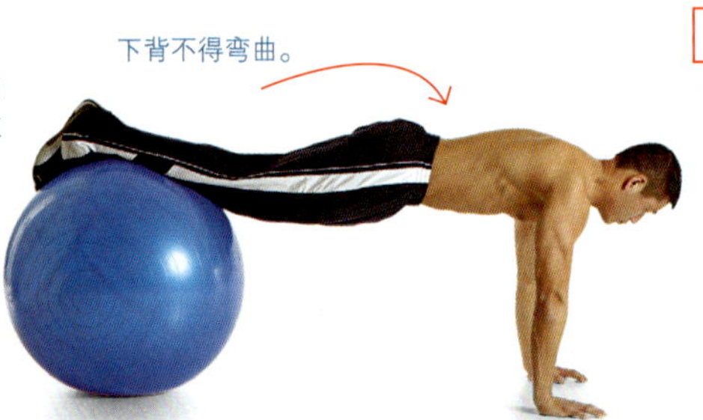

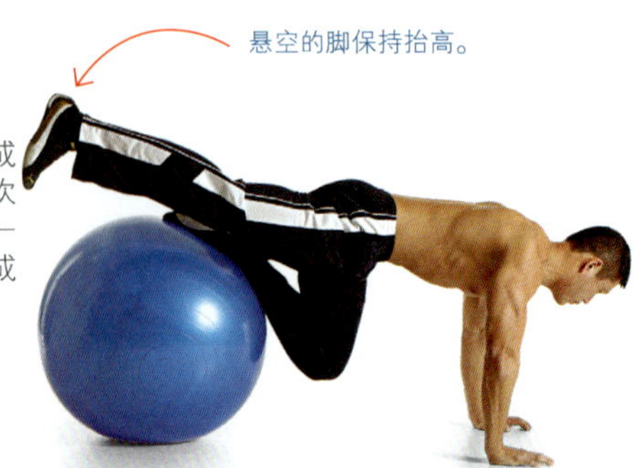

主要动作
麦吉尔式背前弯

A

- 脸朝上躺在地面上，右脚打直平贴在地。左膝弯曲，左脚平贴地面。
- 手掌放在下背部自然前拱处，掌心贴地。（背部不得平贴地面。）

B

- 慢慢将头和肩膀抬离地面，下背不弯曲，维持此姿势7～8秒。动作中深呼吸。如此为反复次数一次。
- 完成计划的反复次数，接着以左脚伸直，右脚弯曲完成相同的次数。

麦吉尔式背前弯迫使整个腹肌群出力，并保持下背自然前拱。因此，脊椎所受的压力降低，并增加耐力。此动作可有效预防未来下背疼痛，值得一试。

变化1
抬肘背前弯

- 背前弯时手肘抬离地面。

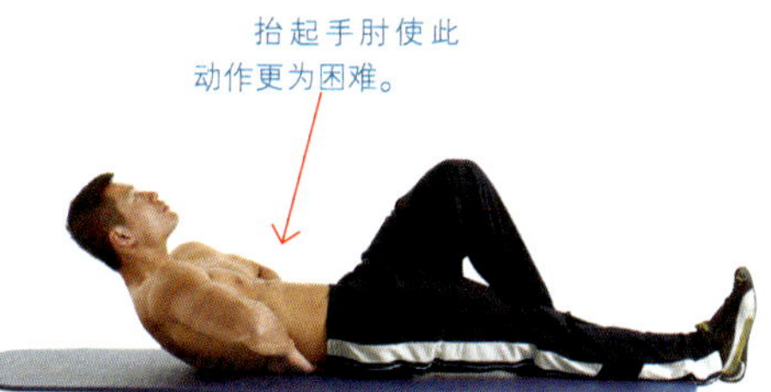

错误的肌肉训练

疏忽了稳定度训练

多年来，科学家都认为腹肌主要的功能是弯曲脊椎。也就是仰卧起坐时，弯曲下背的动作。

但实际上，腹肌最主要的功能是稳定脊椎，其实是避免脊椎弯曲。这些肌肉是身体能够直立，而不会向前倾的支柱。因此，稳定运动，像在此页中看到的动作，可能是训练核心肌最好的动作。

瑞士球前推

A

- 跪在瑞士球前，双拳和双臂置于球上。

B

- 慢慢将球向前滚，伸直手臂，身体尽可能前伸，下背不得“下塌”。
- 腹肌出力将球拉回膝盖。

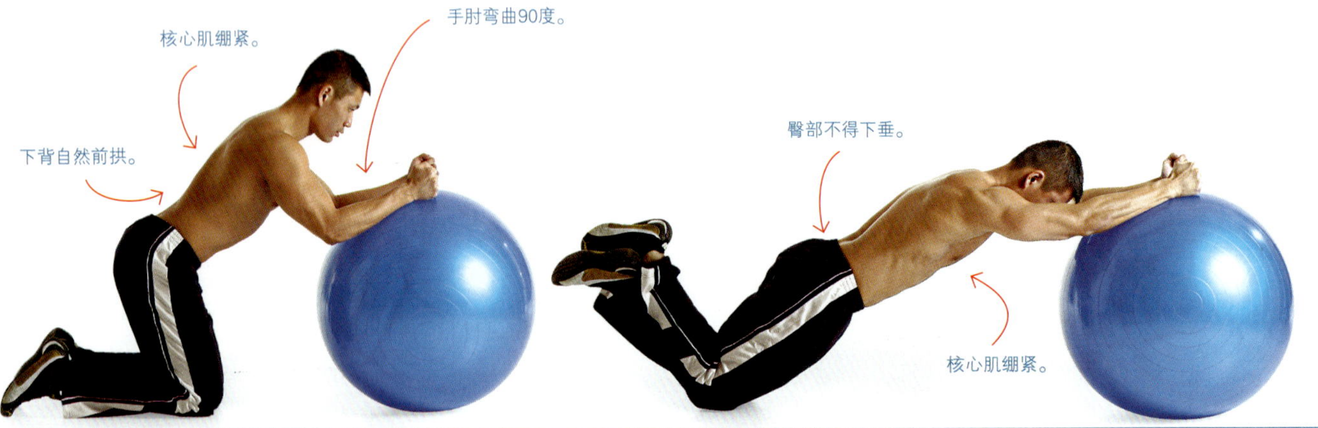

杠铃前推

A

- 杠铃装上5公斤杠片，两边装上卡锁。
- 跪在地上，正手握住杠铃，与肩同宽。
- 肩膀一开始位于杠铃正上方。

B

- 慢慢将杠铃向前推，身体尽可能向前伸展，臀部不得下垂。
- 腹肌出力将杠铃拉回膝盖。

主要动作

外滑

A

- 跪在地上，双手置于滑垫上。

B

- 慢慢将滑垫滑向前，身体尽可能伸展，臀部不得下垂。
- 腹肌出力将手拉回肩膀下方。

变化

单手滑垫伸展

A

- 双手置于滑垫上，就伏地挺身姿势，手臂完全绷直，双脚伸直。

B

- 右手伸出至身前，左臂弯曲身体下沉。
- 慢慢将滑垫向前推，身体尽可能伸展，臀部不得下垂。
- 动作中身体保持挺直。
- 左手重复此动作，每一下动作左右交互进行。

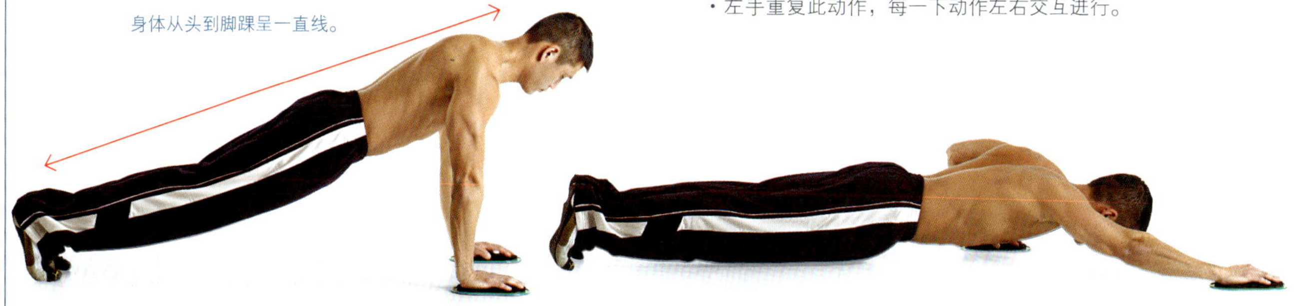

瑞士球侧滚

A

- 上背稳稳躺于瑞士球上。
- 臀部抬起，身体从肩膀至膝盖呈一直线。
- 手握住一根棍子或扫把，手臂向左右两侧伸直。

B

- 臀部和手臂不下垂，尽可能将瑞士球滚向一边，脚以小碎步移动。
- 反方向尽可能滚向另一边。

静背伸展

A

- 身体在背部伸展机上就位，脚卡在腿把上。
- 抬起上半身与下半身平行。
- 维持此姿势60秒，或坚持到无法维持标准姿势为止。

俯卧反弓

A

· 面朝下俯卧在地面，双腿打直，手臂置于身侧，掌心朝下。

B

· 臀肌和下背肌绷紧，将头、胸、手臂和腿抬离地面。
· 同时旋转手臂，拇指指向天花板。此时，腰腹部是唯一着地之处。维持此姿势60秒。

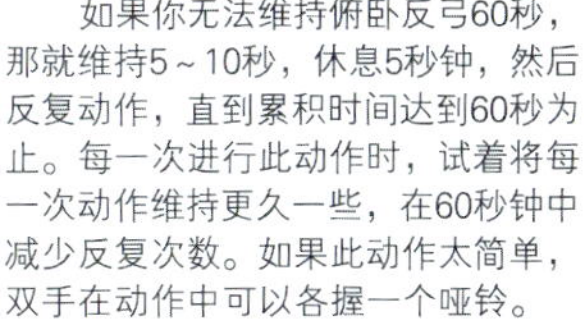

如果你无法维持俯卧反弓60秒，那就维持5～10秒，休息5秒钟，然后反复动作，直到累积时间达到60秒为止。每一次进行此动作时，试着将每一次动作维持更久一些，在60秒钟中减少反复次数。如果此动作太简单，双手在动作中可以各握一个哑铃。

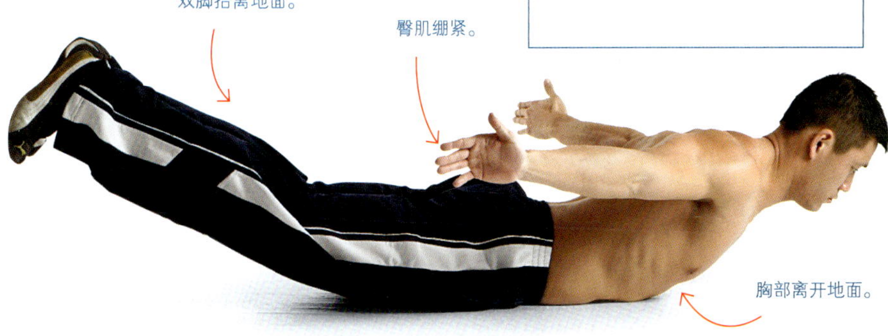

滑轮核心肌推举

A

· 双手交叠握住握把，握把装在滑轮机的中滑轮上。
· 右侧对着磅片，双脚张开与肩同宽，膝盖微微弯曲。
· 远离磅片，使滑轮保持拉力。握把靠着胸部，腹肌绷紧。

B

· 慢慢将手臂推向前，直到完全伸直，停顿1秒，并回到起始位置。
· 完成反复次数，接着转过身，进行另一边的动作。

此动作的重点是防止身体旋转。

因此如果你提起臀部或旋转肩膀，就代表你用的重量太重了。腹肌绷紧、保持挺胸，肩膀向后，手臂以稳定的速度慢慢移动。

主要动作

跪姿稳定度滑轮下拉

A

- 将滑轮机高滑轮装上绳把。跪在绳把旁，右侧对着磅片。
- 双手正手握住绳把。
- 身体转向绳把，但下腹部朝前。

B

- 动作中身体摆正挺直。
- 身体不动，将绳把拉向左腰际。
- 动作回复到起始位置。
- 手拉向左侧完成计划的反复次数，接着换另一边身体靠近拉绳跪下，左侧朝磅片，手拉向右侧完成相同的次数。

变化1

半跪姿稳定度滑轮下拉

A

・半跪在地，外膝着地，内膝弯曲呈90度，脚平贴于地。

B

・身体不动，将绳把拉向另一侧腰际。

变化2

立姿稳定度滑轮下拉

A

・双脚错开进行动作，内脚在前，外脚在后。

手臂伸直。

膝盖微微弯曲。

B

・身体不动，手臂绷直，将绳把拉向另一侧腰际。

下腹部保持朝前。

主要动作

跪姿稳定度滑轮上拉

A

- 将滑轮机低滑轮装上绳把。跪在绳把旁，右侧对着磅片。
- 双手正手握住绳把。
- 身体转向绳把，但下腹部朝前。

B

- 动作中身体挺直。
- 身体不动，将绳把拉向左肩膀。
- 动作回复到起始位置。
- 手向左侧拉，完成计划的反复次数，接着换另一边跪下，左侧朝磅片，手向右侧拉完成相同的次数。

变化1

半跪姿稳定度滑轮上拉

A

- 半跪在地，靠磅片这一侧膝着地，另一侧膝弯曲呈90度，脚平贴于地。

B

- 身体不动，将绳把向另一侧肩膀拉。

变化2

立姿稳定度滑轮上拉

A

- 双脚错开进行动作，靠磅片这一侧脚在后，另一侧脚在前。

B

- 身体不动，手臂绷直，将绳把向另一侧肩膀拉。

旋转运动

这些动作的目的是锻炼腹部肌肉，尤其是腹斜肌的部分。此动作也会锻炼腹肌如何与下背及臀部肌肉协调配合，加强旋转身体的力量。这些动作非常适合打网球、垒球或高尔夫球的人，因为它们能增强投掷和挥击的爆发力。

根据美国查尔斯顿学院研究指出，一边重训，一边听着自己最喜欢的音乐的人，能额外多完成10下动作。

主要动作

俄罗斯旋转

A

- 坐在地上弯曲膝盖，脚平贴在地。
- 手臂在身体前方伸直，掌心合在一起。
- 身体向后倾，和地面呈45度。

B

- 核心肌绷紧，身体尽可能向右旋转。

旋转时，身体不得抬起或下沉。

C

- 停顿一下，接着向反方向动作，尽可能向左旋转。

变化1

负重俄罗斯旋转

A

- 动作中，双手握住哑铃两头，或是杠片两端，或药球。

B

- 核心肌绷紧，身体尽可能向右旋转。

双脚平贴在地。

C

- 身体尽可能向左旋转。

变化2

抬脚俄罗斯旋转

A

- 脚离地抬起几寸，动作中维持此姿势。

B

- 身体向右旋转。

双脚不落地。

C

- 身体向左旋转。

变化3

脚踏车俄罗斯旋转

A

- 抬起双腿和地面平行。
- 左腿伸直，身体向右旋转时，右膝提向胸部。动作中双脚都不得落地。

B

- 身体转向左边时，提起左膝，右腿伸直。

变化4

瑞士球俄罗斯旋转

上球运动

根据《肌力与体能训练研究》期刊研究发现，进行瑞士球俄罗斯旋转的人，比起没有用瑞士球进行运动的人，腰腹部的稳定程度增加4倍。

A

- 中、上背稳稳躺在瑞士球上。
- 臀部抬起，身体从肩膀到膝盖呈一直线。
- 双手直直伸在身体前方，掌心合在一起。

B

- 核心肌绷紧。上半身尽可能向右滚动。

臀部不得下垂，但可自然旋转。

C

- 动作回复，旋转回去，然后尽可能向左。

主要动作

臀部交互伸展

A

- 脸面朝上躺在地面上，手臂向两侧伸直，掌心向上。
- 双脚抬离地面，臀部和膝盖弯曲呈90度。

B

- 腹肌绷紧，双腿尽可能向右舒服地伸展，肩膀不得离地。

C

- 动作回复，并向左伸展。继续如此来回动作。

变化

瑞士球臀部交互旋转

A

- 在小腿和大腿下夹一个球。

B

- 腹肌绷紧，双腿向右尽可能伸展。

将球夹在腿间。

C

- 动作回复，转向左侧。

打造防弹身躯

核心肌训练，如臀部交互旋转和平板式等动作都能帮助你维持健康身体。《运动医学与科学》杂志报告指出，研究者在季赛前追踪大学篮球和田径运动员发现，下半身受伤的人和能避免类似伤害的人相比，核心肌力量弱32%。如果腰臀部、下背和腹部的肌肉结实，就能提供安全的运动基础，能使运动员避免运动伤害。

哑铃下摆

A

- 双手握住一对哑铃，举在右肩上方。
- 身体向右旋转。

B

- 将哑铃向下挥至左膝外侧，身体向左旋转，向下前倾。
- 回复动作到起始姿势。
- 左侧完成计划的反复次数，接着换右侧完成相同的次数，哑铃举在左肩上方。

药球侧掷

A

- 拿着一个药球，侧站离砖墙或水泥墙约90厘米处，左侧朝墙。
- 手臂打直，球握于胸前，向右旋转身躯。

B

- 迅速转换方向，并用力将球掷向左侧的墙。
- 球从墙弹回来时，接起并重复动作。
- 完成计划的反复次数，接着以右侧面墙，向左掷球，完成相同的次数。

经过11个星期重训计划后，打高尔夫球的人在果岭上增加了30%的控制力。

手臂伸直与地面平行。

核心肌绷紧。

臀部自然旋转。

以脚尖为轴，双脚转向球投掷的方向。

双脚张开与肩同宽，膝盖微微弯曲。

主要动作

跪姿旋转滑轮下拉

A

- 将滑轮机低滑轮装上绳把。跪在绳把前，右侧朝向磅片。
- 核心肌绷紧，以双手握住绳把旋转身体。
- 肩膀转向滑轮机。

B

- 动作中身体保持直立。
- 连续动作，将绳把拉过左肩，并同时将身体向左旋转。
- 动作回复到起始姿势。
- 左侧完成计划的反复次数，接着左侧朝磅片，身体向右转，完成相同的次数。

变化1

立姿分腿旋转滑轮下拉

• 双腿前后错开，站立进行动作，靠磅片侧脚在前，另一只脚在后。

变化2

立姿旋转滑轮下拉

• 立姿进行动作，双脚张开与肩同宽。

变化3

半跪姿旋转滑轮下拉

A

• 半跪在地，另一膝着地，靠磅片侧膝弯曲呈90度，脚平贴于地。

B

• 将绳把拉向肩膀外侧。

主要动作

跪姿旋转滑轮上拉

A

- 将滑轮机低滑轮装上绳把。跪在绳把前，右侧朝向磅片。
- 核心肌绷紧，以双手握住绳把旋转身体。
- 肩膀转向滑轮机。

B

- 动作中身体保持直立。
- 连续动作，将绳把拉过左肩，并同时将身体向左旋转。
- 动作回复到起始姿势。
- 左侧完成计划的反复次数，接着左侧朝磅片，身体向右转，完成相同的次数。

变化1

立姿分腿旋转滑轮上拉

- 双腿前后错开，站立进行动作，外脚在前，内脚在后。

变化2

立姿旋转滑轮上拉

- 立姿进行动作，双脚张开与肩同宽。

变化3

半跪姿旋转滑轮上拉

A

- 半跪在地，外膝着地，内膝弯曲呈90度，脚半贴于地。

B

- 将绳把拉向另一肩膀。

躯干弯曲运动

这些动作的目的是锻炼腹直肌，也就是6块腹肌。同时也锻炼腹外斜肌和腹内斜肌。

主要动作

仰卧起坐

A

· 仰卧躺在地上，膝盖弯曲，脚平贴于地。

B

- 抬起身体呈坐姿。
- 动作要连续，而不是忽动忽停硬拉起的。如果情况是后者，则需要先采用较简单的动作。
- 慢慢放下身体回到起始姿势。

根据美国哈佛大学研究指出，一星期做30分钟的重训，就能降低23%的罹患心脏疾病的危险。

错误的肌肉训练

仰卧起坐保护背部?

仰卧起坐可以有效锻炼腹肌，但是必须不断地弯曲下背。这可能会对某些人造成下背问题，也可能加重原有的伤。如果你有背痛问题，则应该避开仰卧起坐。原则上，核心训练以稳定度训练为主，因为稳定度训练有助于脊椎健康。

核心肌 | 躯干弯曲

变化1

反向仰卧起坐

- 坐在地上，双脚平贴于地，双腿弯曲，好像刚做了一下仰卧起坐，慢慢放下身体。

做反向仰卧起坐时，身体从头到尾尽量以相同的速度下沉。如果你无法控制速度，记下你撑不住的地方，接着每次快到那个点时停顿5秒。

变化2

简易式仰卧起坐

- 手臂打直置于身体旁，微微抬起，和地面平行。

变化3

抱胸仰卧起坐

A

- 手臂交抱于胸前，进行仰卧起坐。

B

- 腹肌紧缩，身体向上弯。

变化4

负重仰卧起坐

- 将杠片抱在胸前进行仰卧起坐。

变化5

交互仰卧起坐

- 身体抬起时，向左旋转，左手肘碰触到左膝。放下身体，下次仰卧起坐时，向右旋转，右手肘碰触右膝。

变化6

下斜式仰卧起坐

A

- 脚卡在下斜式重训椅的脚把上，背平躺在椅上。

B

- 身体抬起呈坐姿。

主要动作
卷腹

A

- 坐在地上，双膝弯曲，双脚平贴于地。
- 指尖置于耳后，手肘展开和身体平行。

B

- 抬起头和肩膀，肋骨朝骨盆卷曲。
- 停顿一下，接着慢慢回到起始姿势。

不得将头向前拉。

变化1

抱胸卷腹

- 双手交抱于胸前进行卷腹动作。

变化2

负重卷腹

- 双手抱住杠片于胸，进行卷腹动作。

变化3

交叉卷腹

- 仰卧躺于地上，臀部和膝盖弯曲呈90度，小腿和地面平行。
- 手指放在额头两端。
- 将肩膀抬离地面，保持此姿势。
- 上半身向右旋转，此时尽快提起右膝直至碰触到左肘。同时伸直左腿。
- 回到起始姿势，向左重复动作。

变化4

抬腿卷腹

- 躺在地面，臀部弯曲呈90度，双腿绷直。
- 双手手臂于胸部上方伸直。
- 卷腹伸向脚趾，头和肩膀抬离地面。
- 放下头和肩膀，回到起始姿势。

主要动作

V字形起坐

A

- 仰卧在地面上，手脚伸直。
- 手臂直伸过头。

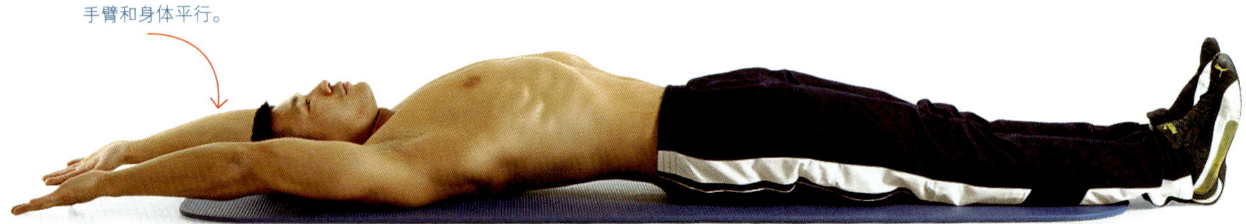

B

- 连续动作，同时抬起身体和双腿，好像要试着碰触脚趾一般。
- 放下身体回到起始姿势。

变化1

药球V字形起坐

A

· 动作时手握药球。

B

· 连续动作，抬起身体和双腿，好像要将球碰到脚一般。

变化2

简易版V字形起坐

A

· 仰卧在地面上，双腿伸直，手臂置于身侧。

B

· 连续动作，迅速将身体抬正，膝盖提向胸部。
· 身体放下回到起始姿势。

主要动作
瑞士球卷腹

A

- 躺在瑞士球上，臀部、下背和肩膀都和球面接触。
- 指尖置于耳上，手肘向后展开和身体平行。

B

- 抬起头和肩膀，肋骨朝骨盆卷曲。
- 停顿一下，接着慢慢回到起始姿势。
- 卷腹时，臀部不得下垂。

变化1

负重瑞士球卷腹

A

• 杠片抱在胸前。

B

• 将头和肩膀抬离球面。

主要动作
药球下掷

A

· 握住药球，高举过头。

B **C**

· 尽可能向后举，接着将球砸到身体前方的地板上。

手臂微微弯曲。

用力将球砸到地上。

双脚张开
与肩同宽。

变化1

单脚药球下掷

· 动作时以单脚站立。

跪姿滑轮卷腹

A

- 将滑轮机高滑轮装上绳把，背对磅片跪在地上。
- 绳把垂挂在颈部，双手各执一端靠在胸前。

B

- 肋骨朝骨盆卷曲。
- 停顿一下，接着慢慢回到起始姿势。

立姿滑轮卷腹

A

- 将滑轮机高滑轮装上绳把，站着背对磅片。
- 绳把垂挂在颈部，双手各执一端靠在胸前。
- 手肘直直朝向地板。

B

- 肋骨朝骨盆卷曲。
- 停顿一下，接着慢慢回到起始姿势。

锻炼腹肌，动作要快！

西班牙科学家发现快速进行腹肌训练比慢慢做能活化更多肌肉。研究者指出，如果提高动作速率，肌肉就必须产生更多力量。他们的建议是：20秒内尽可能地做越多下越好。目的是锻炼快缩肌纤维，也就是最能增加尺寸和肌力的肌纤维。

臀部伸展运动

这些动作的目的是锻炼髋屈肌群和腹外斜肌，同时也锻炼到其他核心肌肉，包括腹直肌。

主要动作

反向卷腹

A

- 仰卧在地，掌心朝下。
- 臀部和膝盖弯曲呈90度。

B

- 将臀部抬离地面，向内卷曲。

C

- 停顿一下，接着慢慢放下双腿，直到脚跟几乎着地。

变化1

瑞士球反向卷腹

A

- 仰卧在瑞士球上，双腿弯曲。

B

- 臀部朝内上方抬起，停顿一下，接着放下回到起始姿势。

变化2

上斜式反向卷腹

A

- 仰卧在斜卧腹弯板上，头比臀部高。抓住头后的握把支撑，或抓住椅子的两侧。

B

- 膝盖举向胸部。

C

- 慢慢将脚放回地面。

为了增加上斜式反向卷腹的难度，动作中在双脚鞋子间夹住哑铃（如图）。双脚并拢，哑铃就不会落下。

主要动作

泡棉筒椅上反向卷腹

A

- 仰卧在椅上，脚踝和大腿后侧夹住泡棉筒。
- 大腿上方朝向胸部。
- 手抓住头旁边椅子两侧。

B

- 抬起臀部，将膝盖带向肩膀，并夹紧泡棉筒。
- 停顿一下，接着放下。

70

根据美国威斯康星大学研究，没有重训的人和一周重训3次的人相比，随年龄增长可能会有70%的几率患上黄斑退化症，此亦为成年人失明的主因。

变化1

哑铃支撑泡棉筒反向卷腹

A

- 躺在地面上，而非重训椅上，抓住在身后地面上较重的哑铃。

B

- 抬起臀部，将膝盖带向胸部。

变化2

药球支撑泡棉筒反向卷腹

A

- 躺在地面上，抓住在身后地面上的药球。

B

- 抬起臀部，将膝盖带向胸部。

主要动作

降腿运动

A

- 仰卧在地面上，抬起大腿直到大腿和地面垂直。
- 微微弯曲膝盖。

如果降腿运动太简单

将腿伸直一些，并持续努力，直到你能伸直腿，下背能挺直并轻松进行此动作。你也可以在上斜式重训椅上做，和上斜式反向卷腹姿势相同。

如果太难

找出从哪个点开始下背开始增加前拱角度，每一下动作的时候停在那个点上数两下。接着回到起始姿势。也可以试试看单脚降腿运动。

B

- 下背和膝盖弯曲角度不变，核心肌绷紧，以3～5秒钟时间尽可能将脚放下，离地面越近越好。小诀窍：动作时，将下背贴向地面。
- 脚碰到地板后，抬起回到起始姿势，并重复动作。

膝盖弯曲角度从头到尾不变。

如果下背拱形弧度增加，抬起双腿回到起始姿势。

变化1

单脚降腿运动

- 双手将一只脚拉向身体。完成所有的反复次数，接着换脚，并重复动作。

瑞士球屈体

A

- 就伏地挺身动作，手臂完全打直。
- 双手距离比肩微宽，和肩膀呈一直线。
- 腿胫置于瑞士球上。
- 身体从头到脚踝呈一直线。

B

- 膝盖打直，将瑞士球朝身体滚动，臀部尽可能抬高。
- 停顿一下，接着将球向后滚回起始位置，放下臀部。

主要动作

悬垂举腿

A

- 正手握住杠铃，双手距离与肩同宽，膝盖微弯，双脚并拢。（如果你手边有手肘支撑器，可以挂在单杠上，也许可以利用。）

B

- 同时弯曲膝盖，抬起臀部、曲起下背，并将大腿抬向胸部。
- 大腿上部碰到胸部后，停顿一下，接着慢慢将腿放下回到起始姿势。

如果你够强壮，就不需要向后仰。其实肩膀可以保持在原来的位置，或微向前转。

不要单纯弯起膝盖、抬起腿。可以想象自己提起臀部并抬高身体。

变化

单脚悬垂举腿

- 上身保持挺直，将其中一脚尽可能上抬，另一只脚保持不动。停顿一下，接着慢慢放下回到起始姿势，并以另一只脚重复动作。左右交互动作。

悬垂跨栏

A

- 在单杠下放一把椅子，和单杠垂直。
- 悬垂在单杠上，双脚并拢，位于椅子的一边，膝盖微弯。

B

- 膝盖或手肘弯曲角度不变，抬起脚跨到椅子的另一边。
- 左右反复10～15秒钟。

进一步挑战：努力练习，在60秒的时间内做两组动作，两组动作中间休息60～90秒。

药球降腿运动

A

- 仰卧躺在地面上，夹住一个较轻的药球于脚踝之间。
- 双腿几乎打直，直直位于臀部上方。

B

- 将双腿直直尽可能放下而不碰地。（双腿感觉有点像在“疾停煞车”。）
- 同一动作中，将双腿尽速回到起始位置。如此为反复次数1次。

侧弯运动

这些动作的目的是锻炼腹外斜肌和腹内斜肌，即身体两侧的肌肉。同时也锻炼到腰方肌，腰方肌是下背的肌肉，负责协助将身体弯向侧边。

侧卷腹

A

- 仰卧在地，膝盖并拢弯曲呈90度。
- 上半身不动，将膝盖放到右侧，碰触地面。
- 手指放到耳后。

B

- 肩膀抬向臀部。
- 停顿1秒，接着花2秒钟放下上半身，回到起始姿势。

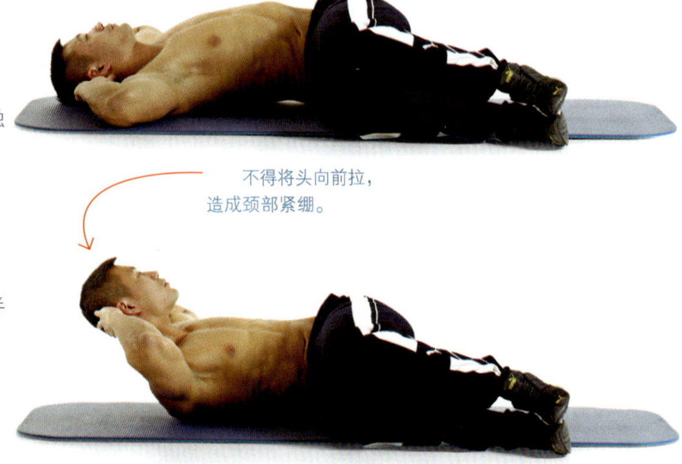

过头哑铃侧弯

A

- 双手将哑铃高举过头，手和肩膀呈一直线，手臂伸直。

B

- 上半身不旋转，尽可能慢慢地向左侧弯曲。
- 停顿一下，身体回到直立的位置，接着弯向右侧。每一下左右交互进行动作。

悬垂斜举

A

- 正手握住单杠，自手臂自然垂挂。
- 提起双腿直到臀部和膝盖弯曲呈90度。

B

- 将右臀抬向右腋。
- 停顿一下，接着回到起始姿势，将左臀抬向左腋。每一下左右交互进行动作。

瑞士球侧卷腹

A

- 侧躺在瑞士球上，左脚支撑在墙边或重物上。手指置于耳后。

B

- 抬起肩膀，身体朝臀部侧卷曲。
- 停顿一下，接着回到起始位置。
- 完成单边计划的反复次数，接着换另一边完成相同的次数。

核心肌

史上最佳核心肌训练动作

核心肌稳定度运动

此训练旨在使重物在核心肌周围移动。不断换重量会迫使核心肌持续调整，以维持身体稳定。这不仅能锻炼腹肌，更能模拟你在运动时核心肌的活动方式，使你在运动场上占得先机。

A

- 坐在地上，膝盖弯曲。
- 直直将杠片举在胸前。
- 身体向后倾，和地面呈45度，核心肌绷紧。

B

- 身体不动，尽可能将手臂向左侧旋转。停顿3秒钟。

C

- 手臂尽可能向右侧旋转。
- 再次停顿，接着持续左右交互进行动作，撑过计划的时间。建议时间：30秒钟。

最佳核心肌伸展运动

半跪姿旋转

为什么那么好

长时间坐在办公桌前的旋转办公椅上会减弱上脊椎旋转和侧弯的能力，圆肩和驼背的体态。此伸展动作可增加上脊椎的灵活度，改善你的姿势，并加强身体旋转力，对高尔夫球、网球和垒球等运动都相当有帮助。

尽全力去做

此伸展动作每次维持5秒钟，重复做15下，总共做三组。每天规律进行，如果真的很僵硬，一天最多可以做3次。

A

- 于上背握住一根扫把。
- 左膝跪地，右膝弯曲呈90度，右脚平贴于地面。
- 保持腹肌绷紧。

- 背自然弯曲，将左肩向右膝旋转。保持此姿势，撑过计划的停留时间。
- 回到起始姿势。如此为反复次数1次。
- 向右旋转完成计划的反复次数，接着双膝位置交换，身体向左旋转完成相同的次数。

核心肌

打造完美腹肌

以下是肌力与体能训练师托尼·柯尔引领时代的核心肌重训计划，以前所未有的方式锻炼你的腹肌。托尼是美国马萨诸塞州哈德逊一家著名健身中心的创始人之一，也是相关领域的专业网络电台经常邀请的主持人。他设计的每一种重训计划都能雕塑6块腹肌，迫使腹肌抵抗身体扭力，加倍出力以维持脊椎稳定。

该怎么做：从3种重训计划中选择其中一种，并依序进行其中的训练动作，按照计划中的组数、反复次数和休息间隔，以循环方式进行训练，连续各完成一组动作。每个动作各做完一组之后，再重复整个循环两次。为求最佳成效，此重训计划一周进行2次。4周后，再尝试另外一种重训计划。

重训计划A

训练一：滑轮核心肌推举（291页）

双手各反复做10下，接着休息30～45秒，再进行下一组训练。

训练二：反向卷腹（318页）

反复做12下，接着休息30～45秒，再进行下一组训练。

训练三：杠铃前推（288页）

反复做8下，接着休息60秒，再重复整个循环动作。

重训计划B

训练一：跪姿稳定度滑轮下拉（292页）

双手各反复做8下，接着休息30～45秒，再进行下一组训练。

训练二：瑞士球前平板式（277页）

维持30秒，接着休息30～45秒，再进行下一组训练。

训练三：瑞士球前推（288页）

反复做8下，接着休息60秒，再重复整个循环动作。

重训计划C

训练一：单手滑轮胸部推举（54页）

双手各反复做10下，接着休息30～45秒，再进行下一组训练。

训练二：立姿稳定度滑轮下拉（293页）

双手各反复做10下，接着休息30～45秒，再进行下一组训练。

训练三：滚动侧平板式（281页）

维持每一个姿势5秒钟，接着休息60秒，再重复整个循环动作。

额外的腹肌重训计划

每一个重训计划都依序进行其中的训练动作，采用其中的组数、反复次数和休息时间。第一级为最简单的，最适合初习者开始的计划。第三级则为最难的。为求最佳效果，此重训计划一周进行2次，如果你从第一级开始，做3~4周后，换到第二级，以此类推。

第一级

一、前平板式（274页）

维持前平板式30秒。休息30秒钟，再重复1次。

二、手在重训椅上爬山式（285页）

每一次将膝盖提向胸部，停顿2秒钟，接着慢慢将腿放回起始位置。换脚交互进行30秒。休息30秒钟，再重复1次。

三、侧平板式（280页）

维持侧平板式30秒。休息30秒钟，再重复1次。

第二级

一、垫高脚前平板式（276页）

维持前平板式30秒。休息30秒钟，再重复1次。

二、手在瑞士球上爬山式（285页）

每一次将膝盖提向胸部，停顿2秒钟，接着慢慢将腿放回起始位置。换脚交互进行30秒。休息30秒钟，再重复1次。

三、脚在重训椅上侧平板式（281页）

维持侧平板式30秒。休息30秒钟，再重复1次。

第三级

一、延伸前平板式（276页）

维持前平板式30秒。休息30秒钟，再重复1次。

二、瑞士球屈腿（286页）

反复做十五下，进行两组动作，两组间休息30秒。

三、单脚侧平板式（281页）

维持侧平板式30秒。休息30秒钟，再重复1次。

额外的重训：7分钟拯救你的背

为减少背痛的几率，试试看滑铁卢大学脊椎生物力学教授麦吉尔博士设计的重训计划，他同时也是《下背失调》一书的作者。此重训计划能在7分钟内做完，可以强化背部深层和腹肌的耐力，增进脊椎稳定度，最终减少下背压力。每天进行1次此计划。以循环的方式进行训练，每一组动作中间不需休息。

猫驼式（279页）

反复做5~8下。

麦吉尔式背前弯（287页）

维持弯起的姿势7~8秒，接着放下一定时间。如此为反复次数1次。反复做4下，接着换脚并重复动作。

侧平板式（280页）

维持侧平板式7~8秒，接着臀部放下一定时间。如此为反复次数1次。反复做4~5下，接着换另一边并重复动作。

鸟狗式（279页）

维持鸟狗式7~8秒，接着放下手臂和脚一定时间。如此为反复次数1次。反复做4下，接着交换手脚并重复动作。

第十一章：全身训练

好看，要从头到脚

CHAPTER 11

全身训练

本章介绍锻炼全身的训练，很适合不喜欢重训的人来做。为什么？因为可以一次搞定全部主要肌肉群，能以更少的动作在短时间内达到激烈的心肺活动量，不但燃烧卡路里，也促进新陈代谢。当然，本章的训练也适用于那些真正热爱重训的人。

本章介绍18种全身训练动作。有些动作是前几章训练的综合版。有些动作是全新的。但它们都有一个共同点：这些动作能最快燃烧脂肪，打造全身的肌肉。

全身训练的好处

运动员的身体！全身训练能够改善你的协调性和平衡感。因此，你在所有运动中的动作都会变得更优雅，从网球、跑步到沙滩排球都难不倒你。

健康的心脏！综合式训练会让你体会“心血管”一词不仅跟有氧运动有关。

更强的力量！全身训练需要全身的肌肉同时燃烧。加强从头到脚的力量，消除虚弱和无力的情况。

综合式训练

此处多数的动作是其他章节中动作的综合。每一种训练都能锻炼到上半身、下半身和核心肌，也可以搭配任何减重计划，当成附加训练。

杠铃前蹲举和推举

A

- 正手握住杠铃，双手距离微比肩宽。
- 上臂抬起，和地面平行。
- 双脚张开与肩同宽。

B

- 上臂保持和地面平行，臀部向后，膝盖弯曲，身体尽可能下沉。

C

- 身体站起回到起始位置，同时将杠铃推举过头。

全身训练 | 综合式运动

杠铃直膝硬举和划船

A

- 手握住杠铃，杠铃自然垂于大腿前方。
- 双脚张开与肩同宽，膝盖微弯。

B

- 背部自然前拱，身体前倾，直至和地面几乎平行。

C

- 将杠铃拉至上腹部。
- 停顿一下，接着动作回复到起始姿势。

哑铃直膝硬举和划船

A

- 握住一对哑铃，自然垂于臀部前方。

B

- 身体前倾并下沉，呈弯腰的姿势。

C

- 将哑铃拉至身侧。

推进器式

A

- 握住一对哑铃，举于肩膀旁，掌心相对。
- 身体站直，双脚张开与肩同宽。

B

- 身体下沉，大腿上部至少和地面平行。

动作中，身体尽可能打直。

训练小秘诀

动作一开始先将臀部向后推，接着膝盖弯曲，尽可能下沉身体。蹲得越低越好。

C

- 身体站起回到起始位置，并将哑铃推举至肩膀正上方。
- 放下哑铃，回到起始姿势。

哑铃槌握弯举和弓步前蹲及推举

A

- 握住一对哑铃，自然垂于身侧，掌心相对。
- 身体站直，双脚张开与臀同宽。

B

- 左脚向前踏，身体下沉，前脚弯曲至少呈90度。
- 分腿前蹲时，弯举哑铃。

C

- 将哑铃直直推举至肩膀上方。

D

- 身体站起回到起始位置，接着放下哑铃，重复动作。

手臂举直。

后脚几乎着地。

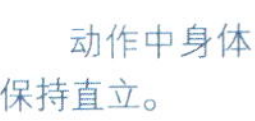

动作中身体保持直立。

错误的肌肉训练

全身运动无法帮助你雕塑肌肉

大错特错。肌肉是否明显依靠于有多少脂肪覆盖着。全身训练比起特定部位训练，如肱二头肌弯举和肱三头肌伸展等，能燃烧更多卡路里，因此复合式的动作更能协助你锻炼手臂。原因在于不管你做什么动作都无法选择要燃烧哪一部分的脂肪。

单手登阶推举

A

- 以左手握住哑铃于肩膀外侧，掌心朝肩膀。
- 右脚踏在箱台或台阶上，高度约和膝盖同高。

B

- 右脚跟向下踩，站上箱台，同时将哑铃直直推举至左肩上方。
- 回到起始姿势，左脚踏回地面。
- 右脚在箱台上，左手拿哑铃，完成计划的反复次数，接着换手、脚，完成相同的次数。

单手反弓步推举

A

- 左手将哑铃握在左肩旁，掌心朝内。

根据美国阿拉巴马大学科学家指出，一周做3天全身重训的人，比一周做部位肌群训练各1次的人，足足燃烧了2倍的脂肪。

B

- 左脚向后踏，身体下沉呈弓步，同时将哑铃直直推举至肩膀上方。
- 回到起始姿势，哑铃放下，站起身体。如此为反复次数1次。
- 完成所有反复次数，接着换手、脚，重复动作。

侧弓步推举

A

- 握住一对哑铃，双脚张开与臀同宽。
- 将哑铃高举过头，手臂举直。

B

- 向右踏，身体下沉呈侧弓步，右手哑铃放下至肩膀。
- 动作回复，身体站起回到起始姿势。

土耳其式起身

A

- 仰卧在地，双腿打直。
- 左手握住哑铃于上方，手臂举直。

B C D

- 站起身，手臂维持伸直，哑铃随时在身体上方。

E

- 站起身后，动作回复到起始姿势。
- 完成计划的反复次数，接着哑铃换手，完成相同的次数。

爆发力运动

这些动作的目的是锻炼快缩肌纤维，也就是最能增加肌肉尺寸和肌力的纤维。训练的要领就是尽可能以最快的速度进行，并随时控制好杠铃或哑铃。如果你在运动，这些训练适合加强肌力，产生更多力量。力量和速度是跳得更高、跑得更快和投掷更远的关键。

杠铃高拉

A

- 杠铃装上较轻的重量，并靠到腿胫前。
- 正手握住杠铃，双手距离微比肩宽。
- 身体前倾，膝盖弯曲蹲下。
- 胸部和臀部抬起，直至手臂伸直。

B

- 以爆发力站起，尽可能将杠铃拉高，手肘弯曲抬起上臂。
- 踮起脚尖。
- 动作回复到起始姿势。

杠铃悬拉

A

· 一开始杠铃举起于膝盖下方。

B

· 尽可能拉高杠铃。

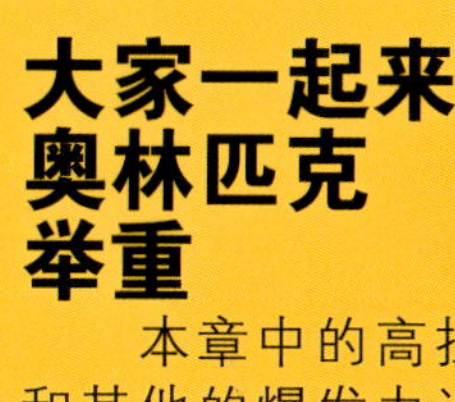

哑铃悬拉

A

· 正手握住一对哑铃，举于膝盖下方。

B

· 以爆发力将哑铃向上拉起。

大家一起来奥林匹克举重

本章中的高拉和其他的爆发力训练可视为简化版的奥林匹克式举重方式，和夏季奥林匹克举重竞赛时采用的几乎一样。奥林匹克式举重技巧相当专业，又十分困难，高拉和跳跃耸肩训练效果与之相当，但难度却降低不少。原因在于，虽然同样都有基本的拉抬动作，但本章的动作却没有“撑”的阶段，肌肉的活动量不大。

杠铃跳跃耸肩

A

- 正手握住杠铃，双手距离微比肩宽。
- 身体前倾，膝盖弯曲，杠铃垂在膝盖下方。

下背微微前拱。

- 将臀部向前猛推，同时用力耸起肩膀，尽可能跳高。
- 尽可能轻轻落下，重新调整姿势。

18

根据美国威斯康星大学研究者指出，跳跃耸肩比奥林匹克举重标准动作“爆发上搏”还多产生了18%的力量。

宽握跳跃耸肩

- 正手握住杠铃，双手距离约为肩宽的2倍。

哑铃跳跃耸肩

- 握住一对哑铃，自然垂下，掌心相对。

单手哑铃抓举

A

- 正手握住杠铃。
- 身体前倾蹲下，膝盖弯曲，哑铃于双脚中间，手臂伸直。

下背微微前拱。

脚跟贴地。

双脚张开微比肩宽。

B

- 连续动作，试着将哑铃甩向天花板，但手不放开。

手臂弯曲，手肘尽可能抬高。

尽可能随时将哑铃保持靠近身体。

C

- 前臂随上举的力量向后上方旋转，手臂打直，掌心朝前。
- 身体在哑铃下方。

臀部向前推。

哑铃上甩的力量要大到踮起脚尖。

重训爆发力“冲冲冲”

试试看在做传统肌力训练之前先做爆发力动作。例如，蹲举前先做单手抓举或跳跃耸肩，或先做爆发力伏地挺身，再做标准伏地挺身。《肌力与体能训练研究》期刊出版的研究中，先做完爆发力训练，再做蹲举的人，比跳过爆发力训练的人表现更出色。研究者推测，爆发力训练在肌纤维中产生的化学变化，可刺激更大量的神经，并使神经因第二个训练动作活化。

单手哑铃悬抓举

- 将哑铃垂于膝盖下方。

单手壶铃抓举

- 以壶铃取代哑铃。

第十二章：热身运动

不容忽视的动作

CHAPTER 12

热身运动

翻到这章，你可能想跳过不看。毕竟，谁有闲时间热身啊？

答案是每个人都有。近几年来健身专家发现，在重训前应先完成正确的热身动作，它们就像是打开肌肉力量的开关一样。科学家相信，动态伸展，一般人称之为柔软体操，似乎能强化头脑和肌肉之间的联系，使你在健身房中能做到最好。换言之，你会用到更多肌肉，减肥更快。当然，没有人想错过这种好事。

这就是为什么本章提供一系列热身动作的原因，你可以在重训前进行这些运动。除了活化肌肉之外，本章的动作还可以改善柔软度、灵活度和姿势，这些都是保持身体年轻，减少运动伤害的关键要素。全部动作只需要5 ~ 10分钟就能完成。

你还会看到泡棉筒热身运动的单元。这些动作能确保肌肉正常活动。更重要的是，这些动作随时都能做。不论是在健身房作为重训的热身动作，还是吃饱饭后，在客厅地板做的热身运动，把这些动作当成是平常保持肌肉正常活动的动作，你的身体就会犹如一部定期保养上油的机器一样。

热身运动

在这个章节里，你会发现49种专门帮助肌肉热身的动作，适合搭配任何动作，同时还可改善身体柔软度和灵活度。

开合跳

- 双脚并拢站直，手自然垂于两侧。
- 同时将双臂高举过头，向上跳，双脚向外分开着地。
- 中间不停，快速回复动作并重复。

交互开合跳

- 双腿错开站立，右脚在前，左脚在后。
- 左右脚交互跳，落地时左脚在前，右脚在后，双手也交互挥举，右手向上挥举，左手放下向后挥。
- 继续快速左右交互换腿跳，并轮流挥起手。
- 30分钟内尽可能重复此动作。

热身运动

蹲站伸腿

- 双脚张开与肩同宽，手臂至于身侧。
- 臀部向后，膝盖弯曲，身体尽可能下沉呈蹲下的姿势。
- 将双腿向后踢直，呈伏地挺身姿势。
- 接着快速缩回双腿，回到蹲姿。
- 迅速站直，重复整个动作。

滑墙运动

- 头、上背和屁股靠墙。
- 双手和手臂靠在墙上，呈击掌姿势，手肘弯曲呈90度，上臂和肩膀同高。
- 手肘、手腕和手掌贴紧墙，手肘尽可能朝身侧下滑。肩胛骨夹紧。
- 将手臂沿墙尽可能向上伸，手臂不离墙。
- 双手放下，重复动作。

好处

加强肩胛骨功能，改善姿势和肩膀的健康。

手臂交错运动

- 右手在上，左手在下，摆成一条和地面呈45度的直线。
- 右手臂举高，掌心朝前，拇指朝上。
- 左手臂放低，掌心朝后，拇指朝下。
- 双臂越过身体，仿佛要交换位置，但掌心朝向的方向维持和起始姿势一样。
- 左右交互，渐渐加快交错的速度，轻松、迅速将手臂挥过身体。完成所有反复次数，接着双手起始位置交换，动作重复。

好处：改善肩膀的灵活度。

颈部旋转

- 双脚张开与肩同宽，身体站直。
- 颈部向左绕环10圈（或依计划圈数）。
- 反方向，向右绕环10圈。

好处

加强颈部灵活度。

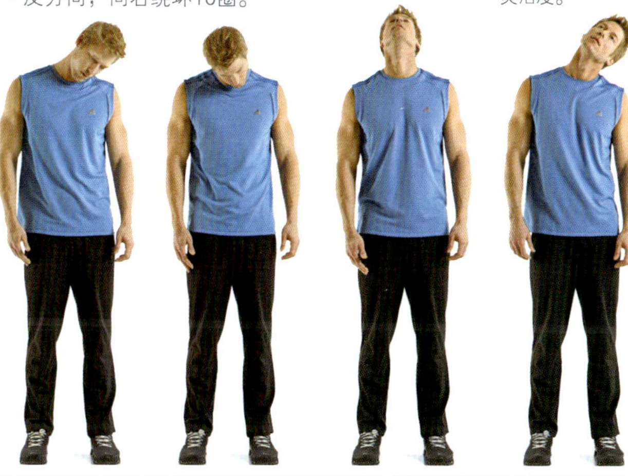

侧躺胸部旋转

- 左侧躺在地上，臀部和膝盖弯曲呈90度。
- 双手伸直于身前，与肩膀同高，掌心交叠。
- 左臂和双脚保持不动，将右臂向上旋转越过身体，身体转向右，直到右手和上背平贴于地。
- 停顿2秒钟，接着将右臂带回起始位置。
- 完成计划的反复次数，接着翻过身，另一边完成相同的次数。

好处

放松中、上背肌肉。

手臂和肩膀着地。

胸部上转

- 四肢着地。
- 右手放在头后方。
- 核心肌绷紧。
- 上背向下旋转，手肘朝左下方。
- 将右手肘抬向天花板，头和上背尽可能向右上方旋转。
- 完成计划的反复次数，接着左侧完成相同的次数。

腹肌绷紧，好像肚子准备挨一拳一样，确保是上背部旋转，而不是下背部。

好处

加强上背灵活度，协助改善姿势。

伸翻抬手运动

- 跪在地上，手肘贴地，背部可以弯曲。
- 手肘弯曲呈90度。
- 掌心平贴于地。
- 右手向前滑，直至手臂伸直。
- 右手掌翻转朝上。
- 尽可能抬高右臂。
- 完成所有反复次数，接着换左臂进行动作。

掌心向上转。

抬起手臂。

好处

加强肩膀和上背灵活度。

热身运动

弯腰上伸

- 下背自然前拱，身体前倾，膝盖弯曲，身体下沉几乎和地面平行。
- 手臂从肩膀直直垂下，掌心相对。
- 核心肌绷紧。
- 向右旋转身体，同时右臂尽可能向上伸高。
- 停顿一下，接着回复动作，反方向进行左侧动作。如此为反复次数一次。（如果希望动作带来更大功效，每一下中间可以碰触脚趾。）

好处
加强上背灵活度。

上下肩膀伸展

- 右手从头后向后伸，同时左手从背后向后伸，双手交扣。维持10～15秒钟。
- 放开手，双手位置互换，并重复动作。

好处
放松肩旋转肌并加强肩膀灵活度。

肩膀绕环

- 双脚张开与肩同宽，身体站直。
- 身体其他部位不动，将肩膀向后旋转10下。

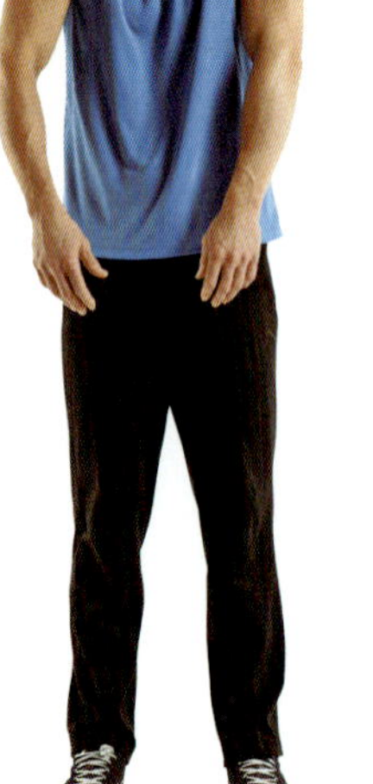

好处
增进肩膀灵活度。

手臂绕环

- 身体站直，手臂直直伸向两侧，和地面平行。
- 一开始以手臂划小圈，渐渐将圈子变大。向前转和向后转各10下。

好处

加强肩膀灵活度。

低姿侧弓步

- 双脚张开约为肩膀的两倍宽，双脚直直朝前。
- 双手交叠于胸前。
- 将重心移向右腿，臀部向后，身体下沉，屁股下坐，膝盖弯曲。
- 右大腿几乎和地面平行。
- 左脚平贴于地面。
- 身体不起身回到起始位置，重心移动到左边。左右反复交互进行。

臀部向后。

左脚保持平贴于地。

左腿伸直。

好处

加强臀部的灵活度，并能协助放松臀肌和大腿内侧肌肉。

热身运动

反弓步后伸

- 身体站直，手臂垂于身侧。
- 保持核心肌紧绷。
- 右脚后踏呈后弓步，身体下沉，膝盖弯曲呈90度。
- 弓步前蹲时，向肩膀后上方伸展。
- 右脚后踏完成计划的反复次数，接着换左脚后踏，向右肩上方伸展，完成相同的次数。
- 动作中，身体保持直立。

好处

加强臀部和上背灵活度，协助臀部和肩膀肌肉活动更为协调。

弓步斜伸

- 左手握住较轻的哑铃，手呈击掌姿势，上臂和身体垂直，手肘弯曲呈90度。
- 右脚前踏呈弓步，身体下沉，右膝弯曲至少呈90度。
- 弓步前蹲时，身体向右旋转，左臂摆过身体，好似要将哑铃放进裤子的右后口袋。
- 动作回复到起始姿势。
- 完成所有反复次数，并换右手持哑铃，左脚下蹲，重复动作。

好处

加强臀部灵活度，协助臀部和肩膀肌肉活动更为协调。

反弓步旋转过头伸手

- 身体站直，手臂垂于身侧，掌心朝大腿。
- 核心肌绷紧。
- 右脚后踏呈后弓步，身体下沉，膝盖弯曲呈90度。
- 弓步前蹲时，身体向左转，同时将双手举高。
- 回到起始姿势。
- 右脚后踏，身体左转，完成计划的反复次数，接着换左脚后踏，身体右转，完成相同的次数。

好处

放松大腿、臀部和内外斜肌。

弓步侧弯

- 身体站直，手臂垂于身侧。
- 右脚向前踏，身体下沉，直至右膝弯曲至少呈90度。
- 弓步前蹲时，左臂伸高过头，身体向右弯。
- 右手伸向地面。
- 完成计划的反复次数，接着换左脚下蹲，身体向左弯，完成相同的次数。

弯向前脚的方向。

核心肌保持紧绷。

好处

放松大腿、臀部和内外斜肌。

手举过头弓步旋转

- 手握扫柄高举过头，双手距离约为两倍肩宽。
- 手臂完全伸直。
- 右脚向前踏，身体下沉，直至右膝弯曲至少呈90度。
- 弓步前蹲时，将上半身旋转向右。
- 动作回复到起始姿势。
- 完成计划的反复次数，接着以左脚前踏，身体向左转，完成相同的次数。

核心肌保持紧绷。

身体挺直。

好处

放松大腿、臀部和内外斜肌。

肘至脚弓步前蹲

- 身体站直，手臂垂于身侧。
- 核心肌绷紧，右脚前踏，进行弓步前蹲。
- 弓步前蹲时，身体前倾，左手着地和右脚平行。
- 右手肘置于右脚脚背旁（或尽可能靠近），维持2秒钟。
- 接着，身体旋转向右上方，右手尽可能向上伸。
- 然后，身体转回，右手放在右脚外侧，接着臀部上提。此为反复次数一次。
- 换左脚前踏，重复动作。

世界上最好的伸展

肘至脚弓步前蹲是由知名健身教练马克大力提倡的动作。

好处

放松股四头肌、腿后肌、臀肌和大腿内侧肌肉。

热身运动

尺蠖式运动

- 双腿站直，身体下弯碰触地面。
- 腿打直，手向前爬。
- 接着以小碎步走向双手。如此为反复次数一次。

好处

放松大腿、臀部和内外斜肌。

相扑蹲举站起

- 双腿打直站立，双脚张开与肩同宽。
- 双腿绷直，身体下弯抓住脚趾。（如果需要的话可以弯曲膝盖，但尽可能打直。）
- 手不放开脚趾，身体下沉呈蹲姿，胸部和肩膀相对抬起。
- 保持蹲姿，展开右臂向上举高。接着抬起左臂。
- 然后站起身。

好处

放松股四头肌、腿后肌、臀肌、大腿内侧肌肉和下背部。

大腿后抬

- 以左腿站立，膝盖微弯。
- 右脚微微抬离地面。
- 左膝弯曲角度不变，身体前倾下沉，和地面平行。
- 身体前弯，双手向两侧伸直，和身体平行，掌心朝下。
- 身体弯下时，右腿和身体平行。
- 回到起始姿势。左腿站立完成计划的反复次数，接着以右脚站立完成相同的次数。

好处

放松腿后肌。

横向侧滑步

- 双脚张开微比肩宽。
- 臀部向后，膝盖弯曲，身体下沉，直到臀部快和膝盖同高。
- 向左滑行踏1步，右脚先踏，再换左脚。向左滑行约3米。
- 滑回右边。
- 反复30秒，或依照计划的时间。

好处
改善臀部旋转和侧向的灵活度。

步行提腿

- 身体站直，双脚张开与肩同宽。
- 姿势不变，尽可能抬高左膝，向前踏1步。
- 右腿重复动作。持续左右反复动作。

好处
放松臀肌和腿后肌。

步行摆腿

- 双脚开立与肩同宽，手臂垂于身侧。
- 左脚前踏，抬起右膝，并以右手握住，以左手抓住右脚踝。
- 尽可能站直，轻轻将右腿拉向胸部。
- 放开脚，向前走3步，接着动作重复抬起左膝。继续左右反复交互进行。

好处
放松臀肌和腿后肌。

步行抱膝

- 双脚张开与肩同宽，手臂垂于身侧。
- 右脚前踏，膝盖弯曲，身体微微前倾。
- 将左膝提向胸部，双手抱住膝盖骨下方。接着身体站直，膝盖尽可能拉近胸部中间。
- 放开脚，向前走3步，接着动作重复抬起右膝。继续左右反复交互进行。

好处
放松臀肌和腿后肌。

热身运动

横向跨走

・站在重训椅左侧。

・右膝抬起，接着大腿旋转踏过重训椅。

・左脚跟着。

・左脚落地后，动作回复，回到另一端。如此为反复次数1次。

好处

加强大腿和臀部灵活度。

横向下钻

・于蹲举架或史密斯机装好单杠，高度比腰部微高。
・站在单杠右方。
・从单杠下踏一大步，动作连续将重心换向左脚，身体下蹲，钻到杠下。
・在单杠另一边站起身。
・动作回复到起始位置。

其实不需要真的有椅子或单杠，也可以进行横向跨走和横向下钻。只要想象有这些器材，就能进行动作。

好处

加强大腿和臀部的灵活度。

侧躺抬腿

- 双腿打直向左侧躺，右腿在上，左腿在下。左上臂支撑于地板上，以左手撑住头。
- 膝盖打直，左腿抬高尽可能打直呈一直线。
- 腿放下回到起始姿势。

好处
放松髋内缩肌或大腿内侧肌肉。

步行踢臀

- 身体站直，双手垂于身侧。
- 左脚前踏，接着将右脚踝抬向屁股，以右手抓住。
- 尽可能将脚踝拉向臀部。
- 放开脚踝，向前踏3步，抬起左脚踝重复动作。

好处
放松股四头肌。

仰卧直抬腿

- 仰卧躺在地上，双腿打直。
- 双膝绷直，尽可能向上抬高右腿。（想象你是在踢身体上方的一个球。）
- 以右腿完成计划的反复次数，接着换左腿完成相同的次数。

好处
放松腿后肌。

错误的肌肉训练

只做慢速、静态伸展

20世纪的观念是，只做静态伸展。为什么呢？因为静态伸展（小学学到的那种）以慢速、特定的姿势，增进你的柔软度。因此对一般动作都相当有益，也能放松紧绷、导致错误姿势的肌肉。本书中也有静态伸展，每个肌群的章节各有一种。

动态伸展则是在肌肉快速伸展和各种姿势下都能提升你的柔软度，十分适合于重训或运动时。动态伸展也会促进中央神经系统，加速血液流动，产生肌力和肌耐力。因此动态伸展是任何物理活动都相当适合的热身动作。这也是为什么本章中大多是动态伸展的原因。静态和动态伸展缺一不可，必须兼顾，以此两种方式伸展，身体也会获得最好的运动效果。

热身运动

前后摆腿

- 身体站直，左手握住稳定的物体。
- 核心肌绷紧。
- 右膝绷直，右腿舒服地尽可能向前摆高。
- 右腿向后摆，尽可能摆起。如此为反复次数的1次。
- 持续前后摆动。完成所有反复次数，接着换左脚进行相同的次数。

左右摆腿

- 身体站直，双手握住稳定的物体。
- 左膝打直，右腿舒服地尽可能向侧边摆高。
- 将左腿向身体摆回，于右腿前交叉。如此为反复次数1次。
- 持续左右摆动。完成所有反复次数，接着换右脚进行相同的次数。

步行上踢

- 身体站直，手臂垂于身侧。
- 膝盖打直，右脚向上踢，伸出左手臂碰触脚尖，同时向前1步。（想象自己是俄国士兵。）
- 右脚着地时，以左脚和右手重复动作。左右反复交互进行。

好处
放松臀肌和腿后肌。

俯卧臀部内转

- 俯卧在地上，双膝并拢弯曲呈90度。
- 臀部不得抬离地面，双脚尽可能向侧边张开，勿过度勉强。维持1～2秒钟，接着回到起始姿势。

好处
放松外侧大腿和臀部的肌肉。

弯曲后箭步

- 呈伏地挺身动作。
- 右脚向前，置于右手旁。（或尽可能靠近），臀部下沉。
- 回到起始姿势，以左脚重复动作。

好处
放松髋内缩肌或大腿内侧肌肉，并加强臀部灵活度。

热身运动

脚踝绕环

- 单脚站直，抬起左大腿，和地面平行。
- 小腿不动，顺时针旋转脚踝。每一圈便是反复次数的1次。
- 完成计划的反复次数，接着逆时针完成相同的次数。以右脚重复。

好处

加强脚踝灵活度。

脚踝伸展

- 脚尖底下垫约5厘米高的物体，脚跟着地。
- 身体站直，双脚几乎挺直。
- 膝盖弯曲，重心移向前，直到感觉到脚跟后侧有所伸展。维持2～3秒钟，接着回到起始姿势。如此为反复次数的1次。

好处

加强脚踝灵活度。

仰卧臀部内转

- 仰卧躺在地面上，膝盖弯曲呈90度。
- 双脚平贴于地，距离约为肩膀2倍宽。
- 双脚不动，膝盖尽可能向内侧下缩，勿过于勉强。维持1～2秒钟，接着回到起始姿势。

好处

放松大腿内侧和臀部的肌肉。

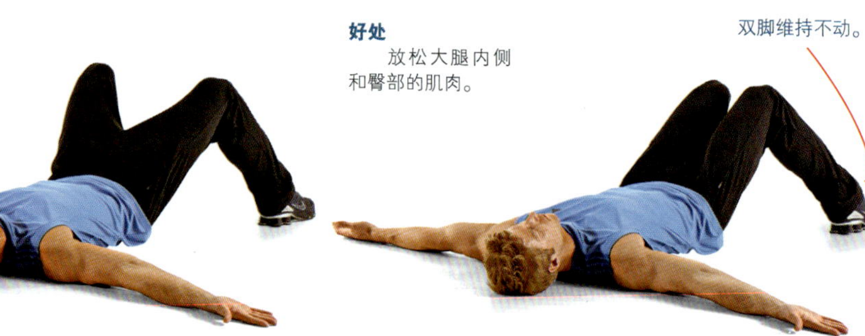

泡棉筒运动

泡棉筒运动可以比拟为深层按摩。只要将硬泡棉滚过大腿、小腿和背部，就可以放松僵硬的结缔组织，减少肌肉僵硬的情况。此动作能帮助你增进柔软度和灵活度，并保持肌肉正常功能。因此，泡棉筒运动不论是用于激烈重训前或后都十分有效，而且你想做就随时都可以做。想要一心二用吗？看电视的时候把泡棉筒抓过来吧！

首先，你可能会觉得不舒服。尤其是在最需要泡棉筒滚过的肌肉更是如此。不过，越痛的地方，越需要多滚几下。规律进行的话，你就会发现每一次痛楚都减少一分。运动到每一块肌肉时，慢慢将滚筒来回滚动30秒钟。如果有某点特别疼痛，在该处多停留5～10秒钟。

重点在于集中将泡棉滚过最需要的肌肉。相信我，你只要开始以下动作，就会知道哪些肌肉最需要了。你可以在多数的运动用品店购买到36寸泡棉滚筒。不得已时，也可以用篮球、网球或是塑料管代替。

大腿后侧滚动

- 将泡棉筒置于右膝下方，腿绷直。
- 左脚跨在右脚踝上。
- 双手平贴于地支撑。
- 背部自然前拱。
- 身体向前滑动，直到滚筒接触臀肌。接着来回滚动。
- 滚筒置于左大腿下反复动作。

臀部滚动

- 坐在泡棉筒上，泡棉筒位于右大腿后部，臀肌正下方。
- 右腿交叉在左大腿前。
- 双手着地支撑。
- 身体向前滑动，直至滚筒滚至下背。接着来回滚动。
- 滚筒置于左臀肌下方重复动作。

热身运动

髂胫束滚动

- 向左侧躺，左臀靠在泡棉筒上。
- 双手着地支撑。
- 右脚跨在左脚前方，右脚平贴于地面。
- 身体向前滑动，直至滚筒滚到膝盖。接着来回滚动。
- 向右侧躺，滚筒置于右臀下重复动作。

如果太简单的话，将右腿放到左腿上，而非支撑于地。

滚走僵硬的肌肉

髂胫束，通常称为IT band，是一条韧性十足的结缔组织，沿着大腿外侧延伸，从髋骨连结到膝盖下方。泡棉筒滚动运动时，你可能会发现这条韧带是你滚过的最敏感的部位，也许是因为该部位最为紧绷。不过，你应该将此处列为优先锻炼部位：髂胫束长期紧绷的话，会导致膝盖疼痛。

小腿滚动

- 将泡棉滚筒置于右脚踝下方，右腿打直。
- 左脚跨到右脚踝上。
- 双手平贴于地支撑。
- 背自然前拱。
- 身体向前滑动，直到滚筒滚到右膝下方。接着来回滚动。
- 将滚筒置于左小腿下方重复动作。

如果太困难，进行动作时，双腿同时放在滚筒上。

股四头肌和髋内缩肌滚动

- 俯卧于地，将泡棉筒置于右膝下方。
- 左脚跨到右脚踝上，手肘着地支撑。
- 身体向后滑动，直至滚筒滚到右大腿顶部。
- 接着来回滚动。
- 滚筒置于左大腿重复动作。

如果太困难，进行动作时，双脚大腿同时靠在滚筒上。

大腿内侧滚动

- 俯卧于地。
- 泡棉筒和身体平行。
- 手肘着地支撑。
- 右大腿几乎和身体垂直，大腿内侧膝盖上方的部分，靠在滚筒上方。
- 身体向右滑动，直到滚筒滚到骨盆。接着来回滚动。
- 滚筒置于左大腿下方重复动作。

上背滚动

- 仰卧在地，泡棉筒置于背部中央，肩胛骨底部。
- 双手交叠于头后，手肘相靠。
- 臀部微微抬离地面。
- 慢慢将头和下背向下滑动，上背弯起越过滚筒。
- 身体上抬回到起始位置，但停在稍微高于上背之处，并重复动作。
- 向上再滚1次，并再重复1次。总共向上滑动3次。如此为反复次数1次。

下背滚动

- 仰卧在地，泡棉筒置于背部中央。
- 双臂交抱于胸前。
- 臀部微微抬离地面。
- 来回滚过下背部。

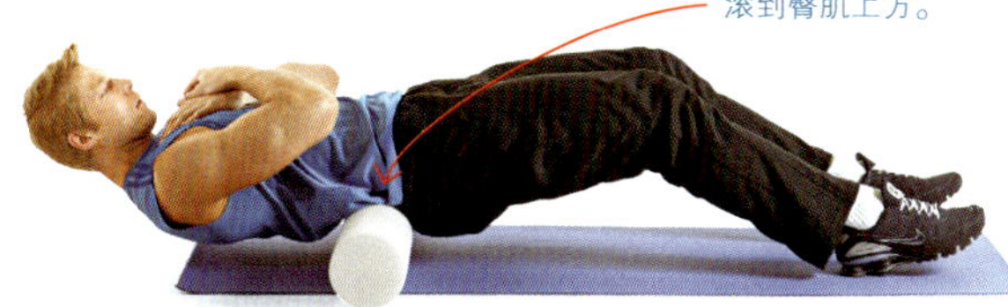

肩胛骨滚动

- 仰卧在地，泡棉筒置于上背部，肩胛骨上方。
- 双臂交抱于胸前。
- 膝盖弯曲，双脚平贴于地。
- 臀部微微抬离地面。
- 来回滚过肩胛骨和上中背部。

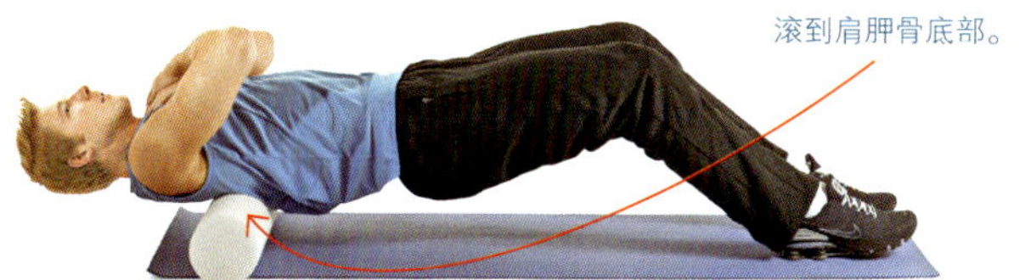

热身运动

打造自己的热身运动

除了本章所提到的动作外，出现在本书其他章节的训练也是相当好的热身动作。此处将这些可以当成热身运动的项目加以整理，提供最完整的清单供你选择。（为了方便起见，动作后面都附有所在页码。）

你可以遵照美国加利福尼亚州圣塔克拉利塔健身中心的健身课程主任兼肌力与体能训练师翁奇的指示，创造属于自己的5分钟热身运动。依类型从以下清单选择自己的动作，并遵照搭配指示。你可以每一项动

分类一

从以下训练清单中选择1项动作。

手臂交错运动（350页）

滑墙运动（350页）

伸翻抬手运动（351页）

增强版伏地挺身（60页）

分类二

从以下训练清单中选择1项动作。

地板Y字形平举（83页）

地板T字形平举（84页）

上斜式Y字形平举*（82页）

上斜式T字形平举*（84页）

上斜式W字形平举*（86页）

上斜式L字形平举*（85页）

瑞士球Y字形平举*（83页）

瑞士球T字形平举*（84页）

瑞士球W字形平举*（86页）

瑞士球L字形平举*（85页）

分类三

从以下训练清单中选择1项动作。

侧躺胸部旋转（351页）

胸部上转（351页）

弯腰上伸（352页）

分类四

从以下训练清单中选择3项动作，各分类中各选1种。

股四头肌和髋内缩肌（大腿内侧）

步行踢臀（359页）

仰卧臀部内转（362页）

弯曲后箭步（361页）

左右摆腿（360页）

腿后肌

步行提腿（357页）

步行抱膝（357页）

步行上踢（361页）

仰卧直抬腿（359页）

前后摆腿（360页）

臀肌和髋外展肌肉（臀部外侧）

抬臀（232页）

抱膝单脚抬臀（237页）

弹力带侧走（263页）

步行摆腿（357页）

俯卧臀部内转（361页）

蚌壳运动（263页）

侧躺抬腿（359页）

*做这些训练时，采用图示中的姿势，但动作中不需拿哑铃。

作做5～10下，或维持30秒钟。以循环的方式进行，每一项动作各完成1组，中间不休息。

另一种选择：如果你没时间到健身房，或没有时间规律进行重训，可以将此热身运动当做快速的自体重训计划。依循以下各类动作的指示，但在分类六的地方选择3项动作，而不是只选1种，如果有时间的话，分类七的3种动作，则可以做越多下越好。

分类五

在第十章“稳定度训练”单元中选择任何一种核心训练动作。例如，任何一种前平板式、侧平板式或爬山式。

分类六

依时间许可，从以下训练清单中选择1～3项的动作。

开合跳（349页）

交互开合跳（349页）

蹲站伸腿（350页）

分类七

从以下3种分类清单中各选1项动作，总共3种动作。也就是说，从左右动作、前后动作和旋转动作中各选1种。

左右动作

低姿侧弓步（353页）

横向侧滑步（357页）

横向下钻（358页）

横向跨走（358页）

哑铃侧弓步*（217页）

前后动作

抱头深蹲（188页）

自体重量深蹲（186页）

哑铃弓步*（212页）

哑铃反弓步*（213页）

哑铃交叉弓步*（215页）

哑铃交叉反弓步*（215页）

大腿后抬（356页）

尺蠖式运动（356页）

肘至脚弓步前蹲（355页）

相扑蹲举站起（356页）

旋转动作

反弓步后伸（354页）

弓步斜伸（354页）

弓步侧弯（355页）

反弓步旋转过头伸手（354页）

手举过头弓步旋转（355页）

第十三章
应有尽有的最佳重训计划
彻底改造身体的终极指南

你梦寐以求打造各种体格的蓝图全部在此。

不管你的目标是锻炼出数磅的肌肉，还是让自己的肌力大跃进，或永远瘦下小腹，本章都有为你量身打造的重训计划。其实，本章全部都是重训计划。在这章中，我召集了世界上最顶尖的健身专家，创造出各式一流的重训计划，满足各种需求：卧推力量更大、减肥更快，甚至还有为结婚做准备的计划。各种生活方式所能配合的重训计划也应有尽有。忙到无法上健身房？试试看15分钟激烈的重训计划。总是出门在外？试试看可以在自己房间做的重训计划。以前从来没做过重训？371页的“重返猛男身重训计划”可能最适合你。

从以下重训计划中选出一种，接着依照370页的指示，确定你做的方式是对的。如果还有其他问题，可以在第二章中找到答案。

好了，现在开始锻炼吧！崭新的肉体已经在等你了。

应有尽有的最佳重训计划

重返猛男身重训计划
・锻炼肌肉、减肥、改造身体

健身房客满重训计划
・雕塑精瘦、健康的身体，不需等待！

终极甩肥重训计划
・十二周打造坚石般的六块腹肌

海滩等着你重训计划
・什么叫又壮又大，八周的重训计划满足你

婚礼大作战重训计划
・挺拔帅气，刚好迎接大日子！

垂直弹跳重训计划
・八周内跳跃高度再向上10～25厘米

瘦皮猴变大金刚重训计划
・史上最快尺寸加码计划：只需4周

激赏运动重训计划
・运动员的训练，运动员的身材

三大动作重训计划
・仅用三项简单动作就能打造你的肌肉

卧推最大重训计划
・卧推最多再向上增加25公斤

小两口很忙重训计划
・一同燃烧脂肪（美好性爱的秘密！）

身体万能重训计划
・重训随身带着走

15分钟超省时重训计划
・减压、减肥、打造肌肉立即搞定

斯巴达克斯重训计划
・以此计划甩去肥肉、练出块块分明的腹肌，创造出电视影集《斯巴达克斯》中拥有惊人体魄的卡司。

最佳重训计划

开始前，你必须知道的事

为了确保你的重训动作正确，请依循以下指示：

如何进行这些重训动作

- 如果数字旁边没有英文字母，如单独的“1”或“4”等，就直接完成1组动作。也就是说，进行1组动作，依照指示的时间休息，再进行下1组动作。完成此动作所有组数，再进行下一项训练。
- 如果数字旁边有英文字母，如“2A”，就代表此动作是组合训练的其中一项动作。（同组的训练会标有一样的数字，但英文字不同，例如：“1A”、“1B”和“1C”。）做1组动作，依照指示的时间休息，接着进行同组下一项动作。例如，如果在重训计划中看到“2A”和“2B”，完成1组“2A”的训练，休息之后，接着做1组“2B”的动作，再休息1次。反复做直到做完两组动作计划的组数为止。不论组合动作包含多少种动作，都需依照此程序进行。
- 你会发现有时计划的休息时间是“0”，零秒钟。这代表动作间不休息，直接进行下一项训练。
- 如果反复次数的格子里给的是一段时间（例如30秒），就代表在那段时间中持续进行训练。所以如果是前平板式或侧平板式，则遵照该组动作时间维持姿势。如果是平常计算做几下的训练，就在指定时间内尽可能做越多越好。
- 如果反复次数的格子中标示的是越多越好，就代表你要尽可能进行越多下越好。如果是标示在组数的地方，就表示在时间限制中，尽可能完成越多组动作越好。
- 如果休息时间标示越少越好，就代表你休息差不多了，就必须继续。基本上就是喘口气，然后继续训练。

重返猛男身重训计划 第一阶段：第一周到第四周

不管你是从来没有重训过，或是你只是这阵子没时间重训，肌力与体能训练师杜威尔设计的十二周重训计划就是专为你准备的。目的是让你在体能还没达到尖峰状态的情况下，先燃烧脂肪并锻炼肌肉。此重训计划不但贴心，还专门消除久坐造成的肌肉虚弱。一般来讲，每天坐着办公的人，重训时见效慢，很容易令人心生沮丧。因此，依此计划进行，你不但能改造身体，速度之快更是前所未闻。

如何进行此重训计划

- 重量训练一周进行3次，每次中间间隔至少1天。所以你可以在星期一、三、五进行重训。
- 心肺训练一周进行2次，在重训间隔那几天进行。所以你可以在星期二、四进行心肺训练。（如果你没有时间一周重训5天，那就在每两次重训之后马上进行1次心肺训练。）
- 每次重量训练之前，记得进行热身运动。
- 有疑问吗？翻到370页，在那里会找到进行所有重训动作完整的指示。

热身动作

训练动作	组数	反复次数	休息时间
1A. 侧躺胸部旋转（351页）	1	5	0
1B. 自体重量弓步前蹲（213页）	1	4	0
1C. 低姿侧弓步（353页）	1	4	0
1D. 推膝抬臀（234页）	1	10～12	0
1E. 前平板式（274页）	1	4～6	0
1F. 瑞士球W字形平举（86页）	1	8～10	0

前平板式和俯卧反弓的部分，维持姿势1秒钟，接着休息一下，才重复动作。如此为反复次数的1次。

重量训练

训练动作	组数	反复次数	休息时间
1A. 杠铃深蹲（194页）	2～3	10～12	1分钟
1B. 伏地挺身（30页）	2～3	10～12	1分钟
2A. 脚垫瑞士球抬臀（235页）	2～3	10～12	1分钟
2B. 滑轮划船至颈外转（91页）	2～3	10～12	1分钟
3A. 反向卷腹（318页）	2～3	10～12	1分钟
3B. 俯卧反弓（291页）	2～3	10～12	1分钟

如果杠铃深蹲太难，换成自体重量深蹲。

如果伏地挺身对你来说有困难，选比较简单的版本，如简易版伏地挺身或上斜式伏地挺身，但不可太过轻松。

心肺训练

计划

在跑步机上以轻松的步伐，约以个人全速的30%～50%的速度，走3～5分钟。接着进行此间隔心肺训练：

- 将跑步机的倾斜角度调整为上斜，直到大约为你全力的40%～60%的负担量。走2分钟。
- 将倾斜角度调回零，走2分钟。如此为1组动作。
- 总共做3组动作，接着慢下来，以轻松的步伐走3～5分钟。
- 在此4周的阶段中，试着将组数提高至5组。

专家简介

肌力与体能训练师杜威尔是美国纽约市“顶尖表现”健身中心的所有人之一。他专门为名流、职业运动员和平面模特儿训练，也是世界数一数二的健身教练。

重返猛男身重训计划 第二阶段：第五周到第八周

如何进行此重训计划

- 重量训练一周进行3次，每次中间间隔至少1天。所以你可以在星期一、三、五进行重训。
- 心肺训练每周进行3次，在重量训练之间进行。前2次训练，进行间隔训练。而最后一次训练则进行有氧训练。所以你可以在星期二、四进行间隔训练，星期六做有氧训练。
- 每次重量训练之前，记得进行热身运动。
- 有疑问吗？翻到370页，在那里会找到进行所有重训动作完整的指示。

热身动作

训练动作	组数	反复次数	休息时间
1A. 臀部交互伸展（299页）	1	5	0
1B. 肘至脚弓步前蹲（355页）	1	4	0
1C. 侧弓步（217页）	1	4	0
1D. 蚌壳运动（263页）	1	8～10	0
1E. 侧平板式（280页）	1	4～6	0
1F. 瑞士球T字形平举（84页）	1	8～10	0

重量训练

训练动作	组数	反复次数	休息时间
1A. 哑铃分腿深蹲（205页）	2～3	10～12	1分钟
1B. 哑铃仰卧推举（48页）	2～3	10～12	1分钟
2A. 瑞士球抬臀弯腿（239页）	2～3	10～12	1分钟
2B. 辅助吊带反手引体向上（94页）	2～3	10～12	1分钟
3A. 侧卷腹（328页）	2～3	8～10	1分钟
3B. 鸟狗式（279页）	2～3	8～10	1分钟

侧卷腹每一次到动作顶部停留2秒钟。

侧平板式（热身运动）和鸟狗式的部分，维持姿势1秒钟，接着休息一下，再重复动作。如此为反复次数的1次。

心肺训练

计划

在跑步机上以轻松的步伐，约以个人全速的30%～50%的速度，走3～5分钟。接着做以下训练，每一周前2次心肺训练进行间隔训练，有氧训练则在第三次心肺训练时进行。

间隔训练

- 将跑步机速度增快到你全速的65%～75%。维持60秒。
- 将时速降慢至约5.6千米，走2分钟。如此为一1组动作。
- 总共做4组动作，接着慢下来，以轻松的步伐走3～5分钟。
- 在此4周的阶段中，试着将组数提高至6组。

有氧训练

- 调整跑步机倾斜角度，或增加速度，直到大约为你全力的40%～60%的负担量。维持15分钟。
- 在此4周的阶段中，试着将时间拉长至25分钟。

重返猛男身重训计划 第三阶段：第九周到第十二周

如何进行此重训计划

- 重量训练一周进行三次，在重训A和重训B间轮流，每次中间间隔至少1天。所以如果你计划在星期一、三、五进行重训，星期一则进行重训A，星期三进行重训B，星期五再进行1次重训A。下一周，星期一、五则进行重训B，星期三进行重训A。
- 心肺训练每周进行3次，在重量训练之间进行。前两次训练，进行间隔训练。而最后1次训练则进行有氧训练。所以你可以在星期二、四进行间隔训练，星期六做有氧训练。注意，在前2周（第九周和第十周）进行间隔训练A，后2周（第十一周和第十二周）则换做间隔训练B。
- 每次重量训练之前，记得进行热身运动。
- 有疑问吗？翻到370页，在那里会找到进行所有重训动作完整的指示。

热身动作

训练动作	组数	反复次数	休息时间
1A. 猫驼式（279页）	1	5～6	0
1B. 肘至脚弓步前蹲（355页）	1	4	0
1C. 步行抱膝（357页）	1	5	0
1D. 弹力带侧走（263页）	1	10～12	0
1E. 尺蠖式运动（356页）	1	3～5	0
1F. 瑞士球Y字形平举（83页）	1	8～10	0

重量训练A

训练动作	组数	反复次数	休息时间
1A. 杠铃硬举（244页）	3	8～10	1分钟
1B. 上斜式哑铃仰卧推举（50页）	3	8～10	1分钟
2A. 简易版单脚深蹲（193页）	3	8～10	1分钟
2B. 单臂屈体哑铃张肘划船（76页）	3	8～10	1分钟
3A. 槌握哑铃弯推举（157页）	3	8～10	1分钟
3B. 瑞士球卷腹（314页）	3	8～10	1分钟

重量训练B

训练动作	组数	反复次数	休息时间
1A. 哑铃登阶（258页）	3	10～12	1分钟
1B. 哑铃仰卧推举（48页）	3	10～12	1分钟
2A. 杠铃直膝硬举（248页）	3	8～10	1分钟
2B. 俯立平举（79页）	3	10～12	1分钟
3A. 哑铃仰卧三头肌伸展（164页）	3	8～10	1分钟
3B. 背部伸展（254页）	3	8～10	1分钟

心肺训练

计划

每周前2次依周次进行正确的间隔训练，第三次进行有氧训练。

间隔训练A

- 将跑步机速度增快到你全速的70%～80%。维持45秒。
- 将时速降慢至5.6千米，走2分钟。如此为1组动作。
- 总共做5组动作，接着慢下来，以轻松的步伐走3～5分钟。
- 在此4周的阶段中，试着将组数提高至7组。

间隔训练B

- 将跑步机速度增快到你全速的70%～80%。维持30秒。
- 将时速降慢至5.6千米，走90秒。如此为1组动作。
- 总共做6组动作，接着慢下来，以轻松的步伐走3～5分钟。
- 在此4周的阶段中，试着将组数提高至8组。

有氧训练

- 调整跑步机倾斜角度，或增加速度，直到大约为你全力的40%～60%的负担量。维持25分钟。
- 在此4周的阶段中，试着将时间拉长至30分钟，并持续保持60%的负担量。

最佳重训计划

健身房客满重训计划

你不需要在健身房中呆呆的排队。以下3项重训计划不但能锻炼肌肉、燃烧肥肉，更保证你畅行无阻。

重训计划1

如何进行此重训计划

- 你唯一需要的器材是一对哑铃。此计划设计成你甚至连哑铃的重量都不能换，动作就能1组接着1组做下去。
- 每1组重训（重训A、重训B、重训C）一周进行1次，每一次重训之间至少间隔1天。
- 有疑问吗？翻到370页，在那里会找到进行所有重训动作完整的指示。

重训计划A

训练动作	组数	反复次数	休息时间
1A. 哑铃仰卧推举（48页）	4	8	1分钟
1B. 单臂屈体哑铃张肘划船（76页）	4	8~12	1分钟
2A. 上斜式哑铃仰卧推举（50页）	3	5	0
2B. 哑铃深蹲（199页）	3	12	1分钟

重训计划B

训练动作	组数	反复次数	休息时间
1A. 哑铃分腿深蹲（205页）	4	8	1分钟
1B. 单手哑铃肩上推举（118页）	4	12	1分钟
2A. 哑铃直膝硬举（252页）	3	10	0
2B. 单手哑铃挥举（264页）	3	15~20	1分钟

重训计划C

训练动作	组数	反复次数	休息时间
1A. 哑铃登阶（258页）	4	8	1分钟
1B. 俯卧张肘哑铃划船（76页）	4	12	1分钟
2A. 立姿哑铃弯举（152页）	4	10	0
2B. 哑铃仰卧三头肌伸展（164页）	4	12	1分钟

专家简介

理学硕士和肌力与体能训练师贝伦廷担任《男性健康》杂志的健身顾问达10年之久。他定居于加拿大多伦多，也是TurbulenceTraining.com网站所有人，该网站为网络上最热门、最有效的健身网站之一。

健身房客满重训计划

重训计划2

如何进行此重训计划

- 这是特别的45分钟重训计划，设计让你在每一项器材前待上10分钟，整段时间都用相同的重量。如此一来，你就可以在同一个地方，保持重量训练的强度，不需要换训练动作或重量。
- 每1组重训（重训A、重训B、重训C）一周进行1次，每一次重训之间至少间隔1天。所以你可以星期一进行重训A，星期三进行重训B，星期五进行重训C。
- 进行每组重训中的训练动作1时，选身体能负担完成10～12下最重的重量。这便是每1组动作所要用的重量。
- 秒表计时10分钟。
- 做3下，休息10秒钟，并重复动作。以此方式进行到你无法完成3下动作。接着加10秒钟的休息时间，也就是之后一样做3下，但休息20秒。当你又无法完成三下动作时，再将休息时间增加至30秒，以此类推。以此程序进行，做到10分钟了为止。10分钟之后便可以换到下一项训练动作。
- 训练2和训练3以同样的方式进行。
- 每周训练的重量加重2.5～5公斤。
- 训练动作4和5，选一项核心肌训练（第十章）和手臂训练（第七章）。两项动作各做10～12下，进行2组，重量选择以身体能负荷，并能完成所有反复次数的最大重量。每组动作间休息60秒。注意：如果你选的核心肌训练是前平板式或侧平板式之类，则维持姿势30秒钟。
- 每次重量训练之后马上接着进行心肺训练。
- 有疑问吗？翻到370页，在那里会找到进行所有重训动作完整的指示。

重量训练A

训练动作
1. 哑铃仰卧推举（48页）
2. 反手引体向上（92页）
3. 杠铃深蹲（194页）
4. 核心肌训练：自选（第十章）
5. 手臂训练：自选（第七章）

重量训练B

训练动作
1. 哑铃分腿深蹲（205页）
2. 杠铃仰卧推举（42页）
3. 杠铃划船（72页）
4. 核心肌训练：自选（第十章）
5. 手臂训练：自选（第七章）

重量训练C

训练动作
1. 杠铃硬举（244页）
2. 伏地挺身（30页）
3. 杠铃前深蹲（195页）
4. 核心肌训练：自选（第十章）
5. 手臂训练：自选（第七章）

心肺训练

计划

- 你可以在跑步机、飞轮或在户外的人行道和跑道上进行。
- 训练强度约为你最大负荷量的90%。进行30秒。
- 休息30秒。接着动作重复，直到10分钟结束。

专家简介

尼尔森是在线个人训练公司BetterU的副总裁。他拥有人体运动学学位，并担任个人训练师超过10年。

最佳重训计划

健身房客满重训计划

重训计划3

如何进行此重训计划

- 进行8周的重训计划，你不需要重训椅或是四方架，只要一点点空间就好。
- 重量训练一周进行3次，每一次重训之间至少间隔1天。所以你可以在星期一、三、五进行重训。
- 有疑问吗？翻到370页，在那里会找到进行所有重训动作完整的指示。

第一周到第四周

热身运动

训练动作	组数	反复次数	休息时间
1A. 侧弓步（217页）	1	12	0
1B. 滑墙运动（350页）	1	12	0
1C. 尺蠖式运动（356页）	1	10	0

重训计划

训练动作	组数	反复次数	休息时间
1A. 双手药球伏地挺身（36页）	3	越多越好	0
1B. 哑铃划船（74页）	3	10～12	0
1C. 哑铃前深蹲（200页）	3	10	60～90秒
2A. 瑞士球屈体（324页）	2～3	10～15	0
2B. 单脚抬臀（236页）	2～3	12～15	60～90秒

如果你无法做到8下双手药球伏地挺身，换任何一种伏地挺身变化，完成至少8下。

第一周到第五周

热身运动

训练动作	组数	反复次数	休息时间
1A. 弯曲后箭步（361页）	1	24	0
1B. 坐姿哑铃外旋（132页）	1	12	0
1C. 药球下掷（316页）	1	12	0

重量训练

训练动作	组数	反复次数	休息时间
1A. 哑铃推举（117页）	3	8	0
1B. 伏地挺身和划船（39页）	3	10～12	0
1C. 哑铃保加利亚式分腿深蹲（206页）	3	10	60～90秒
2A. 哑铃下摆（300页）	2～3	12	0
2B. 俯卧反弓（291页）	2～3	12～15	60～90秒

俯卧反弓时，维持姿势1秒钟，接着休息一下，重复动作。如此为反复次数一次。

专家简介

卡布莱尔，专业肌力与体能训练师，在美国波士顿经营“卡布莱尔健身中心”，也是TMV频道实境秀“Mode”的健身顾问。

终极甩肥重训计划 第一阶段：第一周到第四周

如果你准备好要燃烧小腹，就采用物理治疗师和肌力与体能训练师哈特曼所设计的十二周减肥重训计划。此计划不仅能燃烧卡路里，还会释放燃脂激素，重训之后身体在好几个小时内仍加速新陈代谢。因此身体就好比肥肉烤炉，一整天都维持高温燃烧，甚至你坐在沙发上的时候也是如此。而这就是永远挥别啤酒肚的秘密。

如何进行此重训计划

- 每1组重训（重训A、重训B、重训C）一周进行1次，每一次重训之间至少间隔1天。所以你可以在星期一进行重训A，星期三进行重训B，星期五进行重训C。
- 心肺训练一周进行3次，在重训间隔的那几天进行。所以你可以在星期二、四、六进行心肺训练。
- 有疑问吗？翻到370页，在那里会找到进行所有重训动作完整的指示。

重量训练A

训练动作	第一周			第二周			第三周			第四周		
重量训练A	组数	次数	休息	组数	次数	休息	组数	次数	休息	组数	次数	休息
1A. 杠铃登阶（256页）	2	15	75秒	3	12	75秒	3	10	75秒	2	10	75秒
1B. 哑铃仰卧推举（48页）	2	15	75秒	3	12	75秒	3	10	75秒	2	10	75秒
2A. 哑铃划船（74页）	2	15	75秒	3	12	75秒	3	10	75秒	2	10	75秒
2B. 30度肩膀平举（125页）	2	15	75秒	3	12	75秒	3	10	75秒	2	10	75秒
3A. 坐姿哑铃外旋（132页）	2	15	30秒	2	12	30秒	2	10	30秒	2	10	30秒
3B. 前平板式（274页）	2	8	30秒	2	10	30秒	2	12	30秒	2	10	30秒

前平板式和侧平板式的部分，维持姿势5秒钟，接着休息一下，重复动作。如此为反复次数的1次。

心肺训练

计划

第一次心肺训练时，训练强度以你运动最大负荷量的65%～70%，持续10分钟。可以在上斜的跑步机上；或户外走路、跑步或骑单车、骑飞轮；甚至是游泳。之后每一次训练，训练时间再增加5分钟。所以你在第二次心肺训练时会维持45分钟，第三次训练时维持50分钟，以此类推。

专家简介

哈特曼是物理治疗师和肌力与体能训练师，也是印第安纳波里的物理治疗师和健身教练。他是《男性健康》杂志首屈一指的健身顾问。

最佳重训计划

终极甩肥重训计划 第一阶段：第一周到第四周

重量训练B

训练动作	第一周			第二周			第三周			第四周		
	组数	次数	休息	组数	次数	休息	组数	次数	休息	组数	次数	休息
1A. 杠铃分腿深蹲（202页）	2	15	75秒	3	15	75秒	3	12	75秒	2	12	75秒
1B. 伏地挺身（30页）	2	12	75秒	3	10	75秒	3	8	75秒	2	10	75秒
2A. 悬垂臂划船（68页）	2	12	75秒	3	10	75秒	3	8	75秒	2	10	75秒
2B. 组合式肩膀平举（125页）	2	12	75秒	3	10	75秒	3	8	75秒	2	10	75秒
3A. 侧卧外旋（134页）	2	12	30秒	3	10	30秒	3	8	30秒	2	10	30秒
3B. 侧平板式（280页）	2	8	30秒	2	10	30秒	2	12	30秒	2	10	30秒

重量训练C

训练动作	第一周			第二周			第三周			第四周		
	组数	次数	休息	组数	次数	休息	组数	次数	休息	组数	次数	休息
1A. 杠铃登阶（256页）	2	12	75秒	3	10	75秒	3	8	75秒	2	10	75秒
1B. 哑铃仰卧推举（48页）	2	12	75秒	3	10	75秒	3	8	75秒	2	10	75秒
2A. 哑铃划船（74页）	2	12	75秒	3	10	75秒	3	8	75秒	2	10	75秒
2B. 30度肩膀平举（125页）	2	12	75秒	3	10	75秒	3	8	75秒	2	10	75秒
3A. 坐姿哑铃外旋（132页）	2	12	30秒	2	10	30秒	3	8	30秒	2	10	30秒
3B. 前平板式（274页）	2	8	30秒	2	12	30秒	2	12	30秒	2	10	30秒

终极甩肥重训计划 第二阶段：第五周到第八周

重量训练A

训练动作	第一周			第二周			第三周			第四周		
	组数	次数	休息	组数	次数	休息	组数	次数	休息	组数	次数	休息
1A. 宽握杠铃硬举（245页）	3	8	1分钟	3	10	1分钟	4	8	1分钟	3	10	1分钟
1B. 杠铃仰卧推举（42页）	3	8	1分钟	3	10	1分钟	4	8	1分钟	3	10	1分钟
2A. 滑轮划船（88页）	3	8	1分钟	3	10	1分钟	4	8	1分钟	3	10	1分钟
2B. 滑轮斜举（135页）	3	8	1分钟	3	10	1分钟	4	8	1分钟	3	10	1分钟
3. 瑞士球前推（288页）	3	12	30秒	3	10	30秒	3	12	30秒	3	10	30秒

重量训练B

训练动作	第一周			第二周			第三周			第四周		
	组数	次数	休息	组数	次数	休息	组数	次数	休息	组数	次数	休息
1A. 哑铃深蹲（199页）	3	8	75秒	3	10	75秒	4	8	75秒	3	10	75秒
1B. 下斜式伏地挺身（32页）	3	12	75秒	3	10	75秒	4	8	75秒	3	10	75秒
2A. 背阔肌滑轮下拉（98页）	3	8	75秒	3	10	75秒	4	8	75秒	3	10	75秒
2B. 曲臂侧平举外转（124页）	3	12	75秒	3	10	75秒	4	8	75秒	3	10	75秒
3. 单脚侧平板式（281页）	3	8	30秒	3	10	30秒	3	12	30秒	3	10	75秒

进行单脚侧平板式时，维持姿势5秒钟，接着休息一下，重复动作。如此为反复次数的1次。

最佳重训计划

重量训练C

训练动作	第一周			第二周			第三周			第四周		
	组数	次数	休息	组数	次数	休息	组数	次数	休息	组数	次数	休息
1A. 宽握杠铃硬举（245页）	3	8	1分钟	3	8	1分钟	4	6	1分钟	3	8	1分钟
1B. 杠铃仰卧推举（42页）	3	8	1分钟	3	8	1分钟	4	6	1分钟	3	8	1分钟
2A. 滑轮划船（88页）	3	10	1分钟	3	8	1分钟	4	6	1分钟	3	8	1分钟
2B. 滑轮斜举（135页）	3	10	1分钟	3	8	1分钟	4	6	1分钟	3	8	1分钟
3. 瑞士球前推（288页）	3	8	30秒	3	10	30秒	3	12	30秒	3	10	30秒

心肺训练

计划

- 你可以在跑步机、飞轮或户外的人行道或跑道上进行此训练。
- 训练强度约为你最大负荷量的90%～95%。进行30秒。
- 之后慢下来，训练强度降到约为你最大负荷量的50%，进行2分钟。如此为1组训练动作。
- 以下表依周次渐进，注意，训练A代表你在重量训练A隔天所进行的心肺训练，训练B代表你在重量训练B隔天所进行的心肺训练，以此类推。
- 第三周和第四周时，完成所有组数，休息5～10分钟，接着再重复同样的组数1次。例如，第三周的训练A，你会先做4组训练，休息一下，接着又再做四组训练。

心肺训练	第一周	第二周	第三周	第四周
A	4	5	4, 4	5, 5
B	5	6	5, 5	6, 6
C	4	5	4, 4	5, 5

终极甩肥重训计划 第三阶段：第九周到第十二周

重量训练A

训练动作	第一周			第二周			第三周			第四周		
	组数	次数	休息	组数	次数	休息	组数	次数	休息	组数	次数	休息
1A. 杠铃深蹲（194页）	3	15	1分钟	3	12	45秒	4	10	45秒	3	8	30秒
1B. 上斜式哑铃仰卧推举（50页）	3	15	1分钟	3	12	45秒	4	10	45秒	3	8	30秒
2A. 反手滑轮下拉（100页）	3	15	1分钟	3	12	45秒	4	10	45秒	3	8	30秒
2B. 哑铃反弓步（213页）	3	15	1分钟	3	12	45秒	4	10	45秒	3	8	30秒
3A. 滑轮内拉至脸外转（104页）	3	15	1分钟	3	12	45秒	4	10	45秒	3	8	30秒
3B. 瑞士球屈腿（286页）	3	8	30秒	3	10	30秒	2	12	30秒	3	10	30秒

重量训练B

训练动作	第一周			第二周			第三周			第四周		
	组数	次数	休息	组数	次数	休息	组数	次数	休息	组数	次数	休息
1A. 哑铃弓步（212页）	3	12	1分钟	3	10	45秒	4	8	45秒	3	10	30秒
1B. T字形伏地挺身（37页）	3	12	1分钟	3	10	45秒	4	8	45秒	3	10	30秒
2A. 杠铃划船（72页）	3	12	1分钟	3	10	45秒	4	8	45秒	3	10	30秒
2B. 上斜式Y字形平举（82页）	3	12	1分钟	3	10	45秒	4	8	45秒	3	10	30秒
3. 立姿旋转滑轮下拉（303页）	3	12	30秒	3	10	30秒	3	8	45秒	3	10	30秒

最佳重训计划

重量训练C

训练动作	第一周			第二周			第三周			第四周		
	组数	次数	休息	组数	次数	休息	组数	次数	休息	组数	次数	休息
1A. 杠铃深蹲（194页）	3	12	1分钟	3	10	45秒	4	8	45秒	3	10	30秒
1B. 上斜式哑铃仰卧推举（50页）	3	12	1分钟	3	10	45秒	4	8	45秒	3	10	30秒
2A. 反手滑轮下拉（100页）	3	12	1分钟	3	10	45秒	4	8	45秒	3	10	30秒
2B. 哑铃反弓步（213页）	3	15	1分钟	3	12	45秒	4	10	45秒	3	8	30秒
3A. 滑轮内拉至脸外转（104页）	3	12	1分钟	3	10	45秒	4	8	45秒	3	10	30秒
3B. 瑞士球屈腿（286页）	3	8	30秒	3	10	30秒	3	12	30秒	3	10	30秒

心肺训练

计划

- 你可以在跑步机、飞轮或户外的人行道或跑道上进行此训练。
- 训练强度约为你最大负荷量的90%～95%。进行30秒。
- 之后慢下来，训练强度降到约为你最大负荷量的50%，进行2分钟。如此为1组训练动作。
- 以下表依周次渐进，注意训练A代表你在重量训练A隔天所进行的心肺训练，训练B代表你在重量训练B隔天所进行的心肺训练，以此类推。
- 第三周和第四周时，完成所有组数，休息5～10分钟，接着再重复同样的组数1次。例如，第三周的训练A，你会先做5组训练，休息一下，接着又再做5组训练。

心肺训练	第一周	第二周	第三周	第四周
A	5	6	5, 5	6, 6
B	6	7	6, 6	5, 5, 5
C	7	8	5, 5	5

海滩等着你重训计划 第一阶段：第一周和第二周

这8周的重训计划可以让瘦小的人锻炼出如山般的肌肉。怎么做到的？答案是想办法让自己变壮。重训计划设计者戴尔蒙指出，胸肌小却能卧推137.5公斤重量的人很少。他设计的全身训练计划可增进肌力，让你从头到脚都长肌肉。

如何进行此重训计划

- 第一阶段和第三阶段，每一组重训（重训A、重训B、重训C）一周进行1次，每一次重训之间至少间隔1天。所以你可以在星期一进行重训A，星期三进行重训B，星期五进行重训C。
- 第二阶段和第四阶段，重训A和重训B一周在连续的两天中各进行1次。接着休息一两天，再选连续的两天进行重训C和重训D。再休息一两天，下一周再重复同样的循环。所以你可以星期一进行重训A、星期二进行重训B、星期四进行重训C、星期五进行重训D。
- 注意每一个阶段组数和反复次数都会更多。在第一阶段时，每个动作选择身体能负荷，并能完成所有反复次数的最大重量，之后各阶段也用相同的重量。如果你第一阶段用92.5公斤杠铃深蹲，在第二、三、四阶段也用同样的重量，但必须做更多下、更多组动作。
- 如果需要的话，训练可以以类似的动作替换。例如，你可以以哑铃卧推取代杠铃卧推，或选择卷腹或仰卧起坐的变化取代瑞士球卷腹。
- 确定你采用的重量不但能完成所有反复次数，还能保持一定难度。例如，你做30下瑞士球卷腹，完成该组动作时不能感到游刃有余，还能再做10下。如果太简单的话，就在胸前抱一块杠片增加难度。

专家简介

戴尔蒙是《练肌肉，绝不唬烂！》（No-Nonsense Muscle Building）一书的作者，电子书销售排名第一锻炼肌肉专书。他拥有西安大略大学人体运动学学位，他原本是位瘦子，但运用自己发明的变壮、变大方法，成功增加了18公斤的肌肉。

重量训练A

训练动作	组数	反复次数	休息时间
1. 杠铃深蹲（194页）	4	4	2～3分钟
2A. 杠铃仰卧推举（42页）	4	4	90秒
2B. 杠铃划船（72页）	4	4	90秒
2B. 杠铃耸肩（129页）	4	4	90秒
3B. 立姿杠铃小腿提拉（220页）	4	4	30秒

重量训练B

训练动作	组数	反复次数	休息时间
1A. 哑铃弓步（212页）	4	12～15	90秒
1B. 杠铃直膝硬举（248页）	4	12～15	90秒
2A. 双杠撑体（40页）	4	越多越好	30秒
2B. 反手引体向上（92页）	4	越多越好	30秒
3. 瑞士球卷腹（314页）	3	30	1分钟

重量训练C

训练动作	组数	反复次数	休息时间
1. 杠铃硬举（244页）	4	4	2～3分钟
2A. 哑铃肩上推举（116页）	4	4	90秒
2B. 正手宽握引体向上（95页）	4	4	90秒
3A. 杠铃耸肩（126页）	2	20	30秒
3B. 立姿杠铃小腿提拉（220页）	2	20	30秒

最佳重训计划

海滩等着你重训计划 第二阶段：第三周和第四周

重量训练A

训练动作	组数	反复次数	休息时间
1. 杠铃深蹲（194页）	5	5	2～3分钟
2. 杠铃直膝硬举（248页）	5	5	2～3分钟
3. 杠铃划船（72页）	5	5	2～3分钟
4A. 杠铃耸肩（126页）	3	30	30秒
4B. 立姿杠铃小腿提拉（220页）	3	30	30秒

重量训练B

训练动作	组数	反复次数	休息时间
1A. 哑铃仰卧推举（48页）	5	5	90秒
1B. 杠铃划船（72页）	5	5	90秒
2. 哑铃肩上推举（116页）	5	5	2～3分钟
3. 瑞士球卷腹（314页）	3	30	1分钟

重量训练C

训练动作	组数	反复次数	休息时间
1. 杠铃硬举（244页）	5	5	2～3分钟
2. 哑铃弓步（212页）	5	5	2～3分钟
3. 近握杠铃仰卧推举（43页）	5	5	2～3分钟
4A. 杠铃耸肩（126页）	3	30	30秒
4B. 立姿杠铃小腿提拉（220页）	3	30	30秒

重量训练D

训练动作	组数	反复次数	休息时间
1A. 上斜式哑铃仰卧推举（50页）	5	5	90秒
1B. 滑轮划船（88页）	5	5	90秒
2. 哑铃肩上推举（116页）	5	5	2～3分钟
3. 瑞士球卷腹（314页）	3	30	1分钟

海滩等着你重训计划 第三阶段：第五周和第六周

重量训练A

训练动作	组数	反复次数	休息时间
1. 杠铃深蹲（194页）	6	6	2～3分钟
2A. 杠铃仰卧推举（42页）	6	6	90秒
2B. 杠铃划船（72页）	6	6	90秒
3A. 侧平举（122页）	3	15	30秒
3B. 立姿杠铃小腿提拉（220页）	3	15	30秒

重量训练B

训练动作	组数	反复次数	休息时间
1A. 哑铃弓步（212页）	4	8～12	90秒
1B. 杠铃直膝硬举（248页）	4	8～12	90秒
2A. 双杠撑体（40页）	4	越多越好	30秒
2B. 反手引体向上（92页）	4	越多越好	30秒
3. 瑞士球卷腹（314页）	3	30	1分钟

重量训练C

训练动作	组数	反复次数	休息时间
1. 杠铃硬举（244页）	6	6	2～3分钟
2A. 哑铃肩上推举（116页）	6	6	90秒
2B. 正手宽握引体向上（95页）	6	6	90秒
3A. 杠铃耸肩（126页）	3	15	30秒
3B. 立姿杠铃小腿提拉（220页）	3	15	30秒

最佳重训计划

海滩等着你重训计划 第四阶段：第七周和第八周

重量训练A

训练动作	组数	反复次数	休息时间
1. 杠铃深蹲（194页）	7	7	2～3分钟
2. 杠铃直膝硬举（248页）	7	7	2～3分钟
3. 杠铃弯举（150页）	7	7	2～3分钟
4A. 杠铃耸肩（126页）	3	30	30秒
4B. 立姿杠铃小腿提拉（220页）	3	30	30秒

重量训练B

训练动作	组数	反复次数	休息时间
1A. 哑铃仰卧推举（48页）	7	7	90秒
1B. 杠铃划船（72页）	7	7	90秒
2. 哑铃肩上推举（116页）	7	7	2～3分钟
3. 瑞士球卷腹（314页）	3	30	1分钟

重量训练C

训练动作	组数	反复次数	休息时间
1. 杠铃硬举（244页）	7	7	2～3分钟
2. 哑铃弓步（212页）	7	7	2～3分钟
3. 近握杠铃仰卧推举（43页）	7	7	2～3分钟
4A. 杠铃耸肩（126页）	3	30	30秒
4B. 立姿杠铃小腿提拉（220页）	3	30	30秒

重量训练D

训练动作	组数	反复次数	休息时间
1A. 上斜式哑铃仰卧推举（50页）	7	7	90秒
1B. 滑轮划船（88页）	7	7	90秒
2. 哑铃肩上推举（116页）	7	7	2～3分钟
3. 瑞士球卷腹（314页）	2	20	1分钟

婚礼大作战重训计划 第一阶段：第一周到第四周

这套计划为什么叫婚礼大作战重训计划？因为它能让你在结婚当天看起来精瘦有型。训练师艾维诺提供这8周的重训计划的最终目的是在婚礼当天让你身材看起来很棒。此计划可以增宽你的肩膀，消除鲔鱼肚和肥腰身，让你踏上红毯走进礼堂时，不仅看起来玉树临风，蜜月时更能在佳人面前展现耀人夺目的身材。

如何进行此重训计划

- 每1组重训（重训A、重训B、重训C）一周进行1次，每一次重训之间至少间隔1天。所以你可以在星期一进行重训A，星期三进行重训B，星期五进行重训C。
- 有疑问吗？翻到370页，在那里会找到进行所有重训动作完整的指示。

重量训练A

训练动作	组数	反复次数	休息时间
1A. 伏地挺身（30页）	4	越多越好	45秒
1B. 悬垂臂划船（68页）	4	越多越好	45秒
1C. 哑铃分腿深蹲（205页）	4	12～15	45秒
1D. 瑞士球抬臀弯腿（239页）	4	15～20	45秒
1E. 鸟狗式（279页）	4	8～10	45秒
1F. 开合跳（349页）	4	30～50	45秒

进行鸟狗式时，维持姿势5秒钟，接着将手臂和脚放回地面。如此为反复次数1次。每一次动作交换抬起手、脚。

心肺训练

计划

选择你没有进行重量训练的日子，每周跳两次跳绳。跳绳绕1圈则算1下。15分钟内尽可能完成越多下越好。记下此纪录，每次心肺训练时尝试打破上一次的纪录。

重量训练B

训练动作	组数	反复次数	休息时间
1A. 哑铃登阶（258页）	4	12～15	45秒
1B. 单手哑铃或壶铃挥举（264页）	4	12～15	45秒
1C. 地板倒立肩膀推举（119页）	4	越多越好	45秒
1D. 反向反手引体向上（94页）	4	越多越好	45秒
1E. 前平板式（274页）	4	10～12	45秒
1F. 爬山式（284页）	4	30～50	45秒

反向反手引体向上的部分，花3秒钟下降身体，直到手臂伸直。当你无法维持3秒钟时，该组动作便算完成，可以进行下一项训练动作。

进行前平板式时，维持姿势1秒钟，接着休息一下，重复动作。如此为反复次数的1次。

爬山式就照书中原本的方式，除了稍稍调整的一个地方：迅速进行动作，交换腿的时候同时进行，就如以伏地挺身的动作在做交互开合跳（349页）一样，所以你将脚抬向胸部时，那只脚也会着地。

重量训练C

训练动作	组数	反复次数	休息时间
1A. 哑铃肩上推举（116页）	5	5	1分钟
1B. 单臂屈体哑铃张肘划船（76页）	5	5	1分钟
2A. 单脚深蹲（192页）	5	5	1分钟
2B. 单手哑铃或壶铃挥举（264页）	5	5	1分钟
3. 蹲站伸腿（350页）	1	100	越少越好

蹲站伸腿的部分，设好秒表，尽快做完100下，中间如果需要的话，可以稍事暂停。所以你可以做32下，休息20～30秒，再做20下，接着再休息。以此方式直到完成100下。接着停下秒表。纪录所需的时间，下一次重训时，试图突破此纪录。

专家简介

艾维诺是美国新泽西莫里斯敦健身中心的所有人。他曾训练过NFL、MLB、NHL和PGA的运动员，并专门帮助受训者量身打造精实、健壮的身体。

最佳重训计划

婚礼大作战重训计划 第二阶段：第五周到第八周

重量训练A

训练动作	组数	反复次数	休息时间
1A. 爆发力伏地挺身（38页）	5	越多越好	10秒
1B. 高脚悬垂臂划船（70页）	5	越多越好	10秒
1C. 哑铃反弓步（213页）	5	12～15	10秒
1D. 单脚瑞士球抬臀弯腿（240页）	5	15～20	10秒
1E. 张脚相对手脚斜抬前平板式（277页）	5	8～10	10秒
1F. 高箱跳跃（191页）	5	30～50	1分钟

进行张脚相对手脚斜抬前平板式时，维持姿势5秒钟，接着将手臂和脚放回地面。如此为反复次数的1次。每一次动作交换抬起的手、脚。

重量训练B

训练动作	组数	反复次数	休息时间
1A. 地板倒立肩膀推举（119页）	5	越多越好	10秒
1B. 反手引体向上（92页）	5	越多越好	10秒
1C. 杠铃登阶（256页）	5	12～15	10秒
1D. 杠铃悬拉（343页）	5	12～15	10秒
1E. 杠铃前推（288页）	5	12–20	10秒
1F. 蹲站伸腿（350页）	5	30～50	1分钟

重量训练C

训练动作	组数	反复次数	休息时间
1A. 单手哑铃肩上推举（118页）	5	5	1分钟
1B. 正手引体向上（95页）	5	5	1分钟
2A. 单脚蹲站（193页）	5	5	1分钟
2B. 单手哑铃或壶铃挥举（264页）	5	5	1分钟
3. 蹲站伸腿（350页）	1	100	越少越好

蹲站伸腿的部分，设好秒表，尽快做完100下，中间如果需要的话，可以稍事暂停。所以你可以做32下，休息20～30秒，再做20下，接着再休息。以此方式直到完成100下。接着停下秒表。纪录所需的时间，下一次重训时，试图突破此纪录。

心肺训练

计划
选择你没有进行重量训练的日子，每周跳两次跳绳。跳绳绕1圈则算1下。前回旋跳100下，后回旋跳100下；接着前回旋跳90下，后回旋跳90下；前回旋跳80下，后回旋跳80下，以此类推，直到你完成前回旋跳10下，后回旋跳10下。训练开始前先设好秒表，测量完成全部训练花了多少时间。每次训练试着在更短的时间内完成。

垂直弹跳重训计划

健身教练贝吉特设计的高飞计划能增加你垂直跳跃高度10～25厘米。运用如杠铃深蹲等传统训练可加强弹跳所用到的肌肉。而且，还配合了增强式肌力训练，如高箱跳跃和深跳。成果：你会将所有比赛提升到全新境界。

如何进行此重训计划

- 此重训计划一周进行3次。第一阶段中，重训A和重训B轮流交互进行，每次中间至少间隔1天。所以如果你决定要在星期一、三、五进行重训，星期一进行重训A，星期三进行重训B，星期五再进行1次重训A。下一周时，星期一、五进行重训B，星期三进行重训C。第二阶段时，则固定于星期一、五进行重训A，星期三进行重训B。
- 有疑问吗？翻到370页，在那里会找到进行所有重训动作完整的指示。

专家简介

贝吉特是密苏里春田“改变健身中心”所有人之一。他也是《垂直弹跳成长圣经》一书的作者，这本书是史上前所未有的锻炼弹跳力的完整参考书。

第一阶段：第一周到第四周

重量训练A

训练动作	组数	反复次数	休息时间
1. 跪姿臀部屈肌伸展（224页）	1	维持30秒	0
2. 反向抬臀（242页）	2	15	1分钟
3. 跳绳	3	1分钟	1分钟
4. 杠铃硬举（244页）	1	5	3分钟
5. 哑铃保加利亚式分腿深蹲（206页）	2	8	3分钟
6. 立姿杠铃小腿提拉（220页）	3	20	90秒

重量训练B

如果瑞士球抬臀弯腿太简单，可采用该动作单腿版本（参见240页）。

训练动作	组数	反复次数	休息时间
1. 跪姿臀部屈肌伸展（224页）	1	维持30秒	0
2. 反向抬臀（242页）	2	15	1分钟
3. 跳绳	3	1分钟	1分钟
4. 杠铃深蹲（194页）	3	5	3分钟
5. 瑞士球抬臀弯腿（239页）	3	8	90秒
6. 立姿杠铃小腿提拉（220页）	3	20	90秒

第二阶段：第五周到第八周

重量训练A

训练动作	组数	反复次数	休息时间
1. 跪姿臀部屈肌伸展（224页）	1	维持30秒	0
2. 反向抬臀（242页）	2	15	1分钟
3. 跳绳	3	1分钟	1分钟
4. 深跳（191页）	6	3	1分钟
5. 杠铃跳跃深蹲（198页）	4	8	90秒

重量训练B

训练动作	组数	反复次数	休息时间
1. 跪姿臀部屈肌伸展（224页）	1	维持30秒	0
2. 反向抬臀（242页）	2	15	1分钟
3. 跳绳	3	1分钟	1分钟
4. 深跳（191页）	6	3	1分钟
5. 杠铃深蹲（194页）	3	5	3分钟
6. 瑞士球抬臀弯腿（239页）	3	8	90秒

如果瑞士球抬臀弯腿太简单，可采用该动作单腿版本（参见240页）。

最佳重训计划

瘦皮猴变大金刚重训计划

这个老招牌的锻炼肌肉重训计划相当简单，即最大重量和运动量。这是多年来大家熟悉的增加肌肉的公式。现在就用这个历久弥新重训计划锻炼出更多肌肉吧。

如何进行此重训计划

- 每1组重训（重训A、重训B、重训C）一周进行1次，每一次重训之间至少间隔1天。
- 所有有反复次数的训练，从最大的数字开始。也就是，如果标记的是10到5下（10～5），第1组一开始是10下，接着下1组增加重量，减少反复次数。你的目标：最后一两组以身体能负荷最重的重量完成所有计划的反复次数。（如果是10到5下的情况，你的目标就是在最后2组动作，以你能负荷最重的重量做5下。）
- 有疑问吗？翻到370页，在那里会找到进行所有重训动作完整的指示。

专家简介

伊凡艾许拥有健康教育硕士学位，“地下力量”健身中心的所有人，此健身中心位于美国新泽西艾迪森市，是运动员最主要的训练中心。

重量训练A

训练动作	组数	反复次数	休息时间
1. 单手哑铃抓举（345页）	3	10～5	1分钟
2. 俯立平举（79页）	3	10	30秒
3. 侧平举（122页）	3	10	30秒
4A. 杠铃弯举（150页）	3	6～10	0
4B. 双杠撑体（40页）	3	越多越好	0
5. 手腕弯举（172页）	2	越多越好	30秒
6A. 瑞士球屈腿（286页）	1	15	0
6B. 药球V字形起坐（313页）	1	15	0
6C. 前平板式（274页）	1	维持30秒	0
6D. 侧平板式（280页）	1	维持30秒	0

重量训练B

进行行走哑铃弓步时，每向前一步便是反复次数一次。因此双脚各做10下。

训练动作	组数	反复次数	休息时间
1. 杠铃深蹲（194页）	5	10～5	90秒
2. 杠铃硬举（244页）	3	3	90秒
3. 行走哑铃弓步（213页）	2	20	90秒
4. 单手哑铃挥举（264页）	2	10	1分钟
5. 单脚立姿哑铃小腿提拉（221页）	3	10～20	0

重量训练C

训练动作	组数	反复次数	休息时间
1A. 杠铃仰卧推举（42页）	5	10～3	0
1B. 正手引体向上（95页）	5	越多越好	0
2A. 上斜式哑铃仰卧推举（50页）	3	10～5	0
2B. 单臂屈体哑铃张肘划船（76页）	5	12～6	0
3A. 杠铃耸肩（126页）	3	越多越好	0
3B. 伏地挺身（30页）	3	越多越好	0
4A. 杠铃前推（288页）	1	10	0
4B. 负重仰卧起坐（309页）	1	15	0
4C. 瑞士球屈腿（286页）	1	15	0
4D. 卷腹（310页）	1	越多越好	0

激赏运动重训计划

一般人认为，如果和运动员接受一样的训练，看起来就会像运动员。这是真的。因此，我请世界上顶尖的健护教练，肌力与体能训练师波以尔创造出能增进体育表现并塑造体格的重训计划。成果：你会看起来就像正值黄金时期的运动员，无论在运动场上还是在街上都叱咤风云。

如何进行此重训计划

- 重训A和重训B一周在连续的2天中各进行1次。接着休息一两天，再选连续的两天进行重训C和重训D。再休息一两天，下一周再重复同样的循环。所以你可以星期一进行重训A、星期二进行重训B、星期四进行重训C、星期五进行重训D。
- 有疑问吗？翻到370页，在那里会找到进行所有重训动作完整的指示。

重量训练A

训练动作	第一周			第二周			第三周		
	组数	次数	休息	组数	次数	休息	组数	次数	休息
1A. 单手壶铃挥举（264页）	3	10	1分钟	3	10	1分钟	3	10	1分钟
1B. 滑轮核心肌推举（291页）	2	12	1分钟	2	14	1分钟	2	16	1分钟
2A. 反手引体向上（92页）	2	8	1分钟	3	8	1分钟	3	8	1分钟
2B. 单脚深蹲（192页）	2	8	1分钟	3	8	1分钟	3	8	1分钟
2C. 侧平板式（280页）	2	维持30秒	30秒	2	维持40秒	30秒	2	维持50秒	30秒
3A. 哑铃划船（74页）	2	8	30秒	2	8	30秒	2	8	30秒
3B. 单脚杠铃直膝硬举（250页）	2	8	30秒	2	8	30秒	2	8	30秒
3C. 滑轮内拉至脸外转（104页）	2	8	30秒	2	8	30秒	2	8	30秒
3D. 跪姿稳定度滑轮上拉（294页）	2	8	30秒	2	8	30秒	2	8	30秒

重量训练B

训练动作	第一周			第二周			第三周		
	组数	次数	休息	组数	次数	休息	组数	次数	休息
1A. 哑铃仰卧推举（48页）	2	8	1分钟	3	8	1分钟	3	8	1分钟
1B. 瑞士球前推（288页）	2	20	1分钟	2	30	1分钟	2	40	1分钟
2A. 槌握哑铃弯推举（157页）	2	8	1分钟	2	8	1分钟	2	8	1分钟
2B. 滑墙运动（350页）	2	10	1分钟	2	12	0	2	14	0
2C. 前平板式（274页）	2	维持30秒	30秒	2	维持40秒	30秒	2	维持50秒	30秒
3A. 爬山式（284页）	2	10	30秒	2	12	1分钟	2	14	1分钟
3B. 上斜式Y-T-W-L字形平举（82页）	2	8	30秒	2	10	1分钟	2	12	1分钟
3C. 立姿滑轮髋内收运动（218页）	2	10	30秒	2	12	1分钟	2	14	1分钟

专家简介

波以尔是一名肌力与体能训练师，也是“体力与肌力”健身中心的所有人，在美国马萨诸塞州各地都有分馆。多年来，他训练过好几位NBA、NFL、NHL运动员。他同时经营Strengthcoach.com网站，该网站是所有网络重量训练资料最为丰富的网站之一。

最佳重训计划

激赏运动重训计划

重量训练C

训练动作	第一周			第二周			第三周		
	组数	次数	休息	组数	次数	休息	组数	次数	休息
1A. 单手壶铃挥举（264页）	3	5	1分钟	3	5	1分钟	3	5	1分钟
1B. 滑轮核心肌推举（291页）	2	12	1分钟	2	14	1分钟	2	16	1分钟
2A. 单脚深蹲（192页）	2	8	1分钟	3	8	1分钟	3	8	1分钟
2B. 悬垂臂划船（68页）	2	15	1分钟	3	15	1分钟	3	15	1分钟
2C. 侧平板式（280页）	2	维持30秒	30秒	2	维持40秒	30秒	2	维持50秒	30秒
3A. 背阔肌滑轮下拉（98页）	2	15	30秒	2	15	30秒	2	15	30秒
3B. 哑铃弓步（212页）	2	8	30秒	2	12	30秒	2	15	30秒
3C. 瑞士球抬臀弯腿（239页）	2	8	30秒	2	10	30秒	2	12	30秒
3D. 半跪姿稳定度滑轮上拉（295页）	2	8	30秒	2	8	30秒	2	8	30秒

重量训练D

训练动作	第一周			第二周			第三周		
	组数	次数	休息	组数	次数	休息	组数	次数	休息
1A. 近握杠铃仰卧推举（43页）	2	8	1分钟	3	8	1分钟	3	8	1分钟
1B. 瑞士球前推（288页）	2	20	1分钟	2	30	1分钟	2	40	1分钟
2A. 组合式肩膀平举（125页）	2	10	1分钟	2	10	1分钟	2	10	1分钟
2B. 滑墙运动（350页）	2	10	0	2	12	0	2	14	0
2C. 前平板式（274页）	2	维持30秒	30秒	2	维持40秒	30秒	2	维持50秒	30秒
3A. 爬山式（284页）	2	10	1分钟	2	12	1分钟	2	14	1分钟
3B. 上斜式Y-T-W-L字形平举（82页）	2	8	1分钟	2	10	1分钟	2	12	1分钟
3C. 立姿滑轮髋内收运动（218页）	2	10	1分钟	2	12	1分钟	2	14	1分钟
3D. 滑轮核心肌推举（291页）	2	8	1分钟	2	8	1分钟	2	8	1分钟

三大动作重训计划

物理治疗师和肌力与体能训练师哈特曼设计的"一二三，练完就走"重训计划，可快速锻炼肌肉。但只有"大型"的训练动作，也就是一次训练多肌肉群组的动作。其中一项动作是训练下半身，再加上推拉各一种动作训练上半身。三管齐下在最短的时间内练出最好的成果。

如何进行此重训计划

- 从以下3种分类中各选出1种动作：大下半身动作、大拉动作、大推动作。
- 以循环的方式进行这三项运动，连续各进行1组动作，接着再依指示休息。
- 总共完成4～5次循环，一周进行3次。每次重训中间至少休息1天。

训练一

大下半身运动

- 做6～8下。
- 休息75秒。
- 进行训练二。

杠铃深蹲（194页）
哑铃深蹲（199页）
杠铃前深蹲（195页）
高脚杯深蹲（200页）
杠铃硬举（244页）
哑铃硬举（246页）
杠铃分腿深蹲（202页）
哑铃分腿深蹲（205页）

训练二

大拉运动

- 做6～8下。
- 休息75秒。
- 进行训练三。

反手引体向上（92页）
正手引体向上（95页）
正反手引体向上（96页）
杠铃划船（72页）
哑铃划船（74页）
滑轮划船（88页）
背阔肌滑轮下拉（98页）
30度滑轮下拉（100页）

训练三

大推运动

- 做6～8下。
- 休息60秒。
- 回到训练一，反复进行直到你完成4～5次循环。

杠铃肩上推举（112页）
哑铃肩上推举（116页）
杠铃推举（114页）
杠铃仰卧推举（42页）
哑铃仰卧推举（48页）
上斜式杠铃仰卧推举（46页）
上斜式哑铃仰卧推举（50页）
负重伏地挺身（33页）

最佳重训计划

卧推最大重训计划

你上次仰卧推举多加10公斤是什么时候的事？15公斤呢？哼哼，世界级的举重选手泰特设计的重训计划可帮你多增加10～15公斤的重量，也许还会更多呢！依照此计划，短短8周之间，一般人最大卧推纪录可以预期增加10～25公斤的重量。

秘诀

你会运用到世界上最早的举重俱乐部发展出的训练方法。特点是一天以轻量快速进行训练（称为速度重训），接着另一天则进行低反复次数、较重的训练（极限重训）。速度重训能让你的肌肉突破瓶颈。极限重训则能锻炼出将杠铃推到底所需的最后几寸的肌力。如此组合训练会令你在短时间内增加几组杠片。

如何进行此重训计划

- 每组重训（重训A、重训B）一周各进行1次，每次中间休息间隔至少3天。所以你可以星期一进行重训A，星期五进行重训B。利用中间其中一天进行下半身重训计划，像是第九章的“打造完美臀部重训计划”。
- 有疑问吗？翻到370页，在那里会找到进行所有重训动作完整的指示。

重量训练A：速度重训

训练动作	组数	反复次数	休息时间
1. 杠铃仰卧推举（42页）	9	3	45秒
2. 近握杠铃仰卧推举（43页）	2～3	5	2～3分钟
3. 曲杆仰卧三头肌伸展（160页）	3	8	1分钟
4. 杠铃划船（72页）	5	5	2分钟
5. 哑铃肩上推举（116页）	3	8	1分钟
6. 正手曲杆弯举（149页）	1	10	0

杠铃仰卧推举的部分，用你每次所能举起的一半的重量。每次尽快推举杠铃。试着在每3.5秒内完成3下。每组做完休息45秒，每三组动作后调整双手距离，分别约为40厘米、50厘米、60厘米。

重量训练B：极限重训

训练动作	组数	反复次数	休息时间
1. 仰卧推举：自选			
2. 曲杆仰卧三头肌伸展（160页）	5	10	60～90秒
3. 肱三头肌下拉（169页）	5	10	60～90秒
4. 哑铃划船（74页）	5	10	60～90秒
5. 前平举（120页）	5	10	60～90秒

仰卧推举的部分，从以下的训练动作菜单中选出1种。（每两周换1种。）一开始先举空杠3下热身。休息45秒。加上10～20公斤重量，再做3下。继续进行，直到1组3下感到吃力。接着加重重量，但现在不做3下，而是只做1下，各组间休息时间增加到2分钟。一直锻炼到你只能举1次的重量。记下此纪录，每次极限重训时试着打破此纪录。注意事项：身旁一定要有人照顾着，以免发生危险。

训练动作菜单
- 毛巾杠铃仰卧推举（44页）
- 板式杠铃仰卧推举（45页）
- 架上杠铃仰卧推举（45页）

专家简介

泰特是美国俄亥俄州“精英健身系统”健身中心的创立人及总裁，也是《男性健康》杂志的长期赞助人。他曾创下了仰卧推举个人最佳305公斤的纪录，更完成467.5公斤的蹲举和370公斤硬举成绩。

小两口很忙重训计划

此减肥计划专门为小两口的重训设计，同时让你获得满意的成果。重量训练以循环的方式进行。你们可以一起进行，或如果你们必须共享同1组器材的话，就以“请你跟我这样做”的方式进行，其中一人先完成第一个动作，另一个人才开始进行。你们完成主要重训计划后，可以再选择额外训练，依个人需求打造自己的重训计划，以锻炼出你想要的身材。

如何进行此重训计划

- 每1组重训（重训A、重训B、重训C）一周进行1次，每一次重训之间至少间隔1天。所以你可以在星期一进行重训A，星期三进行重训B，星期五进行重训C。
- 每次重量训练之前，记得进行热身运动。
- 每1组重量训练设计时间为10分钟。在这段时间内尽可能做越多组动作越好。注意你必须以循环的方式进行训练。所以完成1组第一项动作后，马上换到第二项动作，以此类推。时间到时就停下来。
- 每组重训后，你可以选择其中一种“4分钟加码重量训练”。这些是可自由选择的，所以你有时间的时候再做。此重训计划的设计一方面主要是减肥，另一方面是多锻炼你可能想炫耀一下的肌肉。因此，你会发现有些重训计划分男女组（但两者你都可以选择。）
- 心肺训练一周进行2次，在重量训练间隔的那几天进行。所以你可以在星期二和星期四进行心肺训练。（如果你找不出时间，做不到一周训练5天，那就在其中2次重训后马上进行心肺训练。）
- 有疑问吗？翻到370页，在那里会找到进行所有重训动作完整的指示。

重量训练

热身运动

训练动作	组数	反复次数	休息时间
1A. 开合跳（349页）	越多越好	15	0
1B. 抱头深蹲（188页）	越多越好	10	0
1C. 伏地挺身（30页）	越多越好	8	0

重量训练A

训练动作	组数	反复次数	休息时间	训练时间
1A. 上斜式哑铃仰卧推举（50页）	越多越好	8	0	8分钟
1B. 哑铃划船（74页）	越多越好	8	0	
1C. 单手哑铃挥举（264页）	越多越好	8	0	
2. 蹲站伸腿（350页）	越多越好	20秒	10秒	2分钟

- 此重训计划分为2个阶段。其中一段进行8分钟，而另一段进行2分钟。每一项训练尽可能在规定时间内做越多组越好。
- 8分钟的阶段，3种动作以各做8下为循环。所以第一项动作完成1组后，就马上换第二组动作，以此类推。时间到的时候，换到2分钟的训练。
- 2分钟的阶段，就简单进行该项训练动作。在20秒内尽可能进行训练，做越多下越好，接着休息10秒钟，动作反复进行直到时间终止。

专家简介

艾德是美国国家肌力与体能协会认证的个人指导员，同时也是美国内布拉斯加州林肯地区ELS健身按摩中心的所有人。他专门帮助忙碌的男女以最快的速度减肥并重获好身材。

最佳重训计划

小两口很忙重训计划

重量训练B

训练动作	组数	反复次数	休息时间	训练时间
1A. 推进器式（339页）	越多越好	8	0	10分钟
1B. 俯立平举（79页）	越多越好	8	0	
1C. 伏地挺身（30页）	越多越好	12	0	
1D. 哑铃反弓步（213页）	越多越好	8	0	
1E. 爬山式（284页）	越多越好	30秒	0	

重量训练C

训练动作	组数	反复次数	休息时间	训练时间
1A. 哑铃划船（74页）	越多越好	10	0	10分钟
1B. 上斜式哑铃仰卧推举（50页）	越多越好	10	0	
1C. 蹲站伸腿（350页）	越多越好	8	0	
1D. 哑铃肩上推举（116页）	越多越好	10	0	
1E. 单手哑铃挥举（264页）	越多越好	12	0	

男性4分钟加码重量训练

选择一：手臂和核心肌

训练动作	组数	反复次数	休息时间	训练时间
1A. 立姿哑铃弯举（152页）	越多越好	20秒	10秒	4分钟
1B. 蹲站伸腿（350页）	越多越好	20秒	10秒	
1C. 哑铃仰卧三头肌伸展（164页）	越多越好	20秒	10秒	
1D. 蹲站伸腿（350页）	越多越好	20秒	10秒	

选择二：臀部、手臂和核心肌

训练动作	组数	反复次数	休息时间	训练时间
1A. 近手伏地挺身（34页）	越多越好	20秒	10秒	4分钟
1B. 单手哑铃挥举（264页）	越多越好	20秒	10秒	
1C. 槌握哑铃弯推举（157页）	越多越好	20秒	10秒	
1D. 单手哑铃挥举（264页）	越多越好	20秒	10秒	

选择三：手臂和核心肌

训练动作	组数	反复次数	休息时间	训练时间
1A. 瑞士球屈腿（286页）	越多越好	20秒	10秒	4分钟
1B. 下斜式槌握哑铃弯举（154页）	越多越好	20秒	10秒	
1C. 瑞士球屈腿（286页）	越多越好	20秒	10秒	
1D. 哑铃仰卧三头肌伸展（164页）	越多越好	20秒	10秒	

女性4分钟加码重量训练

选择一：臀部、肱三头肌和核心肌

训练动作	组数	反复次数	休息时间	训练时间
1A. 脚垫瑞士球抬臀（235页）	越多越好	20秒	10秒	4分钟
1B. 爬山式（284页）	越多越好	20秒	10秒	
1C. 哑铃仰卧三头肌伸展（164页）	越多越好	20秒	10秒	
1D. 爬山式（284页）	越多越好	20秒	10秒	

选择二：臀部、大腿和核心肌

训练动作	组数	反复次数	休息时间	训练时间
1A. 瑞士球屈腿（286页）	越多越好	20秒	10秒	4分钟
1B. 瑞士球抬臀弯腿（239页）	越多越好	20秒	10秒	
1C. 瑞士球屈腿（286页）	越多越好	20秒	10秒	
1D. 哑铃分腿交互蹲跳（207页）	越多越好	20秒	10秒	

选择三：臀部、大腿、肩膀和手臂

训练动作	组数	反复次数	休息时间	训练时间
1A. 哑铃深蹲（199页）	越多越好	20秒	10秒	4分钟
1B. 单手哑铃挥举（264页）	越多越好	20秒	10秒	
1C. 槌握哑铃弯推举（157页）	越多越好	20秒	10秒	
1D. 单手哑铃挥举（264页）	越多越好	20秒	10秒	

十六分钟心肺训练

计划

- 你可以在跑步机、飞轮或户外的人行道或跑道上进行此训练。
- 一开始以轻松的步伐进行训练，强度约为你最大负荷量的30%，进行4分钟。接着做以下间隔训练。
- 训练强度约为你最大负荷量的80%。进行30秒。
- 之后慢下来，训练强度降到约为你最大负荷量的40%，进行60秒。如此为1组训练动作。总共进行6组。
- 完成所有组数后，放慢速度，训练强度降到约为你最大负荷量的30%，进行3分钟。

最佳重训计划

身体万能重训计划

你不用成为健身房会员也能雕塑出漂亮的体格。其实你连器材都不用。下面这一套超级简单的自体重量训练计划在任何地方都能打造肌肉、燃烧脂肪。

重量训练1

如果前4种训练太难，可自由替换变化动作，以顺利完成指定的反复次数。同样的，如果你发现某些训练太过容易，就以较难的变化动作代替。

Y-T-I字形平举的部分，每一种字形进行10下。也就是说，先做10下Y字形平举，接着再做10下T字形平举，最后做10下I字形平举。

训练动作	组数	反复次数	休息时间
1. 哑铃保加利亚式分腿深蹲（206页）	3	10～12	1分钟
2A. 伏地挺身（30页）	3	12～15	1分钟
2B. 抬臀（232页）	3	12～15	1分钟
3A. 侧平板式（280页）	3	维持30秒	30秒
3B. 地板Y-T-I字形平举（82～87页）	3	10	30秒

重量训练2

进行静体爆发力跳跃深蹲和静体爆发力伏地挺身时，每一次动作要确定在动作低点停留5秒钟的时间。

训练动作	组数	反复次数	休息时间
1. 自体重量静体爆发力深蹲跳跃（190页）	4	6～8	1分钟
2A. 静体爆发力伏地挺身（38页）	3	6～8	1分钟
2B. 单脚抬臀（236页）	3	12～15	1分钟
3A. 倒立肩膀推举（119页）	3	越多越好	1分钟
3B. 俯卧反弓（291页）	2	维持1分钟	1分钟

重量训练3

第一次进行此重量训练时，每种动作做2组。未来的重量训练时，慢慢提高到每种动作做5组。

训练动作	组数	反复次数	休息时间
1A. 开合跳（349页）	2～5	30秒	0
1B. 抱头深蹲（188页）	2～5	20	0
1C. 近手伏地挺身（34页）	2～5	20	0
1D. 行走哑铃弓步（213页）	2～5	12	0
1E. 爬山式（284页）	2～5	10	0
1F. 大腿后抬（356页）	2～5	8	0
1G. T字形伏地挺身（37页）	2～5	8	0
1H. 原地跑步	2～5	30秒	0

15分钟超省时重训计划

准备好要雕塑出更精实、强壮的体魄了吗？时间不用太久。美国堪萨斯大学科学家指出，一周只做3次15分钟的重训计划就能增加入门者的力量。而且，一般人面对新的重训计划，通常会在1个月内就放弃，但这个计划完全不一样，96%的受试者很容易就将此重训计划融入生活中。你也可以做到！以下10组重训全部都能帮助增加肌肉，同时消除脂肪。

开始之前

如果此重训计划中的任何自体重量训练动作太难或太简单，可任意替换变化动作，以顺利完成指定的反复次数。记住，每1组动作应该要挑战你的肌肉，要能令你感到吃力，但却不到动作完全失败。（参考第二章，会有关此概念较为完善的说明。）

但请不要误解为这些重量训练不容易。训练的节奏十分快速并激烈。所以如果一开始感到太困难，在每组间可自行调控休息时间，并在15分钟内尽可能完成越多训练动作越好。接下来每一次重训，试着每次进步一点，直到你能完成完整的训练。

如何进行此重训计划

- 选择一：选择一种重量训练，1周进行3次，每次中间至少休息一天。2～3周后，换一种新的重量训练。
- 选择二：选择两种重量训练，一周3天中来回轮流进行。所以你可以在星期一和星期五进行重量训练1，星期三进行重量训练2。下一周，星期一和星期五则进行重量训练2，星期三进行重量训练1。4周后，再选择两种新的重量训练。

重量训练1

训练动作	组数	反复次数	休息时间
1A. 杠铃深蹲（194页）	3	15	0
1B. 伏地挺身（30页）	3	越多越好	0
1C. 抬臀（232页）	3	12～15	0
1D. 哑铃划船（74页）	3	10～12	0
1E. 前平板式（274页）	3	维持30秒	0

重量训练2

训练动作	组数	反复次数	休息时间
1A. 瑞士球抬臀弯腿（239页）	3	越多越好	0
1B. 增强版伏地挺身（60页）	3	越多越好	0
1C. 瑞士球屈腿（286页）	3	越多越好	30秒
2A. 反手引体向上（92页）	2～3	越多越好	30秒
2B. 哑铃肩上推举（116页）	2～3	8～10	30秒

重量训练3

训练动作	组数	反复次数	休息时间
1. 单手反弓步推举（340页）	3	10～12	1分钟
2A. 反手引体向上（92页）	3	越多越好	0
2B. 侧平板式（280页）	3	维持30秒	0
2C. 伏地挺身（30页）	3	越多越好	45秒

重量训练4

训练动作	组数	反复次数	休息时间
1. 单手哑铃挥举（264页）	3	12	30秒
2A. 伏地挺身和划船（39页）	3	12	30秒
2B. 推进器式（339页）	2	12	30秒
2C. 瑞士球屈腿（286页）	2	12～15	30秒

最佳重训计划

15分钟超省时重训计划

重量训练5

训练动作	组数	反复次数	休息时间
1. 侧弓步推举（341页）	3	10～12	1分钟
2A. 单脚直握哑铃划船（75页）	3	12～15	0
2B. 单脚抬臀（236页）	3	越多越好	0
2C. T字形伏地挺身（37页）	3	越多越好	30秒

重量训练6

训练动作	组数	反复次数	休息时间
1A. 哑铃过头弓步（215页）	3	10～12	0
1B. 单臂直握哑铃划船旋转（78页）	3	10～12	0
1C. 单手登阶推举（340页）	3	10～12	0
1D. 伏地挺身（30页）	3	越多越好	0
1E. 俯卧反弓（291页）	3	维持30秒	0

重量训练7

训练动作	组数	反复次数	休息时间
1. 宽握杠铃硬举（245页）	4	5	90秒
2A. 上斜式哑铃仰卧推举（50页）	2	10～12	0
2B. 瑞士球俄罗斯旋转（298页）	2	10～12	0
2C. 哑铃弓步（212页）	2	10～12	1分钟

重量训练8

训练动作	组数	反复次数	休息时间
1A. 杠铃早安式硬举（250页）	3	8	0
1B. 哑铃仰卧推举（48页）	3	8	0
1C. 自体重量深蹲（186页）	3	30秒	0
1D. 哑铃划船（74页）	3	10	0
1E. 爬山式（284页）	3	30秒	15～30秒

重量训练9

训练动作	组数	反复次数	休息时间
1A. 哑铃硬举（246页）	4	6	0
1B. 跳绳	4	45秒	0
1C. 哑铃推举（117页）	4	6	0
1D. 跳绳	4	45秒	1分钟

重量训练10

训练动作	组数	反复次数	休息时间
1. 杠铃深蹲（194页）	3	6～8	1分钟
2A. 杠铃划船（72页）	3	6～8	0
2B. 核心肌稳定度运动（330页）	3	30秒	0
2C. 单手哑铃挥举（264页）	3	10～12	0
2D. 下斜式伏地挺身（32页）	3	越多越好	30秒

斯巴达克斯重训计划

你有没有想过为什么好莱坞演员有那么令人称羡的体格？此非一朝一夕之事，而是长期运动的结果。曾经有人找我为电视台新节目“斯巴达克斯”演员设计一套重训计划，为2010年1月首映做准备时，我心中就浮现出最适合讨论的人选凯斯罗夫，她是世界上顶尖的健身专家之一，在业界中颇负盛名，因为她的专长是活用最新潮的肌肉和减肥科学，达到令人惊艳的效果。

开始之前

斯巴达克斯演员的训练中，我们组合了老式的训练器材，如沙袋和壶铃，以及现代经典训练变化动作，如T字形伏地挺身和哑铃弓步旋转。动作都设计成模仿斯巴达战士在训练和战斗中用到的动作。如果您是一般读者，我们改变了一些训练动作，让重训更容易在健身房中进行，并保持训练每一分的功效。最后的结果是：最新潮的循环重训计划，不但能帮助你减去脂肪，精炼胸肌、手臂肌肉和腹肌，更能使你的体能水平登入新的境界。因此，你会雕塑出精实、壮硕、运动型的体格，仿佛是一位斯巴达战士，同时也会练出这辈子最好的体魄。

专家简介

葛斯罗夫是肌力与体能训练师，也是美国加利福尼亚州圣塔克拉利塔成果健身中心的所有人之一，她也是《男性健康》和《女性健康》杂志顶尖的健身顾问。

如何进行此重训计划

- 此重训计划每周进行3天，你可以把它当做主要重量训练动作，也可当做心肺训练，在你规律重训之间的那几天进行。此方法能帮助你更加迅速减去脂肪。
- 以循环的方式进行重训，连续进行1组动作。循环中每一项动作历时60秒。在那段时间中尽可能做越多下越好，接着换到循环中的下一项动作。从一项动作换到另一项动作可以有15秒的时间，每完成10项动作的循环后休息2分钟。接着重复两次。如果你无法从头到尾都一直进行自体重量训练的话，尽可能做越多越好，休息几秒钟，接着再重新开始，一直到该动作的时间终止。
- 每次重训之前，完成5～10分钟的热身运动。用第十二章“打造自己的热身运动”的指示设计自己的训练动作。

动作1

高脚杯深蹲（200页）

动作2

爬山式（284页）

动作3

单手哑铃挥举（264页）

动作4

T字形伏地挺身（37页）

动作5

哑铃分腿交互蹲跳（207页）

动作6

哑铃划船（74页）

动作7

哑铃侧弓步碰地（217页）

动作8

伏地挺身和划船（39页）

伏地挺身和划船动作，请参考伏地挺身和划船的动作。只做划船的动作，而不需做伏地挺身的动作。

动作9

哑铃弓步旋转（215页）

动作10

哑铃推举（117页）

第十四章
最佳心肺训练
每次都如风一般奔向终点

有件事情要说清楚："Cardio"（本书译为"心肺"）这词可不全然代表"有氧运动"。毕竟，"Cardio"一词是心血管调节功能的简称。其实，重量训练和冲刺对心肺功能也都十分有益。所以你从本书中就可以找到许多很棒的心肺训练计划。

但在本章中，你会发现十多种更快、更特别的训练，也许会永远改变你对心肺训练的看法。不论你是想打破一成不变的训练方式，狂奔10千米，或来个激烈的收尾，本章中都有最新潮的计划供你选择。

8种增进跑步速度的世界经典方法

如果你对长时间、无聊的跑步感到厌倦，试试看理学硕士艾斯顿设计的短时间快速训练，他曾参与奥林匹克马拉松两次，是杨百翰大学男子长跑队的总教练。此训练不仅打破千篇一律的训练方式，更增进你的速度和耐力，达到全新的高点。建议采用混合进行方式：一周的前几天中，从前三种训练选一种进行训练，接着后几天再从第四种到第七种训练中选第二种训练，都在田径场上进行。最后一种训练法周末再进行。

一、节奏跑法

这是什么：4英里慢跑的加速版，跑的时候采用“辛苦但不勉强”的速率。

为什么：用节奏跑法锻炼身体时，能清除由身体产生使肌肉“酸痛”，并强迫你动作慢下来的废物。如此一来，你就能跑得更快、更久。

如何进行：测量你跑3英里最快的速度（回想你最近一次跑5千米的最佳成绩）。计算每英里跑步的速率，并加上30秒钟。如果你觉得你跑3英里需要24分钟的时间，试试看以跑1英里花8分钟30秒的时间，完成4英里的路程。

小提醒：请精准地测量速率，手上带只表。

二、1000米节奏跑法

这是什么：一系列1千米的节奏跑法，中间有间隔休息。

为什么：短程的节奏跑法能帮助你维持一定的速度，而短暂的休息能让你保持精力。

如何进行：以4英里的跑步速率（第一种方式“节奏跑法”中测量出的速度）跑1千米，约为标准田径场的二又二分之一圈，接着休息60秒后，再重复动作。总共间歇跑6趟，并慢慢增加到10趟，每次进行此计划时一次增加1趟。

小提醒：如果你比较习惯的话，可以用时间代替距离来测量。每次间歇跑3分钟30秒，接着再休息。

三、逐步下降法特雷克跑法

这是什么：法特雷克是瑞典语“任意变速”的意思，也就是代表依个人感觉加减速。

为什么：逐步下降法特雷克跑法中，间歇跑时则较有规律，最后会变得比较困难。疲倦时进行更激烈的训练的话，你在正常时就能跑得更快。

如何进行：一开始步伐速率约为全速的75%，维持速度跑5分钟。接着慢下来，速率保持约在全速的40%，再跑5分钟。持续以此快慢的方式跑步，但每次减少快跑部分的时间1分钟，并依时间加快自己的速度。最后1分钟快跑时，你应该是几乎以冲刺的速度在跑了。

小提醒：每周第一阶段再加1分钟，但继续保持逐步下降的跑法，直到你第一次的间歇跑时间为10分钟。

四、英里反复跑法

这是什么：1英里快跑，中间有休息时间。认真跑者的终极训练方式。

为什么：英里反复跑的长度和激烈程度会迫使你挑战自己的有氧运动的极限，锻炼长时间快跑的肌耐力和意志力。

如何进行：进行一英里间歇跑3～4趟，速率保持在5千米的比赛配速。每跑完1英里，休息4分钟。

小提醒：调整你的速率，每500米都必须保持同样的速度。

五、800米反复跑法

这是什么：快跑穿插慢跑恢复体力。

为什么：最好的进步方式就是以最大摄氧量的方式跑步。

如何进行：热身直到你流汗。以英里反复跑所费时间再缩减10秒的速率，并维持此速度跑800米（田径场两圈）。每跑完800米先绕田径场慢跑1圈，再重复跑1次。

小提醒：一开始每次只跑4趟就好，接着每次训练时多加1圈，直到你可以在不勉强的情况下跑8趟。

六、400米反复跑法

这是什么：快跑穿插慢跑恢复体力。

为什么：锻炼你结尾加速。

如何进行：以1英里最快的速度跑。（所以如果你个人纪录或平均值1英里跑7分钟。你每一次400米间歇跑时间就应该为105秒。）每一次400米快跑完，慢跑1～2分钟，接着重复动作。一开始间歇跑训练进行6趟，每次训练都增加1趟，直到增加到10趟。

小提醒：开始前先计算好速率。而且记得要先热身！

七、变速跑法

这是什么：200米快跑和200米慢快跑交互进行，总计跑2英里。

为什么：此训练迫使你在跑步中调整休息，平常以较慢速度可挑战的距离，以整体更激烈的运动水平进行锻炼。

如何进行：以你跑1英里最快的速度跑200米，接着慢下来，以多花10秒钟的速率跑下一段200米。速度继续来回交互变化，直到你跑完2英里。

小提醒：如果你在快跑或慢跑的阶段变慢超过2秒钟的时间，就以较轻松的速率跑完2英里全程即可。

八、后半加速长跑法

这是什么：长跑，但后半段加速。

为什么：锻炼你的身体适应长跑，并在结尾加速。

如何进行：增快你平常轻松跑的速率。前半段以正常速率进行，跑到一半时，增快速度，每2英里完成时间减少5～10秒钟。

小提醒：可以先多喝水或准备一些水带在身上，协助你撑过后半段。

终极10千米训练计划

采用新墨西哥大学运动科学副教授卡维特博士设计的八周快速计划，在下一次10千米竞赛中成绩令人咋舌。此训练方法用到了“美国效忠誓言”，是的，就是美国小学所背的誓言，帮助你跑得比过去更快。美国威斯康星大学拉克罗斯校区研究中，研究者发现跑步时背诵总共31字的“美国效忠誓言”的能力，是测量激烈程度相当准确的方式。学着该如何有技巧地应用此方式，不论是长距离、轻松跑或是相当激烈的间歇跑，都能确保自己在每次训练时维持理想的速度。结果，你会打破自己过去10千米赛跑的最佳纪录。

*可以用三字经，或任何诗词代替。

速度的科学

在我们进入背诗的领域之前，要先上有关乳酸门坎的知识。乳酸是身体的缓冲机制，会于腿部堆积，在奔跑时令你感到酸楚。

（此“酸楚”普遍认为是乳酸造成的，但科学家已不觉得如此。）你跑得越快，你体内的酸性累积越快。到某个程度，酸性过高无法中和时，你就必须慢下来。这就是你到达乳酸门坎的时候。

你也可以将乳酸门坎视为是你能从头到尾维持不变的最快速度，而且不会造成酸痛。因此，如果提高乳酸门坎的话，你就能跑得更快、更久。背诗时就派上用场了，背诗是帮助你提高乳酸门坎的方法。

训练日

此计划中，你一周会跑3～4天，训练距离和激烈程度都有所变化。依循以下指示，以理想的激烈程度进行每次训练。

量化训练：如果当天是量化训练，你只有一个目标：完成总里程。量化训练的目的是锻炼你进行长时间运动的能力，也使你的肌肉和关节适应跑步时不断的冲击。跑步时，以能让你轻易背诗的速率进行。

最大稳定强度训练：进行此训练时，速率尽可能接近你的乳酸门坎。最大稳定强度训练的目的是仿真比赛时的速率，增进身体清除血液和肌肉酸性的能力，突破速度限制。跑步时，以难以背诗的速率进行，一次顶多从口中喷出3～4个字。

间歇训练：此训练是将短时间高于乳酸门坎的跑步训练穿插在低于乳酸门坎的长时间训练中进行。间歇跑能锻炼身体忍受更高的酸性。一开始先以量化训练的速率跑5分钟。接着增加速度，直到你无法背诵出任何一字的诗。维持此速度30秒，接着回到一开始的速度跑3分钟，之后再进行一次激烈的30秒冲刺。训练一开始先跑5趟，每一次训练都试着增加，并减短慢跑恢复体力的时间。

水平分级10千米训练计划

依个人体能水平选择适合的计划，并采用406页的表格作为自己每日训练的指示。在每个里程数的旁边配上字母，说明当天是量化训练（V）、最大稳定强度训练（M）或间歇训练（I）。完成整个计划，接着重复此计划将个人体能推向更高的水平。

入门：如果你一周有2～3天进行有氧训练或运动的话，可以依照入门训练计划。

进阶：如果你一周有超过3天跑步，一天至少20分钟或2英里的话，可以进行进阶训练计划。

周次		星期一	星期二	星期三	星期四	星期五	星期六	星期日
第一周	入门	2英里	休息	2.5英里	休息	3英里	休息	3.5英里
	进阶	3英里	休息	3.5英里	休息	4英里	休息	4.5英里
第二周	入门	休息	4英里	休息	4英里	休息	4英里	休息
	进阶	休息	5英里	休息	5英里	休息	5英里	休息
第三周	入门	4.5英里	休息	4.5英里	休息	4.5英里	休息	5英里
	进阶	5.5英里	休息	5.5英里	休息	5.5英里	休息	6英里
第四周	入门	休息	5英里	休息	5英里	休息	5.5英里	休息
	进阶	休息	6英里	休息	5英里	休息	6英里	5英里
第五周	入门	4英里	休息	4.5英里	休息	4.5英里	休息	4.5英里
	进阶	休息	6.5英里	休息	5英里	休息	6英里	5英里
第六周	入门	休息	5英里	休息	6英里	休息	5英里	6英里
	进阶	休息	7英里	休息	5英里	休息	6英里	5英里
第七周	入门	休息	5英里	休息	6英里	休息	5英里	6英里
	进阶	休息	7英里	休息	6英里	休息	5英里	6英里
第八周	入门	休息	5英里	休息	4英里	休息	休息	比赛
	进阶	休息	6英里	休息	5英里	休息	休息	比赛

经典飙速心肺训练

没时间吗？试试看肌力与体能训练师柯斯罗夫和他在美国加利福尼亚州圣塔克拉利成果健身中心的团队所设计的最新颖的心肺训练。这些训练称为新陈代谢循环训练，可锻炼你的心血管系统，加速脂肪燃烧，就如快速冲刺一般。最大的差别是，你在地下室就可以进行训练了。而且，此训练也能增进你的最大摄氧量，就像以适当的速度慢跑几英里一样。不过，这些训练只能是一小段的时间，因为你训练时运动相当激烈。

混合训练

以下每组训练依序各进行一组。每组动作进行15秒，接着休息15秒。5分钟内尽可能做越多组越好。注意，哑铃跳跃深蹲每一次身体下沉时，大腿至少要和地面平行，接着尽可能跳高。

- **冲刺或爬楼梯**
  休息
- **哑铃跳跃深蹲**（201页）
  休息
- **哑铃下摆**（300页）
  休息
- **单手哑铃或壶铃挥举**（264页）
  休息

完结动作

以下是快速的心肺训练计划，可以在每次重训结束前进行。这些动作称为“完结动作”，这不仅是因为他们是完结训练最好的动作，也因为他们能帮助你终结脂肪。

大腿动作

每项动作各做1组，中间不休息，记录完成循环所需的时间。接着休息两倍的时间，接着重复1次。当你能在90秒内完成一次循环时，就可以跳过休息。

- **自体重量深蹲**（186页）：24下
- **自体重量弓步前蹲**（213页）：双脚各12下
- **自体重量分腿交互蹲跳**（207页）：双脚各12下
- **自体重量深蹲跳跃**（减肥用）（190页）：24下

深蹲连发

每项动作各做1组，中间不休息。如此为1轮。总共完成3轮。

- **自体重量深蹲跳跃**（减肥用）（190页）：20秒内尽可能做越多下越好
- **自体重量深蹲**（186页）：20秒内做越多下越好
- **静体深蹲**：身体下沉直到大腿和地面平行，维持此姿势30秒

倒数计时

在两种动作间来回进行（选择一或选择二），中间不休息。第一轮每项动作进行10下。第二轮，做9下。次数慢慢减少，尽可能做完。每周将一开始的次数加1。所以如果是第二周的话，“倒数计时”会从11下开始。

选择一

- 单手哑铃挥举（264页）
- 蹲站伸腿（350页）

选择二

- 身体重量深蹲跳跃（减肥用）（190页）
- 爆发力伏地挺身（38页）

第十五章
营养秘密大追击
释放食物的力量

食物就是力量。其实，食物的力量对我们大多数人来说影响真的太大了。因此，了解什么是好的营养并养成摄取好营养的习惯，就会让你脱胎换骨。首先，断食是不会让你变瘦的。反之，应该要聪明地选择食物。选择让你感到美味、营养丰富又能填饱肚子的食物，但并不等于让你吃到撑。一旦你学会如何聪明的吃，你就能控制自己的身体，获得力量又能减肥，锻炼出更多肌肉，每一口都能改善自己的健康。所以，赶快探索本章的营养秘密，运用驾驭食物的力量，改善整体生活吧。

史上最简单的饮食计划

减肥的不变法则：你燃烧掉的卡路里，必须大于饮食中摄取的卡路里。当然，有好多种方式可以达到这项目标。但不需要那么复杂。以下的饮食计划能让你轻松做到。此饮食计划设计减少你每日饮食的摄取量，以营养天然的健康食品取代造成暴饮暴食的空热量食物。最后，你不但能成功减肥，而且不会感觉在进行饮食计划。你只需照计划循序渐进，就如一、二、三一样简单。

三步骤计划

第一步：避免“添加糖”

这个是最简单、最快速调整饮食的方法。根据美国农业部调查，美国人每天平均摄取82克的添加糖。差不多是317卡路里。研究者发现91%的添加糖摄取来自碳酸饮料（33%）、烘焙食品和早餐麦片（23%）、糖果（16%）、水果饮料（10%）和加糖乳制品（9%），如巧克力牛奶、冰淇淋和调味酸奶。

哪些食物没有添加糖呢？肉、蔬菜、水果、蛋，以及全谷类和任何没有加糖调味的日常食品。这就是你的菜单。从现在开始依此菜单饮食。另外，一周放手去吃1顿大餐，想吃什么都行，成果不需靠100%的禁食来达成。

记住，不要过度分析自己的饮食，否则你会在小细节上斤斤计较。只要避免含有添加糖的食物，你将自动地避开大多数的垃圾食物。你的饮食习惯也因此立刻变得更健康。而对大部分的人来说，此方法也能大量减少卡路里的摄取。所以你不需计算卡路里，也不用限制自己拒吃某种食物，而且还能减肥。尝试2周看看。如果没有看到减肥效果，就试试看第二步。

第二步：减少淀粉摄取

淀粉是面包、意大利面、米饭中主要的碳水化合物。而且不仅在白面包之类的加工食品中有，在100%的全谷物中也有。当然，可能已经有人跟你说，你需要多吃这些食物。其实，你不需要。为什么？对刚开始调整饮食的人来说，太多淀粉会干扰正常血糖。

只要4小时不吃东西之后，血糖便会偏低。你会感到暴躁、疲倦，可能甚至会颤抖。因此，你会想摄取碳水化合物，尤其是淀粉和糖类，这两者都能快速提高血糖。（蛋白质和脂肪对血糖影响不大。）

现在，你不会只吃一点点淀粉或糖类食物就作罢。你可能会开始狂吃，让血糖快速飙高。血糖快速升高后，胰脏会因此释放胰岛素，将血糖降回正常值。不幸的是，约有一半的人胰岛素通常会分泌“过度”，此机能障碍会导致血糖快速下降。最后又助长暴食的习惯，因为你又想吃淀粉和糖类了。这就是问题所在。

塔夫斯大学农业部人类营养研究中心报告发现，摄取碳水化合物食物，如面包、意大利面、米饭和糖类等，会增加总卡路里的摄取量。但减少摄取淀粉和添加食物，就更能控制血糖值，也就不会造成强烈的淀粉欲求，以免饮食脱轨。

那究竟能吃多少淀粉呢？基本上，一天淀粉摄取以2份为限。每一份约含20克的碳水化合物，等于约为1片面包、1杯热或冷的麦片、半个土豆、或1/2杯煮熟的意大利面、米饭或豆类。（如果要更精确的测量食物中的淀粉和糖分，从总碳水化合物中减去纤维质的分量即可。）

因此，选择含有高纤维质，且少加工的食品，诸如：全谷物制成的面包、意大利面和谷片；糙米会比白米更好；整个含皮的土豆等。

要更进一步解决所有问题的话，可以将淀粉摄取减少至零，重训当天则摄取1份。当你重训特别激烈时，可以将量提升到2份。原因是重训的那几天你会燃烧更多碳水化合物。因此在身体需要时给予一些燃料，不需要时则减少摄取。

至于其他饮食的部分，请依照以下指示。

绝不要限制蔬菜水果的摄取

饮食界广为流传着一句话：“没有人因为吃蔬菜水果胖过。”这是真的。多数的水果和蔬菜含有非常少的卡路里、淀粉，并富含填饱肚子的纤维素。不用去烦恼要不要列一张单子写出哪些农产品符合这些要素。你可以简单挑出含有大量淀粉的土豆、豆类、玉米和豌豆等，尽情享受剩下所有的食物。当然，其他块茎类植物如南瓜和防风草根等可能都算是淀粉食物。但反正你也不可能天天吃那些食物，更别说是吃到过量了。

每餐吃些蛋白质

即使你在减肥，吃蛋白质仍可以确保身体拥有组成和保持肌肉的基本成分。伊利诺大学研究者发现，控制饮食的人如果吃高蛋白的话，会比一般吃少量营养素的人减去更多脂肪，并感到更饱足。所以每一餐或吃小点心时，吃一到两份蛋白，如酸奶、奶酪、牛奶、火鸡、鸡肉、鱼、猪肉、蛋、核果或高蛋白奶昔。

如果你要确切的数字，理想的量以目标体重的重量为准，每磅折合为1克蛋白质。例如，你想要重180磅，那一天就吃180克的蛋白质。当然，有些人可能无法吞下那么多蛋白，或甚至感到很麻烦。如果你也感到如此，就将每天的蛋白质最低摄取量设为125克。依照以下图表自己搭配选择。

食物	蛋白质（克）
1个蛋	6
3盎司的牛肉、猪肉、鸡肉和鱼	25¯30
8盎司的牛奶或酸奶	9
1片奶酪	7
1盎司的核果酱、核果或果籽。	6

不要害怕脂肪

如果总卡路里没有吃太多的话，身体是不会贮存脂肪的。例如，研究者指出食物中60%的脂肪对减肥都十分有效，同时那些脂肪只会提供20%的卡路里（如此一来都能降低心脏病的危险。）其实，脂肪只是填充物，并为食物增加滋味，作用是防止你感到不满足。所以你可以食用自然的脂肪，如肉类、奶酪、牛奶、奶油、牛油果、核果和橄榄油等。因为你已经排除所有一般个人饮食中含有添加糖的食物，也避开许多含有过度脂肪和卡路里的垃圾食物。

吃到饱而不是吃到爽

集中食用提供健康蛋白、纤维和脂肪的食物来填饱肚子，保持饱足，调节血糖。因此就能降低食欲，通常也能自动减少个人摄取的卡路里，加速减肥速度。但是，如果你乱吃一通的话，就不太可能减肥。所以注意你的感觉，不要只是依习惯把盘子吃干抹净。康乃尔大学营养调查显示，体重最重的人，他们通常是觉得已经吃了“正常”量之后，如吃完一道餐厅主餐之后，才停下来，而不是因为身体感到饱了。

第三步：注意卡路里

如果你已经排除糖类和淀粉食物一个月，牛仔裤还是不合身，问题的真相只有一个：你还是吃太多了。可能你不吃到撑就不饱足。也许是你很难摆脱旧习。现在怎么办？你需要控制分量。

请采用加州千橡市营养师和《男性健康》杂志顾问理学硕士艾尔冈的计划。将你的理想体重乘上10～12。得到的数字就是你每天的卡路里摄取量。其中一点要注意的是，依照自己的活动量，选择要乘上10、11还是12。所以如果你想要重180磅，你一周重训5天，那你就将180乘上12，结果就是你一天需摄取的卡路里。运用你的良知和判断力。如果没有达到你想要的效果，请再调整自己的摄取量。

为了要达到目标卡路里，前两周写下自己的饮食记录。每一口食物都要估计份数，并写下来。（请诚实记录；不然就不会有效。）记下每一餐和每一次吃的点心。如此一来不仅能保持正确的饮食方式，也能快速地教你如何目测食物的卡路里量。你会逐渐了解适合自己的饮食分量。一旦你达到自己的理想体重，就可以将卡路里摄取量提高到体重每磅摄取14～16卡路里。

营养的秘密NO.1

你没吃到的健康食物

吃更好的秘密？饮食要吃得健康，也要美味。以下8种食物会使饮食计划更加轻松。

猪排

猪肉的好处可不是嘴上吃得出来的。和其他肉类相比，猪排含有相对高量的硒，可降低罹患癌症的几率。猪排每1克蛋白质中含有的硒几乎相当于牛肉中的5倍，鸡肉的两倍。其中也含有核黄素和硫胺素（维生素B_2和B_1），能帮助身体更有效率地将碳水化合物转换为能量。但更重要的是，美国普渡大学研究者发现，进行减肥低卡路里饮食计划时，每天6盎司分量的猪排能帮助维持人类的肌肉。

蘑菇

这些尚可入口的真菌超过90%是水分，至少有700种不同的种类具有不同的医疗用途，但这些都不重要。值得注意的是蘑菇的代谢物，在消化过程中，蘑菇被分解时会产生一种代谢物，荷兰研究者近期报告指出蘑菇代谢物能促进免疫力，抑制癌细胞生长。

红辣椒片

这些火热的小东西也许能浇灭你的胃口。德国研究者发现，用餐前30分钟食用1克的红辣椒（约1/2茶匙），会减少14%的总卡路里摄取量。科学家相信胃口下降的效果是受辣椒素的影响，辣椒素是一种化合物，是辣口的主因。另外，辣椒素也许能帮助杀死癌细胞。

全脂奶酪

除了能衬托花椰菜的香气之外，奶酪是酪蛋白相当理想的饮食来源。酪蛋白属于消化慢、高质量的蛋白，也是日常饮食中最适合建造肌肉的营养素。而且，根据《美国营养学院》期刊研究指出，酪蛋白会加速身体吸收利用奶酪打造骨骼的钙质。担心胆固醇吗？别担心。丹麦研究者发现，即使一般人2周内吃了7～10盎司的全脂奶酪，他们的低密度脂蛋白胆固醇指数也没有改变。

结球生菜

很多人都觉得，结球生菜没有

营养。但不要相信这种说法。分析结果显示，结球生菜含有大量能有效对抗疫病的抗氧化剂α胡萝卜素，比起菠菜还要丰富。而且1杯大约才10卡路里，结球生菜就好比是营养大百货中的免费赠品。

扇贝

这些软体动物全身上下几乎都是蛋白质。其实，3盎司便能提供18克的营养素，而且只有93卡路里。所以将其纳入饮食中，获得更多蛋白质，既爽口，又享受。蛤蜊和牡蛎也都有相同的好处。

醋

瑞典科学家发现，一般人在高碳水化合物的一餐中，若吃下了两汤匙的醋，他们的血糖会比没吸收醋时低23%。但他们也会感到更饱足。根据亚利桑那州立大学科学家报告，醋充满多酚抗氧化剂，多酚是一种强大的化学物质，能改善心血管健康。除了能和橄榄油混合在一起当沙拉佐酱之外，也能增进你的厨艺：试试看先将美乃滋洒上一些甜醋，再涂到三明治上；或在炒菜时（尤其是炒焦糖洋葱时），在热锅上先淋上几汤匙的白醋或红曲醋提味；或是在一碗番茄汤中加上40毫升的雪利酒醋。

鸡大腿肉

如果你吃腻了鸡胸肉，试试看鸡大腿肉。当然，鸡大腿肉有一点点的脂肪，但这是鸡大腿尝起来如此美味的原因。以营养学角度看来，每一盎司鸡大腿肉只比鸡胸肉多出一克的脂肪和11卡路里的热量。如果都以每盎司的卡路里来选择食物的话，最后大概就只剩芹菜节食法了。关键在于分量：如果你喜欢鸡大腿肉（牛肋排也可以），调整你吃的分量，使其融入卡路里限制中。别忘记脂肪能令你感到满足，也许在餐后能让你感到饱足更久，下一餐也许就能吃更少。

记录你减了多少

研究指出每瘦1磅，腰围就会减少1/4。自己量量看：拿皮尺围住腹部，或请家人帮忙，皮尺下方对到髋骨上方。（你的肚脐会随减重而移动，所以对髋骨更能确保每次准确测量相同的位置。）皮尺要和地面平行，贴住你的身体，但不会挤压皮肤。

营养的秘密NO.2

无罪恶感的高脂食物

你摄取的脂肪不应该来自糖果、饼干和蛋糕。而应该来自天然健康的食物。卡路里依旧相当重要，这点也要谨记在心。但放在心上就好，以下七种食物你可以重新放入口中，只要注意分量，不要吃太多就好。

好吃的肉

牛肉（肋眼）、鸡肉（鸡腿）、猪肉（培根和火腿），这些肉类的脂肪可能会增加卡路里，但也会引发身体分泌胆囊收缩素，一种饱足的荷尔蒙，进食后能帮助你感到饱足感更久。能减少你下一餐卡路里的摄取量。

全脂牛奶

你可能听人说要喝低脂牛奶，大多数科学研究指出，喝全脂牛奶对改善胆固醇其实较有帮助，只是不及喝脱脂牛奶的功效。所以选择牛奶时就照个人的口味选择吧！低脂牛奶可以为你省下几卡路里热量，但如果你在追踪总卡路里摄取量，就没有必要一定非选低脂不可。有趣的是，德州大学医学院盖文斯顿分校的科学家发现，重训后喝全脂牛奶比喝脱脂牛奶能多促进蛋白质合成2.8倍，蛋白质合成即为肌肉增长的指标。

奶油

吃下一篮子涂上厚厚奶油的面包并不健康。但当许多营养师提出奶油在一餐中增加多少卡路里的数据时，显示一小块奶油仅含36卡路里的热量。研究同时指出，奶油中的脂肪增进身体吸收脂溶性维生素A、D、E和K。奶油也相当适合料理，尤其比起不饱和脂肪酸，如植物油等（玉米或大豆）。加拿大研究者指出，因为在高温下，不饱和脂肪酸更容易受到氧化，也许会导致心脏病。

酸奶

多年来，大家一直警告你不要碰酸奶，要吃也只能吃低脂酸奶。因为乳制品有90%的卡路里是脂肪，而且至少一半是饱和性脂肪。当然，脂肪的比例很高，但总量则不多。1份酸奶仅提供约52卡路里的热量，约为一汤匙美乃滋一半的热量，而其中的饱和性脂肪比你喝1杯20盎司含脂量为2%的牛奶还少。另外，由于全脂比低脂或脱脂产品好吃，低脂和脱脂产品其实也加入了碳水化合物。

椰子油

每盎司的椰子油比奶油含更多饱和脂肪酸。因此，健康专家警告摄取过多会堵塞静脉。但研究指出，椰子油中含有的饱和性脂肪能改善造成心脏病的凝血因子。原因是椰子油中超过50%的饱和性脂肪中含有月桂酸。《美国临床营养学》杂志中的60篇报告指出，虽然月桂酸会升高低密度脂蛋白胆固醇，但会升高更多高密度脂蛋白胆固醇。总的来说，椰子油能降低罹患心血管疾病的危险。而椰子油中其余的饱和脂肪酸一般是认为对胆固醇指数几乎毫无影响。

鸡皮

不是那种打扁、炸干的鸡皮。而是在烤鸡胸上的鸡皮，不但能让肉吃起来更鲜嫩，并能提供你一天所需一半的硒含量。

蛋

维克林大学的科学研究发现，蛋摄取量和心脏病毫无关联。越来越多研究显示，蛋黄中的营养对健康有很大的助益。

蛋甚至是饮食控制时最完美的食物。美国圣路易大学科学家发现，早餐吃鸡蛋的人和吃硬面包圈的人相比，当天会摄取比较少的卡路里。虽然两种早餐含相等的热量，但吃鸡蛋的人一整天下来少吃了264卡路里。

特别报道

饱和性脂肪的秘密：坏脂肪对身体好吗?

你可能已经相信饱和性脂肪是健康危险因子。但你知道背后的真相吗?

其实，人类已知13种以上的饱和性脂肪存在。几十年来，虽然专家大力抨击饱和性脂肪，但其实有一些饱和性脂肪对心脏是有益处的。饱和性脂肪在营养学中不全等于邪恶脂肪。

拿啤酒中的饱和性脂肪来说好了。多数脂肪其实会降低罹患心脏病的危险，有些会减低低密度脂蛋白胆固醇（坏胆固醇），有些则能将总胆固醇比率调成高密度脂蛋白胆固醇（好胆固醇）占多数。

让我们来分析一块牛腩，看看其中各种脂肪酸对心脏健康的影响。虽然此分析是专对牛肉而言，但如果我们研究火鸡或是鸡肉、猪肉（包括培根和火腿）以及蛋，结果将大同小异。因为动物几乎所有的脂肪组成都相当类似。乳制品像是奶油和鲜奶油比牛肉、鸡肉和猪肉含有更高比例的饱和性脂肪。但是，乳制品中约70%的饱和性脂肪是来自棕榈酸和硬脂酸，两者都不会增加罹患心脏病的危险。

单元不饱和性脂肪： 49%

油酸：45%[+]

棕榈油酸：4%[+]

饱和性脂肪： 47%

棕榈酸：27%[+]

硬脂酸：16%[0]

肉豆蔻酸：3%[–]

月桂酸：1%[+]

多元不饱和性脂肪：

亚麻油酸：4%[+]

“+” = 对胆固醇有正面的影响

“–” = 对胆固醇有负面的影响

“0” = 对胆固醇毫无影响

分析显示，牛肉中97%的脂肪和心脏病无关，还能降低罹患心脏病的危险。现在你会注意到牛肉中的脂肪并非100%都是饱和性脂肪。因为天然的食物基本上都是由好几种脂肪组成。

例如猪肉，因为猪油在室温中是固态，通常被认为猪油是饱和性脂肪。（饱和性脂肪是固态；不饱和性脂肪是液态。）但跟牛肉、鸡肉、猪肉一样，猪油约有40%的脂肪成分是油酸。这在橄榄油中可以找到，对心脏健康相当有益处，但多数人从来没听过这件事。

但那些强力的科学证据指出饱和性脂肪会导致心脏病又是怎么回事呢？摄取饱和性脂肪会导致心脏病的假说是在20世纪50年代时提出的。直至今日，将近60年后，此假说仍然无法得到证实。更不用说已经花了几百亿纳税人的钱尝试去证实这件事了。例如，妇女健康促进研究计划是美国政府主导最大、最昂贵的长期饮食研究计划，该研究结果显示，饮食实行低总脂量和低饱和性脂肪摄取的女人，和没有改变饮食习惯的女人相比，患心脏病和中风的几率相当。（低脂饮食者少吃了29%的饱和性脂肪。）

而且，你的身体经常在制造饱和性脂肪。原因是饱和性脂肪是体内细胞膜的一部分。同时也是分泌激素及身体能量的重要来源。所以即使你摄取零饱和性脂肪，你自身也会制造出足够的量满足身体需要。记住，饱和性脂肪不是身体的毒，尽管过去你可能已经相信上述说法。

当然，你也不会想吃过量。许多研究指出血液中饱和性脂肪浓度过高会增加罹患心脏疾病的危险。这代表吃饱和性脂肪会增加心脏病的几率吗？不完全正确，只要你总卡路里数别摄取太多就可以了。近期研究中，康乃迪克大学研究者比较两组人，一组采用高脂、低卡路里的饮食计划，而且未避开饱和性脂肪，另一组则采用低脂、高卡路里的饮食。结果发现：两组人都吃比较少卡路里、体重减轻、血液中的饱和性脂肪也都减少。此报告显示控制卡路里的效用，不论你进行哪一类型的饮食计划都一样。不过，低卡路里饮食计划者，虽然比另一组人多吃了三倍的饱和性脂肪，实际上血液中的饱和性脂肪却减少了两倍。（低卡路里饮食计划者同时促进了高密度脂蛋白胆固醇（好胆固醇）增加，却没有增加低密度脂蛋白胆固醇（坏胆固醇），因此降低了罹患心脏病的危险。）

后来发现，卡路里在肝脏中会轻易转换为饱和性脂肪。其实，吃卡路里会使肝脏产出的饱和性脂肪直线上升，而摄取饱和性脂肪会降低体内产生的脂肪。所以如果你规律狂吃卡路里的话，血液中的脂肪浓度便可能急剧升高，就算你不吃任何饱和性脂肪也一样。

注意，太多卡路里比摄取任何特定的脂肪或热量都可怕。根据科学研究，天然食物没有理由因为含有饱和性脂肪，就不该是健康饮食计划中的一部分。所以放手吃吧，再次开始享用脂肪，只要不过量就好。吃所有食物时，也应将此作为个人饮食的黄金准则。

南瓜籽：你没放入口中的最好零嘴

人们经常在吃南瓜时，把南瓜籽扔掉，这是不对的，要知道南瓜籽中含有矿物质镁。你可别小看它，法国研究者发现，体内镁浓度最高的人，比起镁浓度最低的人，能降低40%早夭的几率。平均来说，一般人每天摄取矿物质镁343克，大大低于医学研究院建议的420克。

要怎么吃呢：全吃，含壳一起。（壳提供更多纤维质。）烤南瓜籽每盎司含150克的镁，确保你每天轻易达到目标摄取量。到超市零食区找找看，就在核果和葵花籽的旁边呢。

营养的秘密NO.3

骗人的健康食品

就算食品标签上说某个食品对你身体好，也不一定就真的好。以下教你如何看出宣传广告背后的真相。

水果酸奶

好处：酸奶和水果是众所皆知的两种健康食物。

坏处：玉米糖浆可不是。但玉米糖浆就是使这些产品超甜的原因。例如，六盎司的水果酸奶含32克的糖，但只有大约一半是酸奶和水果自然的糖分。剩下都来自玉米糖浆，就是“添加”的糖，或我们称为“不需要”的糖。

健康的替代品：将二分之一杯的原味酸奶和二分之一杯的水果混合在一起，如蓝莓或覆盆子。你将排除多余的糖分，同时将水果的摄取量增加两倍以上。

烤豆子

好处：豆子有丰富的纤维质，能帮助你感到饱足，并减缓糖分吸收到血液中的速度。

坏处：烤豆子基本上涂在表面的酱料是以红糖和白糖制成的。因为纤维质是在豆子里，所以无法干扰糖浆消化和吸收的速度。一杯的烤豆子含有24克的糖：差不多等于八盎司的汽水。没喝汽水？那你也不要吃烤豆子。

健康的替代品：红腰豆泡水。你得到了豆类的好营养，却没有多余的糖分。红腰豆甚至不用煮：打开罐子，将水冲进去，加点盐，就可以食用并保存。试试看淋上一点热酱汁，增加一点风味吧。

加州卷

好处：外面包着的海苔包含许多必要的营养素，如碘、钙和ω-3脂肪酸。

坏处：其实，加州卷无异于日本糖块。因为另外两个主要的成分是白米和蟹肉棒，两者都含迅速能消化的碳水化合物，而且几乎不含蛋白质。

健康的替代品：可以选择吃寿司，如鲔鱼卷或鲑鱼卷。如此一来就会减少摄取极易升高血糖的碳水化合物，并同时补充大量的高质量蛋白。最好的选择是也不要吃白米饭，点生鱼片吧！

无脂色拉酱

好处：除去脂肪减少了酱料中所含的热量。

坏处：为了调味而加入糖。更重要的是，除去脂肪后降低了身体吸收蔬菜中许多维生素的能力。俄亥俄州立大学研究者发现吃沙拉时，沙拉酱中有脂肪的话，一般人会多吸收十五倍的β胡萝卜素和五倍的黄体素，两者都是相当强的抗氧化剂。

健康的替代品：选一种以橄榄油或菜籽油所做成的全脂的沙拉酱，其中每一份所含的碳水化合物不到2克。或以简单、味重又无糖的方式处理，在沙拉上淋上甜醋或橄榄油。

低脂花生酱

好处：即使是低脂的花生酱，里面还是含有健康的单元不饱和性脂肪。

坏处：许多商品加入了“糖粉”，就是装饰蛋糕洒上的白霜。低脂花生酱是最糟糕的一种，因为他们不只抽走了健康的脂肪，又注入更多糖粉。其实，每一汤匙的低脂花生酱都含二分之一茶匙甜的成分。所以标签不如写成：“在上面插上生日蜡烛吧！”

健康的替代品：自然、全脂的花生酱，不含添加糖。

玉米油

好处：一般人认为玉米油对身体有益是因为含有大量的ω-6脂肪酸。ω-6脂肪酸是一种必要的多元不饱和脂肪，不会升高胆固醇。

坏处：玉米油内所含有的ω-6脂肪酸是ω-3脂肪酸的六十倍。ω-3脂肪酸是一种健康的脂肪酸，在鱼、核桃和亚麻籽中都十分丰富。如此会产生一个问题，因为研究指出相对于ω-3脂肪酸，如果大量摄取ω-6脂肪酸的话，会增加发炎症状，增加癌症、关节炎、肥胖的危险。

健康的替代品：橄榄油和菜籽油中ω-6脂肪酸和ω-3脂肪酸较为平衡。此两种油也含有较高的单元饱和性脂肪，对降低低密度脂蛋白胆固醇（坏胆固醇）也有帮助。

敬肱二头肌一杯！

现在你大可在办公室培养肌肉了。法国研究者发现，花7个小时，每20分钟慢慢一小口一小口喝含有30克蛋白的奶昔，肌肉增加的效果比一口气喝完30克蛋白好上几倍呢。所以，你也可以效仿这个原则，将30克的蛋白粉（一或一又二分之一匙）加入16盎司的水，工作的时候慢慢喝。你将稳定地供给肌肉生长的基本营养，也不会在餐和餐之间跑到自动贩卖机那解馋。

营养的秘密NO.4

你应打破的五项饮食迷思

《男性健康》杂志顾问、理学硕士艾尔冈针对几个常见的营养迷思提出说明，可让你的饮食计划更加完美。

迷思NO.1
高蛋白摄取对肾脏有害

起源：回溯至1983年，研究者第一次发现多吃蛋白质能增加肾丝球过滤率（GFR）。你可以把GFR当成是每分钟肾过滤的血液量。许多科学家根据这项发现推论，GFR过高就会造成肾脏负担。

科学证实：20年前，荷兰研究者发现，富含蛋白质的一餐的确会使GFR升高，但对整体肾功能并没有负面的影响。其实，没有任何研究指出，吃下大量的蛋白质会伤害到肾脏，尤其是谬传每天平均每磅体重不得吃超过1.27克的蛋白质，也是完全没有根据的。

基本概念：最实用的方法就是依照个人目标体重，每天吃相同克数的蛋白质。例如，如果你体重是200磅，想要变成180磅，那你一天就吃180克的蛋白质。

迷思NO.2
蓝莓比香蕉对身体更好

起源：研究指出，在几乎所有水果中，蓝莓含有最高的抗氧化剂。所以宣传时便说蓝莓比其他水果更好，尤其胜过香蕉。

科学证实：两种水果对身体都很好，只是补充的营养不同。例如，按每卡路里计算，香蕉比蓝莓多四倍的镁和钾。所以不是一种食物比另一种食物更好这么简单；和你评判的角度有关，真的要最好，应该要均衡变化。譬如说，科罗拉多州立大学科学家发现蔬菜水果吃得多样的人，比只吃一小部分水果的人更健康。

基本概念：农产品有益身体健康。要得到最好的效果，应该混着吃，不要依抗氧化剂的含量限制自己。

迷思NO.3
红肉会致癌

起源：1986年的研究中，日本研究者发现喂食异环胺的老鼠得了癌症，异环胺是高温过度烘烤产生的化合物。从那时起，有相当多的人研究指出红肉和癌症可能有潜在关联。

科学证实：没有任何研究发现红肉和癌症有直接的因果关系。研究调查广泛人群的饮食习惯和健康状况，结果的统计数字找出的是趋势而非原因。

基本概念：不要停止烤肉。爱好吃肉的人也别因为担心烤肉的危险而不吃汉堡和牛排；不过，他们应该切下烤焦或烤过头的部分。

迷思NO.4
高果糖浆比正常的食用糖更容易导致肥胖

起源：2002年，加州大学戴维斯校区的研究者发表了一篇广为流传的报告指出，美国人果糖和高果糖浆摄取增加，和肥胖的剧增比例成正比。

科学证实：高果糖浆和蔗糖（就是一般的食用糖）都含有等量的果糖。其实，以化学相似度来说，两者都含有50%的果糖和50%的葡萄糖。这就是为什么加州大学戴维斯校区科学家发现，果糖的摄取同时来自高果糖浆和蔗糖。真相是，没有证据显示这两种糖有什么不同。两者摄取过量都会造成体重增加。

基本概念：高果糖浆和食用糖都是空热量碳水化合物，摄取量都应有所限制。

迷思NO.5
盐会造成高血压，应该要避免

起源： 20世纪40年代，杜克大学医学博士华特·肯纳，因为采用限制盐摄取量的疗法治疗高血压而声名大震。之后，研究证实减少盐分摄取的确有帮助。

科学证实： 科学研究报告发现，血压正常的人没有必要限制盐摄取量。如果你已经有高血压，你可能对盐“有些敏感”。所以，减少盐的摄取量对你可能有所帮助。但是，如果高血压的人不愿减少盐量摄取，只要摄取更多富含钾的食物，对健康就有相同的益处。为什么？因为重点是两种矿物质的平衡。荷兰科学家发现，低钾摄取和高盐摄取对血压都有相同的影响。结果显示，平均一般人一天摄取3200毫克的钾，比建议值少了1500毫克。

基本概念： 多吃水果、蔬菜和豆类，实行健康饮食。例如：菠菜（煮过的）、香蕉和多数豆类每份各含有400毫克的钾。

开口前先动脑

下一次吃零食前，先想想前一餐吃了什么。英国研究者发现，三思而后行的人，比心直口快的人少吃30%的卡路里。道理在于，回想自己已经吃了些什么，能防止你过度放纵。

专业特刊

揭发重训营养学的秘密

不论是想减肥或培养肌肉，只要确保肌肉补充足够的养分，就能达到最好的效果。因此，重训前后需要摄取健康的蛋白质。提供身体基本营养，修饰并使肌肉重组，增加功效。

而且，重训后当天是摄取碳水化合物最好的时间。为什么？想象你吃的碳水化合物都装到一个篮子中。当篮子满了，碳水化合物就溢出来，并转换成脂肪。身体就是如此运转的，而篮子就是你的肌肉。但运动时，你就会燃烧碳水他合物，将其移出篮子外。因此，重训后你就有更多的空间可以贮存碳水化合物。所以重训后所摄取的碳水化合物不大可能贮存成腹部脂肪。不仅如此，这些碳水化合物还能促进肌肉修复。

你可以采取此策略，在重训前后立刻摄取每天所需的淀粉和糖分，或只食用蛋白质重训零嘴，碳水化合物篮子保持空空的，使身体全力燃烧脂肪。选择以下你最喜欢的选项。

蛋白质重训小点心

选择一：

简单方便的奶昔。准备蛋白质奶昔（和水混合），其中至少含有20克的蛋白质（多一些也可以）。选购时，记得选成分含有较少碳水化合物和脂肪的商品。

选择二：

日常食品。自食物中摄取至少20克的优质蛋白。

- 1罐鲔鱼小罐头（3.5盎司）
- 3～4盎司的熟食肉类
- 1份约为一叠扑克牌大小的瘦肉
- 3枚蛋，例如炒蛋。

蛋白质加碳水化合物重训小点心

选择一：

简单方便的奶昔（含碳水化合物）。准备1份奶昔（和水或牛奶混合），其中含40～80克的碳水化合物及至少40克的乳清蛋白和酪蛋白。选购时，找含有这两种蛋白的商品。至于碳水化合物，这是唯一可以含糖的1次。因为碳水化合物在重训时马上可以转化为能量利用，在重训后可以加速肌肉增长。

选择二：

日常食品（包含碳水化合物）。趁碳水化合物篮子半满，享受一两份碳水化合物的滋润，不用担心对腰围的影响。自日常食品中，至少摄取20克的优质蛋白，碳水化合物上限40克。你可以自由混合食物，或采用以下指示，想出你最喜欢的食物。（脑力激荡：比萨！）

含有20克蛋白的食物：

- 1罐鲔鱼小罐头（3.5盎司）
- 3～4盎司的熟食肉类
- 3枚蛋

含15～20克碳水化合物各种分量的食物（你需要2份）：

- 1片面包
- 1/2杯意大利面和米饭
- 1/2杯谷片
- 1/2个中等大小的土豆
- 1杯莓果或切片水果
- 一整个苹果、柳橙或桃子
- 1/2根大香蕉

同时含有蛋白质和碳水化合物的乳制品（220克/杯）

食物	蛋白质（克）	碳水化合物（克）
牛奶	6	12
巧克力牛奶	8	25
原味酸奶	8	12
水果酸奶	8	25
发酵乳	14	12
调味发酵乳	14	25
白干酪	31	8

大放送！

二十五种对抗肥胖的零食

以这些诱人的组合取代胡乱吃

不论你何时想在两餐之间吃点零食，请从下表两种类别中各选一种食物，任意搭配。遵守建议的分量，有25种约含200卡路里的营养均衡选择。每一种组合都含有足够的蛋白质、脂肪、纤维质，和对抗疾病的抗氧化剂。

吃这个……	分量	配这个……	分量
杏仁或花生酱、核果、果籽	1汤匙	苹果	1个中等大小
原味酸奶	3/4杯	桃子	1个大的
火腿或火鸡肉片	3片	芹菜*	5根
硬质奶酪（帕马森或切达奶酪）	1盎司/1片	蓝莓	1杯
2%白干酪	1/2杯	胡萝卜*	1杯

*芹菜、胡萝卜的卡路里很低，你可以将这两种蔬菜的分量加倍来搭配。

计量单位说明及转换

本书为方便读者，相关计量单位采用健身行业习惯用法：卡路里为热能惯用单位，寸、英里为长度惯用单位，磅、公斤、盎司为质量的惯用单位。而对应的热能、长度、质量的国际单位分别为焦耳、米、千克。

其换算关系如下：

1卡≈4.18焦；

1寸≈0.033米，1英里≈1610米；

1磅≈0.45千克，1公斤≈1千克，1盎司≈0.03千克。

《怀斯曼生存手册》姊妹篇

一整套权威的身心训练计划

◆一套全面的身心训练解决方案
◆高强度训练
◆力量·耐力·营养·心理承受力·自卫

本书中的初级、中级、高级训练计划适合所有人

定价：29.00元

本书
成就强者
成就英雄

本书是一本非常实用的自助强身训练手册，内容涉及力量、耐力、灵巧性、营养摄取、心理承受力、自卫等。书中列有完整科学的训练计划，通过一整套训练方案，从一日三餐开始，达到日常的强身健体目的。

本书中的初级、中级、高级训练计划适合所有人。作者约翰·怀斯曼是英国皇家特种部队教官，具有丰富的野外求生和强身健体经验。此书是他根据英国皇家特种部队的培训课程为适应普通大众的要求而编写的，既包括特种部队强身训练的各个方面，也包括大众健身的各个环节。书中配有大量插图，简单、实用、科学、系统、易操作，是一本不可多得的强身用书。

全球第一本自行车圣经

给曾经骑过、现在正在骑自行车的人！

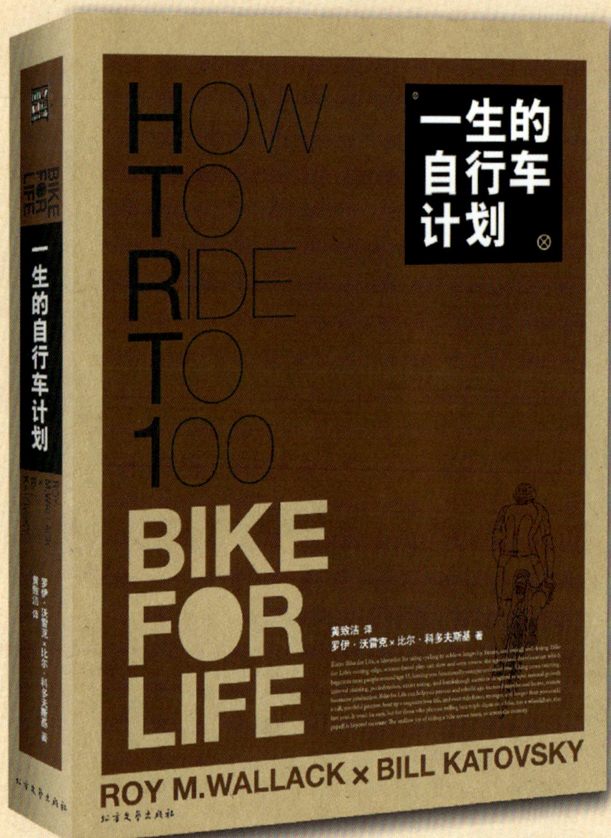

定价：68.00元

本书是写给已骑了一段时间的自行车，并希望日后能一直骑下去的人。运动的重要性毋庸赘言，但若我们要挑选一项终身的运动，带领我们走向一百岁，画出健康的生命蓝图，自行车无疑是最佳选择。因为自行车不仅是运动项目、交通工具，也是一种生活态度，更是生命的伴侣。它是人腿的延伸，也是精湛的工艺品。它能带我们走出去看世界，也能带我们观照自己的内心。很多时候，自行车等于我们的身体，因为自行车唤起了最单纯的热情。所以，当我们跨上自行车时，也就意味着，我们面前有更多知识等着我们去学习，那不只是自行车构造、骑车技巧，还包括运动生理、运动心理、饮食、人体解剖等。可以说，当我们认识自行车，骑自行车时，也就是在认识自己。

本书探讨骑车的几个重要方面：

◆骑车技巧：爬坡、转弯、下坡等关键技巧，由外行变内行，由骑士变成真正的高手。

◆自行车调整：把自行车调整到最适合你身体的状态，以最自然的姿势，发挥最大踩踏效率。

◆骑车饮食法：运动时该吃什么、怎么吃，以及环法车手的高能量饮食策略。

◆飞轮课：飞轮课程为何把死硬派运动员带到室内，把原先不骑车的人带到户外？

◆训练法：顶尖教练的周期训练法让你达到最佳体能，参加铁人三项赛也不怕。

◆重量训练：减缓肌肉质量流失、抗老化、锻炼肌力，不能不提重量训练。

◆生存指南：如何在都市中骑车、遇到雷雨怎么办……

此外，还有自行车界12位传奇人物的专题，比如自行车产业龙头、摔断全身骨头也要骑车的下坡赛女神、改变美国自行车界的工作狂教练……

灾难面前怎么办？
全球畅销书《怀斯曼生存手册》作者新作
司　机　必　备　书
汽车逃生
DRIVER`S HANDBOOK
紧急情况
恶劣天气条件下的驾驶
防御性驾驶
野外驾驶
雨中驾驶
在深水里行车
车辆安全
淹水
逃生驾驶
定价：39.00元
凭借本书中的技巧和你强大的求生意志
你可以把车开到世界上的任何角落，并且生存下来

全球背包客必备自助游圣经

- 全球背包客都在使用的自助游经典
- 徒步、登山、露营、冒险手册
- 附：全国青年旅舍一览表
  生存手册锦囊
- DK旅游经典读本

这是一本背包客必备指导手册，它从背包出游的筹划与准备工作开始谈起，介绍了如何在出发前锻炼出强健的体魄，如何增强长途旅行的耐力和灵敏度，并提供了背包客需要的食物与装备、地形与环境信息，介绍了如何使用地图及指南针，如何在尽量减少环境污染的情况下搭建野营地，以及如何应对紧急情况。本书通俗易懂，简单易学，便于携带。书中配有丰富多彩的照片、图表及示意图，是每一位长途旅行者、登山者，甚至每一位背包客都必备的自助旅游圣经。

定价：29.80元